图 1　2005 年浙江省学生定向赛奖牌

图 2　2013 年全国学生定向越野锦标赛奖杯

图 3　第二学期期末考试起点

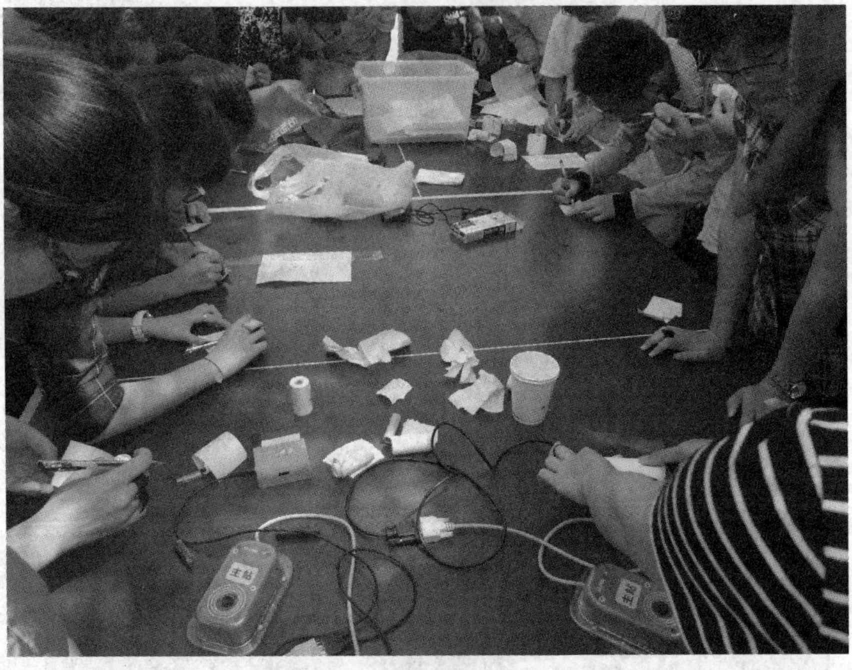

图 4　第二学期期末考试成统区

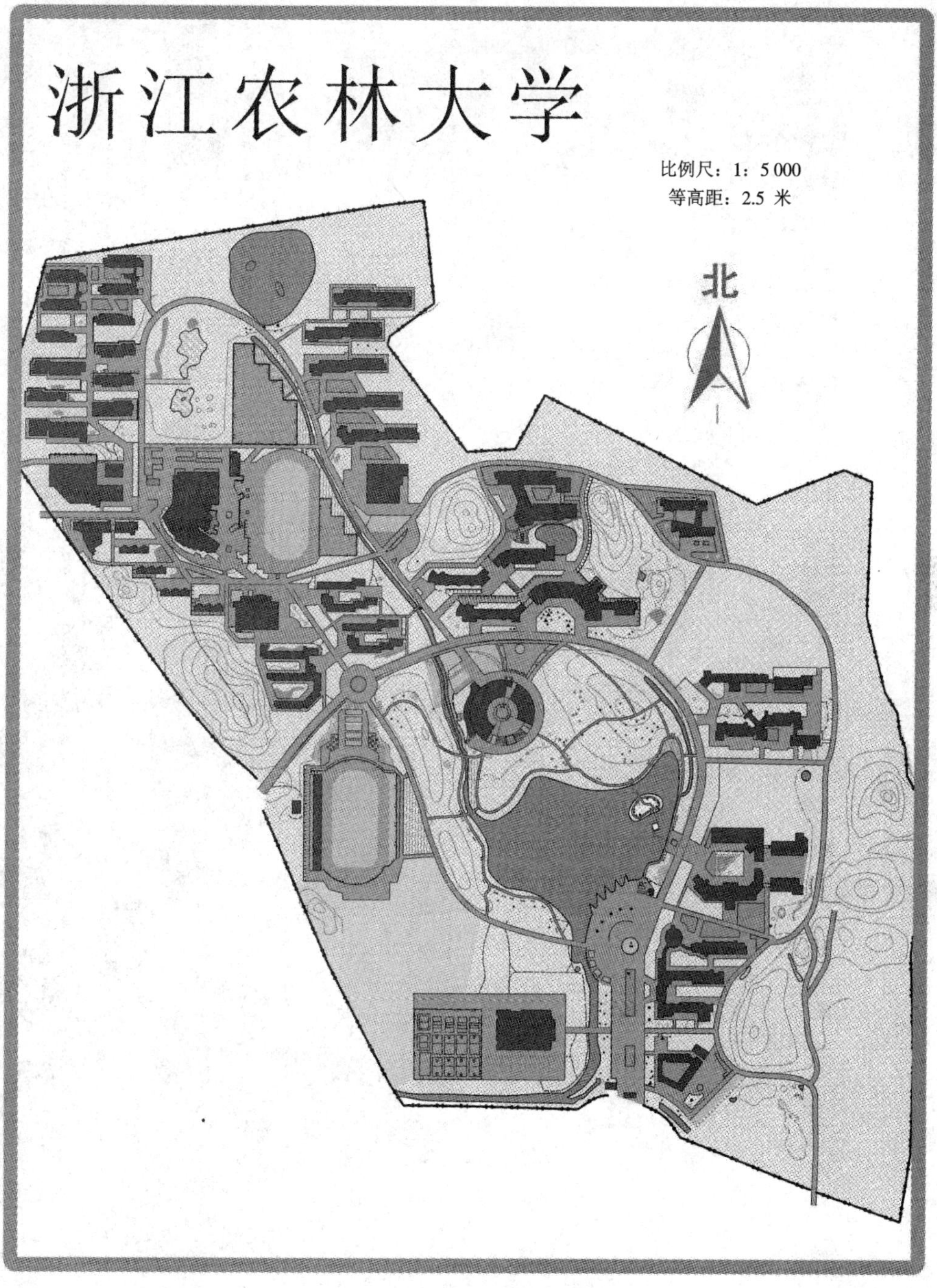

图5　浙江农林大学定向图

新世纪高等学校体育教育创新系列

定向运动

缪华　汪洁　主编

天津大学出版社
TIANJIN UNIVERSITY PRESS

内容提要

本书以"健康第一、全面发展"的理念为背景,以在校园中开展定向运动为主要手段,以拓展训练为补充,对定向运动的起源、地图知识、定向运动技术、组织定向比赛及安全救护、身体素质练习做了详细的介绍。

图书在版编目(CIP)数据

定向运动/缪华,汪洁主编.—天津:天津大学出版社,2014.10

(新世纪高等学校体育教育创新系列)

ISBN 978-7-5618-5210-1

Ⅰ.①定… Ⅱ.①缪…②汪… Ⅲ.①定向运动-高等学校-教材 Ⅳ.①G826

中国版本图书馆 CIP 数据核字(2014)第 231872 号

出版发行 天津大学出版社

出 版 人 杨欢

地　　址 天津市卫津路 92 号天津大学内(邮编:300072)

电　　话 发行部:022-27403647

网　　址 publish.tju.edu.cn

印　　刷 廊坊市海涛印刷有限公司

经　　销 全国各地新华书店

开　　本 185mm×260mm

印　　张 14.75

字　　数 387 千

版　　次 2014 年 10 月第 1 版

印　　次 2014 年 10 月第 1 次

定　　价 38.50 元

《定向运动》编委会

主　编　缪　华　汪　洁

副主编　鲁春娟　高梦炜

参　编　邹学芝　孙强强　田立山

　　　　叶常青　孙启凯　章　露

　　　　毛建盛　郑永巧　刑立付

前　言

定向运动是一项新兴运动。21 世纪初,在素质教育及学校体育教育“健康第一、全面发展”的新理念以及学校教学改革的背景下,定向运动才在全国各省市大、中学校开展。浙江省教育厅、体育局高度重视定向运动,并针对浙江省地区的地理环境特点,大力开展公园定向运动、校园定向运动,为练习和比赛创造了良好的条件。从 1999 年开始,每年都会举办一届浙江省学生定向比赛。2002 年 7 月,第一届全国学生定向锦标赛于杭州举行,参赛者在植物园、吴山广场等地进行了比赛。2004 年初,定向运动被纳入“体育、艺术 2 +1 项目”,教育部明确规定在校大学生必须学习定向运动与游泳两个项目。2004 年 8 月,在第七届全国大学生运动会上,定向运动首次被列入正式比赛项目。2007 年 11 月,在第十一届浙江省大学生运动会上,定向运动也首次被列入正式比赛项目。

浙江农林大学是浙江省开设定向运动课程较早的高校之一,拥有多种地形的场地资源和丰富的教学经验,并且根据目前大学生体能水平下降明显、身体素质不断下降的特点,因“题”制宜地改变教学内容和教学方法,增加定向运动课程的趣味性和实用性,使学生喜欢上定向运动课,同时提高他们的综合素质。

本书在“健康第一、全面发展”的理念指导下,注重平时教学和课外锻炼,本着全面提高学生身体素质和社会适应能力的原则而编写。与其他国内同类书籍相比,本书有以下几个特点。

第一,本书主要论述了定向运动在校园的发展,除了介绍定向运动的一般知识外,还将定向运动在校园的发展进行了深入的探讨,为大学生定向运动初学者和爱好者入门提供了方便。书中介绍了大量的定向运动基础知识以及如何在校园里开展定向运动,如何进行校园定向运动的教学。

第二,本书既为教师组织教学提供了一份素材,又为教师编写教案提供了参考。不但在理论方面讲清了定向运动的发展概况,而且还能在实践方面指导学生进行自习和锻炼,有助于不同层次定向运动课程教学的开展。本书特别关注校园定向运动教学活动,遵循循序渐进的教学规律,一步一步地指导学生了解、掌握定向运动的理论,学会识图和简单绘图,进行体能、技能练习。

第三,本书中有较多学生自行组织定向运动与拓展训练赛事的资料,可以为学生们开展各种趣味体育活动提供借鉴。书中介绍的赛事组织方法、程序及要点,都是定向运动课程中学生知识和经验的结晶。

第四,本书还特别介绍了定向运动应注意的损伤及救护方法等安全教育问题,不仅适合在校师生阅读,而且适合喜欢定向运动的社会从业人员特别是白领一族阅读。

第五,书中还介绍了学生体质健康测试的内容和大量身体素质的练习方法,可以让学生了解自己的身体素质水平并掌握正确的锻炼方法,从而注重平时的体育锻炼,不断提高自己的身体素质。

在本书的编写过程中，编者走访了浙江省教育厅体卫艺处、浙江工业大学、浙江树人大学、浙江理工大学等学校的多名定向运动专家，他们为本书的编写提供了宝贵的经验和建议。本书的编写集中了编者多年的教学经验，编者还查阅了浙江农林大学图书馆相关资料，并网络检索中文数据库以及定向运动网站、百度搜索引擎，借鉴和引用了国内外定向运动有关资料并结合了浙江省高校开展校园定向运动的理论和实践。这些资料和经验都是众多国内外定向人实践的结晶，在此向这些国内外工作者表示感谢。

由于编者水平有限，书中若有错误和不足之处，恳请大家批评指正！

编者

2014.6

目　录

第一章　定向运动概述 ……………………………………………… (1)
第一节　定向运动起源 ……………………………………………… (1)
第二节　定向运动价值 ……………………………………………… (1)
第三节　定向运动分类 ……………………………………………… (4)
第四节　我国定向运动发展与现状 ……………………………… (7)
第五节　校园定向运动发展与现状 ……………………………… (8)
第二章　定向运动内容 ……………………………………………… (10)
第一节　定向运动地图 ……………………………………………… (10)
第二节　定向运动器材和装备 ……………………………………… (23)
第三节　定向运动技术 ……………………………………………… (26)
第四节　定向运动比赛 ……………………………………………… (40)
第五节　定向运动比赛组织 ………………………………………… (43)
第六节　定向运动比赛规则与裁判职能 …………………………… (52)
第七节　定向地图制作 ……………………………………………… (57)
习题 ………………………………………………………………… (72)
第三章　定向运动课程 ……………………………………………… (78)
第一节　定向运动课程教学目标 …………………………………… (78)
第二节　定向运动课程教学内容 …………………………………… (79)
第三节　定向运动课程评价体系 …………………………………… (85)
第四节　定向运动课程教案 ………………………………………… (93)
第五节　定向运动课程案例 ………………………………………… (114)
第四章　定向运动课程赛事组织 …………………………………… (120)
第一节　定向运动课程赛事组织文稿 ……………………………… (120)
第二节　定向运动课程赛事的组织 ………………………………… (125)
第五章　定向运动课程安全问题 …………………………………… (148)
第一节　定向运动课程中的安全问题与案例 ……………………… (148)
第二节　定向运动课程中的避险与自救 …………………………… (150)
第三节　运动损伤的处理原则与方法 ……………………………… (152)
第四节　运动中的常见损伤与疾病 ………………………………… (155)
第六章　体质测试与身体素质 ……………………………………… (164)
第一节　学生体质健康测试内容 …………………………………… (164)
第二节　体质测试项目操作方法 …………………………………… (168)

第三节 身体素质练习 …… (172)
第七章 定向运动与军事地形学 …… (197)
第一节 定向运动在军事地形学教学中的实际应用 …… (197)
第二节 军事地形及其对作战行动的影响 …… (198)
附录 …… (205)
附录 1 浙江农林大学定向运动队纳新 …… (205)
附录 2 高等学校体育工作基本标准 …… (206)
附录 3 国家学生体质健康标准(2014 年修订) …… (209)
附录 4 检查点说明表实地对照表 …… (214)
参考文献 …… (224)

第一章　定向运动概述

第一节　定向运动起源

定向运动就是利用地图和指北针按照顺序到访地图上所指示的各个点标，以最短时间到达所有点标者为胜的运动。定向运动通常可在森林、郊外、城市公园和大学校园等地进行。

定向运动起源于瑞典。“定向”一词最早出现在 1886 年的瑞典，意思是在地图和指北针的帮助下，穿越未知的地带。

地处北欧斯堪的纳维亚半岛的瑞典，国土崎岖不平，覆盖着一望无际的森林，散布着许多湖泊、城镇和村庄，人们主要通过林中、湖畔的小径来往于各地。因而，人们必须学会并具备精确辨别方向的能力，否则会有迷失方向的危险。这里，地图和指北针就成为人们行走和生活的必需品。生活在半岛上的居民、军队便成了定向运动的先驱。

最初的定向运动只是一项军事活动，军人们把在山上辨别方向、选择道路和越野行进作为军事训练的内容。后来，在瑞典和挪威的军营中，军人利用军用地图先后进行了最初的定向运动比赛。

1897 年 10 月 31 日，挪威组织了第一次面向民众的比赛，当时的参赛者仅有 8 人，其后在挪威还举行了一些小规模的比赛。

定向运动正式从军营走向社会始于 20 世纪初。瑞典的一位童子军领袖吉兰特(Ernst Killander)于 1918 年组织了一次名为“寻宝游戏”的活动，赋予了定向运动游戏的特征，引起了人们的极大兴趣。从此，该项活动在北欧广泛开展起来。1919 年 3 月 25 日，一次影响深远的定向比赛在斯德哥尔摩南部纳卡市的林中举行，参赛人数达到 217 人，它的组织模式与规格标志着定向运动作为一项独立体育项目的诞生。时任瑞典斯德哥尔摩体育联合会主席的吉兰特便被人们视作“定向运动之父”。

第二节　定向运动价值

定向运动的价值可以分为健身价值、益智价值、育德价值、娱乐价值、社交价值和经济价值等 6 个方面。

一、健身价值

定向运动最突出的价值就是健身价值，它可以强身健体，增强体质。

定向运动是在野外进行的，清新的空气、茂密的森林、崎岖的道路，都带给人们新鲜感和神秘感。这种感觉会强烈地刺激人的大脑,从而提高大脑皮层的兴奋性,更有效地激发人体运动系统、循环系统、呼吸系统以及内分泌系统等的潜能。

经常参加定向运动,身体会变得强健,走、跑、跳等运动能力以及耐力、速度、力量、柔韧性、灵敏性等身体素质都将逐步提高,对自然环境的适应能力和对疾病的抵抗能力将不断增强。

二、益智价值

定向运动也是一种智力的活动,它具有积极的益智价值。

定向运动常常是在陌生的地点(区域)进行的,生疏的环境和完成全部比赛是一对较难解决的矛盾。参加定向运动的活动和比赛时,首先要阅读地形图,读懂地图上所标示的多种地形、地貌、地物及点标(检查点)的位置,并借助指北针精确辨别和判定方向,合理选择到达点标的最佳路线,然后还必须按顺序将隐蔽的点标逐个找到,这就应具备必要的知识和技能。

在定向运动的活动和比赛中,知识和技能掌握得越好,分析、判断、应变能力越强,就越容易成为活动和比赛的强者。相反,如果在知识和技能方面存在薄弱环节,或者在分析、判断、应变方面显得迟缓,就会遇到许多麻烦,甚至失败。

通过定向运动的学习、锻炼和比赛,人们可以增长相关学科,如地理学、测绘学、军事地形学、植物学等的基本知识和在实践中应用这些知识的能力,学会在运动中使用指北针,发展思维能力,培养快速应变能力。

此外,定向运动还能作为大脑工作的“调节剂”。大学生日常用脑的时间很长,极易造成大脑皮层思维中枢的疲劳。利用节假日到野外参加定向运动,有利于消除大脑皮层思维中枢的疲劳,使头脑清醒,思维敏捷,提高学习效率。

三、育德价值

所谓育德,也就是培养道德品质。定向运动由于在环境、条件和比赛方法上的特殊性,在培养道德品质方面,更具有其独特的作用。

任何比赛,都必须有严格的比赛规程和规划,这对每一个人都是公平的。参加定向运动比赛时,参加者判定的方向和选择的行进路线以及对每一个点标的寻找,都来不得半点马虎和丝毫的投机取巧,成功与失败之间可谓泾渭分明。因此,只有发扬坚定、细致和诚实等精神才能完成任务并取得胜利。当遇到困难时,有时甚至是在十分艰难的情况下,就要以十倍的信心和百倍的勇气千方百计地去克服它。当体力不支,感到难以支撑下去时,所能选择的唯一出路是咬紧牙关、坚定信念,不断鼓励自己,使出全身的力量,顽强拼搏,发扬不达目的决不罢休的精神,坚持、坚持、再坚持,才能达到胜利的彼岸。发扬团队精神和集体力量,尊重同伴,相互鼓励、支持和帮助,团结协同作战等同样是不可缺少的精神和风格。除此之外,定向运动还能培养在陌生的新环境下的竞争意识和适应能力以及对事业的进取心、坚忍不拔的毅力、决不放弃和永不言败的精神。

四、娱乐价值

娱乐价值也可以称为休闲娱乐价值，定向运动能给人带来无限的快乐。

置身于山区、森林、公园、风景名胜等环境中，人们首先获得的是一种回归大自然的感觉，会顿觉开朗、赏心悦目、心旷神怡。那起伏的山峦丘陵、成荫的绿树、茵茵的芳草、潺潺的流水……如同一幅美丽的画卷；那鸟语、蝉鸣、呼啸松涛，仿佛是曲曲动人的自然交响乐；即使是土地发出的芳香，也会让人陶醉；那带着芳香的清新空气，正是无价的大氧吧。这一切，怎能让人不向往？

定向运动的竞赛性、游戏性、情趣性和神秘性，能带来愉悦身心的良好效果。当人们在开始活动和比赛的那一刻，他们的身心一定会进入一种赛前状态，即心跳加速、血压升高、呼吸加深、体温上升，心理处于渴望、紧张、激奋的状态；在行进过程中，当参与者能精确地判定方向、正确地选择道路、顺利地找到点标时，内心会感到一种成功的喜悦；当发现方向判定失误或迷途，但通过冷静的思考、快速和科学的再判断，终于找到正确的方向和道路时，体会到的是一种自信和激励；当通过全身心的努力，把体能、智力、心理能力全部发挥出来，克服重重困难，最后到达终点，并取得胜利时，那种成功、激动、惊喜和满足的感觉，是无法用语言来表达的。

总之，定向运动的娱乐价值是显著的，它可以愉悦人们的身心，丰富社会文化生活，建立健康、欢乐、文明的生活方式。

五、社交价值

体育比赛既是一种对抗，又是一种交流和交往。人们常说，场上是对手，场下是朋友。定向运动的比赛同样可以发挥交流、交往的积极作用。

体育比赛中的胜负、得失是暂时的，但友谊是永恒的、无价的。比赛不仅能进行技艺的交流，还能进行情感的交流。诚恳、谦虚、友好是体育比赛中促进相互了解、增进双方友谊的基础。在赛场内外，都可以通过切磋技艺、交流经验、互赠纪念品、合影留念等方式，达到增进友谊、结识朋友的目的。

参加定向比赛，能接触不同的人，如观众、裁判员、组织者、志愿者、服务人员以及媒体记者等；在国际比赛中，还能与来自不同国家和地区、不同肤色、不同宗教信仰的运动员在一起，因而社交面是非常广的。通过与各类人群的交往，可以积累丰富的社交知识和经验，提高社交能力。

六、经济价值

定向运动的广泛开展，必然会带动该项运动相关的产业的发展，它所带来的经济效益是不可小觑的。

对定向运动的经济价值可以做以下简要的描述：定向运动装备生产与销售；定向运动场地的建设、市场开发与运作；定向运动俱乐部的建设与市场运作；定向运动带动服务业（含交通、宾馆、餐饮、纪念品等）的经营和发展；定向运动对旅游业的促进和推动；定向运动对媒体、出版发行业的促进与推动；定向运动对赞助商和广告业的吸引力；定向运动还能吸纳一定数量的劳动者，为失业下岗人员提供就业机会。

目前我国的定向运动仍处于推广和发展的阶段，其经济价值还未得到充分挖掘和发挥。随着我国经济的快速、健康、持续发展和社会的不断进步，定向运动将会得到进一步的推广与普及，其经济价值也会随之显现出来。

第三节 定向运动分类

按照运动模式，国际定向越野联合会（IOF）将定向运动项目划分为徒步定向、滑雪定向、山地自行车定向和轮椅定向。其中徒步定向又被称为定向越野。随着定向运动的发展，定向运动演变出多种运动形式，如徒步定向又分一般定向运动、夜间定向运动、积分定向运动、接力定向运动、五日定向运动、公园定向运动等。每一种定向运动又可根据参与者的性别、年龄特征，设计不同的难度路线与组别。除接力定向外，每一组别又可分为单人赛、双人赛和团体赛，还可设立男女混合赛等。目前国际上还流行着一些其他形式的定向运动，如校园定向、扶手定向、星形定向、特里姆定向等。

本教材主要讨论徒步定向，因此，此后书中凡涉及定向运动，如果没有特别说明，都是指徒步定向。

一、徒步定向

徒步定向运动（图 1-1，图 1-2）是目前各种定向运动形式中开展最为广泛，组织方法较为简便的一种。徒步定向运动主要是检验参与者的识图能力、野外路线选择能力、决断能力和奔跑能力等。组织者可根据参与者的性别、年龄特征设计不同难度的比赛路线与比赛组别，徒步定向运动是适合每个人的体育运动项目。

图 1-1 IOF 徒步定向标志

图 1-2 徒步定向

1. 接力定向

接力定向是一项团体比赛项目，其成绩的好坏有赖于每个队员的共同努力。比赛竞争激烈，具有较强的观赏性。组织者把赛程分为若干段，每位运动员完成其中的一段，以各段运动员成绩之和评判全队的总成绩，各队总成绩在找点准确的前提下，以全队总耗时最少者为优胜。

2. 积分定向

组织者在赛区内预先设置好若干检查点,并在图上标明。根据各检查点所处地形的难易程度、距离远近以及相互关系位置的不同赋予不同的分值。参赛者在规定的时间内,选择理想的运动路线寻找若干或全部检查点,以积分最高者为优胜。

3. 公园定向

公园定向主要是在城市公园、小城镇、机关大院、居民区、校园内进行的一种定向运动。与其他定向运动的不同之处主要是参与者都比较熟悉比赛场地,地形相对简单,因此比赛的安全性容易得到保障。这种比赛主要适于老年人、中小学生及幼儿参加。比赛的组织方式和成绩计算同一般定向越野。目前,致力于举办这类定向比赛的世界性组织为世界公园定向运动组织(PWT)。该组织十分重视赛事的宣传和推广,对我国学校体育引进和推广定向运动以及定向运动的人才培养起到了重要的作用。

4. 专线定向

组织者只在地图上标出准确的比赛路线,运动员必须按规定的路线行进,并将途中遇到的检查点标绘到地图上。名次以标绘检查点的准确性和耗时的长短来确定。

5. 百米定向

百米定向就是在一块 100 m×50 m 的场地内进行的定向比赛。在比赛的过程中,观众可以看到运动员比赛的全过程,而且赛场上还伴有音乐。运动员可以在出发区取到一张地图,并且在赛前分析地形,选择行进路线。起点和终点与比赛区是有严格区分的,因此,以上的这些活动都只有在出发区进行(禁止未出发的运动员观看别的运动员的比赛过程)。比赛的地图采用 1∶500 的大比例地图,等高距为 1 m。比赛区域内的每一棵树木都被标注在图上。与此同时,组织者还要另外加上一些点标旗以增加比赛的难度。比赛路线的距离一般为 150～400 m,设置 5～13 个点标。

6. 夜间定向

夜间定向(图 1-3)是定向运动的一种高难度比赛形式。由于比赛是在夜间进行的,大大增加了比赛的难度。夜间定向所用的器材上都附有反光材料,参与者亦需要携带用于查看地图的照明设备。夜间定向已被列为国际定向越野联合会正式比赛项目。第一届世界夜间定向锦标赛于 1986 年 10 月 27 至 28 日在匈牙利举行。

二、山地车定向

山地车定向(图 1-4,图 1-5)是集定向运动和山地车运动于一身的体育运动。在这项运动中,最重要的定向技巧是路径选择和记图。对于顶级运动员来讲,高超的山地车技巧是应付陡坡的必备条件。出于对周围环境的保护,运动员不能离开规定的路线。

山地车定向是国际定向越野联合会承认的最年轻的专业项目,从 2002 年起每隔两年举行一次世界锦标赛。

三、轮椅定向

轮椅定向(图 1-6,图 1-7)原本是专为伤残人士特别设计的定向运动形式。现在,它既

图 1-3 夜间定向

图 1-4 山地车定向标志

图 1-5 山地车定向

可以让乘坐轮椅车的伤残人士加入定向运动的行列中来，又可以供新手进行定向基本技能的训练。轮椅定向同样也是一种能让所有参与者都饶有兴趣的专项技能比赛。首届轮椅定向世界杯赛于 1999 年举行。

图 1-6 轮椅定向标志

图 1-7 轮椅定向

四、滑雪定向

滑雪定向(图 1-8,图 1-9)也是国际定向越野联合会的正式比赛项目之一,目前在东欧国家十分流行。许多世界高山运动员、越野运动员和速度滑雪选手同时又是滑雪定向的高手。

滑雪定向也可以按个人、团队或接力比赛等形式进行。它与个人徒步定向越野赛的区别是选手需要使用滑雪装具(非机动的)。供比赛用的滑道则需要使用摩托雪橇来开辟。同一比赛路线上的滑道通常不止一条,以便于选手自行选择。

图 1-8　滑雪定向标志

图 1-9　滑雪定向

第四节　我国定向运动发展与现状

在我国,定向运动正式作为一项体育活动开展训练和比赛是在 1983 年。在此之前,作为定向运动基本技术之一的利用地图方位角行进的训练,只在部队中开展。20 世纪 70 年代末期,我国的有关体育报刊陆续刊登了一些介绍国外定向运动情况的文章,定向运动特有的锻炼价值和实用性,逐渐引起了国内体育机构和军事部门的注意。

1983 年 3 月 10 日,中国人民解放军体育学院首次在广州白云山组织了一次“定向越野试验比赛”。这次比赛虽然准备时间短暂,又缺乏组织经验,但由于定向运动自身的特点,比赛进行得很顺利并产生了良好的比赛成绩——运动员王清仅用了 2 小时 28 分 11 秒就在大雨中完成了设于山地密林中的 10 km 路程,取得了第一名。这显示了定向运动在我国的适用性和巨大的发展潜力。此后,在一些军队院校,也相继举办了这样的定向比赛。

1985 年 9 月 29 日,深圳市体育委员会在中国人民解放军体育学院的协助下,与香港野外定向总会共同举办了首届“深港杯野外定向 85”比赛。参加比赛的有我国深圳市及香港地区和其他国家的运动员 200 多人,在 6 个比赛组别中,中国选手夺得了男子双人组冠军。

1986 年 1 月 1 至 5 日“亚洲及太平洋地区定向越野锦标赛”在香港举行。这次比赛结束之后,1 月 7 日深圳市定向运动协会与香港野外定向总会在深圳举行了一次“定向越野友谊赛”。湖南、广东、广西三省区的一些部队院校和深圳市代表队参加了此次友谊赛,并取得了这次比赛 8 个组别中的两个第一名、四个第二名、两个第三名的好成绩。

1986年4月30日，中国人民解放军体育学院在举办该院第四届运动会定向比赛的同时，依靠社会的力量，集资举行了“广州首届白云杯定向越野比赛”，在我国实现了首次完全依靠自己的技术力量，组织面向社会的定向越野公开赛，为我国今后开展定向运动的宣传和普及工作提供了经验。

1991年我国成立了中国定向运动委员会。1992年，中国成为国际定向越野联合会的正式成员国。1995年12月，国家体育总局中国定向运动协会在北京成立。2002年9月，教育部以教体艺〔2002〕13号文件下发了《全国普通高等学校体育课程教学指导纲要》，纲要中提出在全国高等学校的体育课程中开发自然环境资源，因时因地制宜开发利用各种课程资源，开展野外生存、生活方面的教育与训练。教育部于2003年下半年又下发了《全国普通高等学校体育教育本科专业课程方案》，方案中定向运动被列为体育教育本科专业“必修课程”中的“主干课程”，并于2004学年开始在全国普通高等学校体育教育专业课程中实施，这一方案的实施无疑将定向运动推上了一个新的台阶，定向运动还被教育部规定为大学生必学的运动项目。中国定向运动协会积极推动定向运动在国内的发展，每年在全国范围内组织“全国定向运动锦标赛”“全国城市定向运动系列赛”“全国学生定向锦标赛”“全国学生定向精英赛”和“全国定向冠军赛”等大型赛事。赛事的组织工作与国际接轨，裁判规则与技术标准完全按照国际定向越野联合会颁布的规范实施。比赛项目不断增设，包括单人定向、积分定向、团队定向、百米定向、夜间定向等，在国内均属首次举办，极大地提升了定向运动在国内学校的普及度和参与者的热情。

第五节 校园定向运动发展与现状

浙江省是全国学生定向运动发展较好的省份之一。从1999年开始，已经举办过9届浙江省学生定向比赛，两次省大运会定向比赛，浙江工业大学、浙江树人大学、浙江理工大学、浙江农林大学的定向队比赛成绩一直位于前列，并且在历年学生水平最高的全国学生定向锦标赛中，也都有优异的表现，多次获得高校组团体前三名的战绩。在定向运动课程方面，有关资料显示，目前浙江省至少有42所普通高校开设了定向运动课程，其中有30所是以选修课的模式开课，占71.4%，其次是普修课模式，占23.8%，而以俱乐部模式开课的学校占4.8%。此外，在教学计划设置中，有27所普通高校安排1个学期定向运动课程，每周2学时，共36学时，另外开设2个学期定向运动课程的有13所学校，占30.9%。

浙江农林大学定向运动开展于1999年。为了备战11月的浙江省第一届学生定向比赛，成立了定向运动队，当时教练和队员的水平都比较低，最基本的定向器材也都是自己制作的，但是在全体成员的努力下，还是在浙江省第一届学生定向赛中获得了高校组团体第七名的成绩，从此开始了定向运动队比赛的辉煌历史。截至2014年7月，15年来浙江农林大学定向运动队共参加了13次浙江省各类定向比赛、7次全国学生定向锦标赛、4次全国学生定向精英赛、3次全国城市系列赛、1次全国定向锦标赛，共获得了150多个个人前八名、20多个团体前八名的优异成绩，在2013年于广东省中山市举行的全国学生定向锦标赛上，更是获得了普通高校女子团队赛第一名、接力赛第三名，高校男子接力赛第五名以及普通高校女子团体第三名、男子团体第六名、总团体第三名的优异成绩。最好战绩为2011年的全国学生定向精英赛中，获得了高校组女子团体第一名、男子团体第三名、总团体第三名。与此形成鲜明对比的是，校队的定向队员都是普通学生，四分之三的队员在进队前都没有经过任何定向运动的训练，其余只有2位队员曾经过浙大附中定向运动队3年的训练，有8位队员曾经过1年的训练。从中可以看出，只要你对定向运动有兴趣、有热情，同时又有良好的身体素质，就可以加入定向队，通过训练可以提高身体素质、提升自己的自信，还可以收获大量的物质奖励，也可为学校定向运动发展做出一份贡献。

伴随着定向比赛的辉煌战绩，浙江农林大学定向运动课程的发展也逐渐深入与完善。该校是浙江省开设定向运动课程较早的高校之一，于2000年9月就开设了定向运动选修课，在2002年迁入东湖校区后正式开设了定向运动选修课。由于定向运动是一门新兴体育课程，当时在国内没有一本定向教材，给定向运动课程的构建带来了很大的困难，许多教学内容与手段、考核内容和评价体系都是一边摸索一边完善的，但是在定向教师的不断努力下，经过十多年的不断实践、改革与完善，目前定向运动课程已构建完成，拥有精心选择的教学内容、适应性强的教学方法与手段、合理的评价体系、精心制作的定向地图等，至今已有10 000多个学生接受了定向运动教学。定向运动课程受到了学生较高的评价，同时也很好地提高了学生的身体素质和社会适应能力。

第二章 定向运动内容

第一节 定向运动地图

地图是说明地球表面的事物和现象分布状况的平面图形。

定向运动地图是一种地形图,亦简称地图。它是一种按一定比例尺表示地貌、地物平面位置和高程的正射投影的平面图形。专门的定向运动地图上的地貌、地物符号要求更准确、精细地表示实际地形中的状况,且用各种颜色和符号表示不同的地貌、地物以及实际地形的可通行状况。

所谓地貌,即地球表面高低起伏的各种形态,如山地、谷地、平地等。

所谓地物,即分布在地球表面上自然形成和人工建造的固定物体,如江河、湖泊、居民点、道路、水利工程建筑等。

所谓地形,即地貌和地物的统称。

定向运动竞赛地图一般由地图比例尺、地图颜色、地貌符号、地物符号、磁北方向线、地图图例注记六大要素组成。

一、地图比例尺

比例尺也称缩尺,它表示图纸上的长度与其相应的实际长度之比。

地图上某两点之间的距离与相应的实地两地之间的水平距离之比,称为地图比例尺。即

地图比例尺 = 图上距离/实地距离

地图的长度单位一般为厘米(cm)。如:某幅地图上长 1 cm,相当于实地距离 10 000 cm,则此幅地图比例尺为 1∶10 000 或 1/10 000。

(一)地图比例尺的特点及其表示形式

根据使用地图的目的、要求的不同,地图比例尺大小有所不同。一般以地图比例尺大小来衡量地图的详细程度。

1. 地图比例尺的特点

图幅面积相等的地图,比例尺越大,其图幅所包括的实地面积就越小,地图上,所显示的实地的地形内容就比较详细;比例尺越小,其图幅所包括的实地面积就越大,地图上所显示的实地的地形内容就比较简略。如:同样图幅面积的两张地图,若地图比例尺分别为 1∶10 000 与 1∶100 000,则前者的比例尺大于后者。在比例尺为 1∶10 000 的地图上,1 cm^2相当于实地 10 000 m^2;而在比例尺为 1∶100 000 的地图上,1 cm^2相当于实地 1 000 000 m^2。显

然，地图上相同面积所对应的实地面积小的地图，所显示的实地的地形内容较为详细。所以，地图比例尺为 1∶10 000 的地图要比地图比例尺为 1∶100 000 的地图所显示的实地的地形内容详细。

2. 地图比例尺的表示形式

地图比例尺通常有三种表示形式。

（1）线段式——在地图上以厘米单位线段表示。如：地图上 1 cm 代表实地 100 m，则在 1 cm 线段上注明 1 cm 等于实地 100 m（图 2-1）。

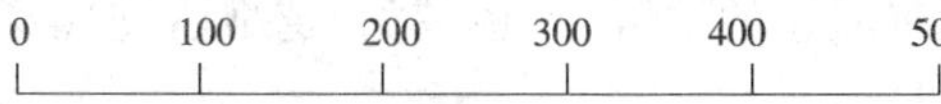

图 2-1　线段式地图比例尺

（2）数字式——在地图上以数字比例式表示。如：地图上 1 cm 代表实地 100 m，则在地图上写成 1∶10 000 或 1/10 000。

（3）文字式——在地图上以文字直接表示。如：地图上 1 cm 代表实地 100 m，则写成：图上 1 cm 等于实地 100 m（图 2-2）。

图 2-2　文字式地图比例尺

定向运动竞赛地图的比例尺标注一般采用数字式，或者数字式和线段式两者同时采用。国际定向越野联合会规定：定向运动竞赛地图比例尺应为 1∶15 000。若为适应当地地形表示的需要，可采用适当的比例尺，如 1∶10 000，1∶20 000 等。我国定向运动竞赛多采用比例尺为1∶10 000 的地图。公园定向运动竞赛多采用比例尺为 1∶5 000，1∶2 000 等的地图。

（二）地图上估量实地距离

根据地图上两点之间的长度和该地图的比例尺，可以估量出相应两实地之间的水平距离。估量两实地之间的距离，首先要估量或测量出地图上相应两点间的距离，然后根据地图比例尺，利用公式计算出两实地之间的水平距离。计算公式如下：

实地水平距离 = 图上长度/比例尺

例如，在地图上测量出两点的长度为 2 cm，若地图比例尺为 1∶10 000，代入公式进行计算：

实地水平距离 = 2/（1/10 000）= 20 000（cm）= 200（m）

这说明地图上两点的长度为 2 cm 时，其实两地的水平距离为 200 m。

在实际估量中，若实地地形起伏较小，在地图上量算出的实地水平距离，就较接近实地路程距离。若实地起伏较大，则在地图上量算出的实地水平距离，必须结合起伏程度进行修正。这样根据地形的起伏程度估量出的实地距离，就较接近实地的路程距离。

二、地图颜色

黑色——人造景观(Man-Made Features)(建筑物、道路、小径)和岩石(Boulders),大石头,悬崖峭壁。

棕色——高线,包括等高线和符号(表示山丘和小坑);沥青/砾石路面(包括高速公路、主干道、宽行人道);篮球场等。

蓝色——任何有水的地方(湖泊、溪流、泥沼)。

绿色——植被,浓密而难通过的地区(绿色越深,越难通过)。

白色——普通的林区,易通过。

黄色——空旷地,易奔跑。

黄绿色——禁入私人区、果园、花坛。

紫色——路线。

三、地貌符号

地貌符号是为代表地球表面高低起伏的自然状态在地图上标绘的曲线和记号。地貌符号有等高线、示坡线、特殊地貌符号、高程注记、各种颜色记号等。

(一)用等高曲线及其辅助符号显示地貌

定向运动竞赛地图采用等高曲线法显示地貌。用等高曲线表示地貌的起伏形态,是一种比较准确的方法。

等高曲线的制作方法是:首先测量出地面上各个地点的海拔高度,并把它们标注在地图上,然后把海拔高度相同的各点连接起来。这个相同海拔高度的连接曲线即称为等高曲线,简称等高线。

1. 等高线法表示地貌的原理

等高线是地面上高程相等的点所连成的闭合曲线。按“平截法”说,假设把一座山,从底到顶,按相同的高度,用一层一层的水平面横截,则山的表面与水平面有一交线,再将这些交线垂直投影到地平面上,呈现出一圈套一圈的曲线图形。因为每条线上各点的高度恒等,所以将这些曲线叫做等高线。另一种“淹迹法”说,即假设淹没小山的海水按一定间隔的高度间隙地退落,在每次间隙期内海浪击蚀山体都留下一圈闭合的水涯线痕迹,水迹线上各点的高程相等,此线即为实地可见的等高线。这一层层闭合的水迹线正射投影到海水平面上,所得到的一组闭合曲线即为图面上的等高线,如图2-3所示。

2. 等高距及其特点

等高距即相邻的两等高线间的垂直距离,也就是假设的水平截面之间的间隔距离(图2-4)。

等高距的特点有以下几点。

(1)等高距是以相邻的两等高线间的实际垂直距离表示的,其单位为m。

(2)等高距的大小决定着表示地貌的详细程度。在同一地域中,等高距大,则等高线条

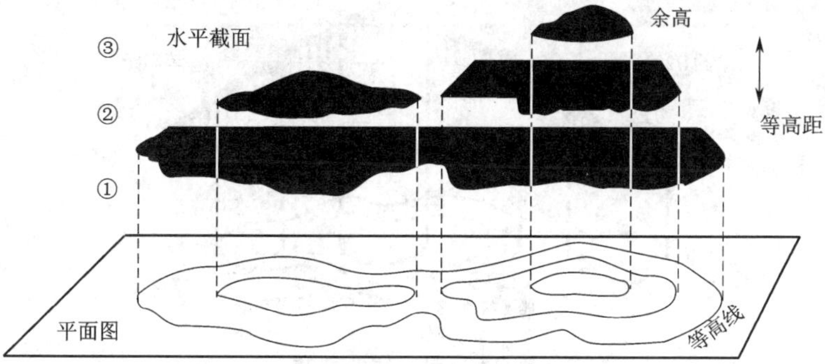

图 2-3　等高曲线的形成原理

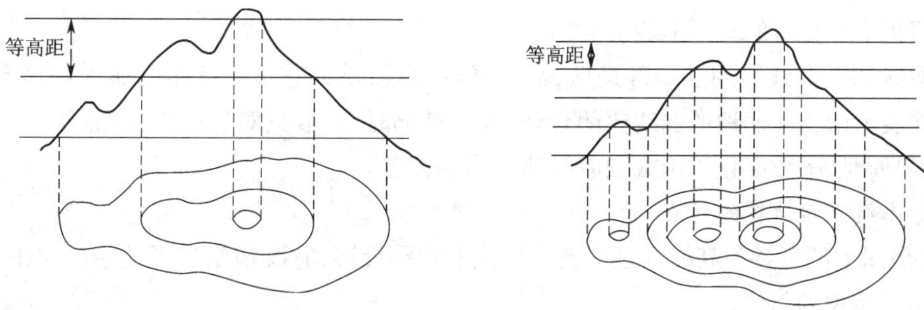

图 2-4　等高距

少,表示的地貌形态就较简略;等高距小,则等高线条多,表示的地貌形态就较详细。

(3)等高距的大小要受到地图比例尺的制约。若地图比例尺小,等高距的取值也小,就会给制图带来困难;地图比例尺大,等高距的取值较大,就会增大地图的画幅。所以,一般来说,地图比例尺小,则等高距的取值就较大;地图比例尺大,则等高距的取值就较小。

国际定向越野联合会规定:定向运动竞赛地形图的比例尺为 1∶15 000,其等高距取值为 5 m。我国现有的地形图,一般比例尺为 1∶10 000,其等高距取值为 2.5 m。为了适应国际定向运动竞赛的需要,我国定向运动竞赛采用比例尺为 1∶10 000 的地图时,需将等高距修订为 5 m。

3. 等高线的种类及其作用

等高线按其作用可分为基本等高线、加粗等高线、半距等高线、辅助等高线(图 2-5)四种。

(1)基本等高线,又称首曲线,是按规定的等高距由平均海水面起算而测绘的实线,线粗 0.1 mm,用以显示地貌的基本形态。如在 1∶50 000 图上的首曲线,依次为 10 m、20 m、30 m。

(2)加粗等高线,又称计曲线,规定从高程起算基准面起,每隔 4 条首曲线(即 5 倍等高距的首曲线)加粗的一条粗实线,线粗 0.2 mm,用以数计图上等高线和判读高程。如在 1∶50 000 图上的计曲线,依次为 50 m、100 m、150 m。

(3)半距等高线,又称间曲线,是按 1/2 等高距描绘的细长虚线,线粗 0.1 mm,用以显示首曲线不能显示的局部地貌,如山顶、阶坡或鞍部等。

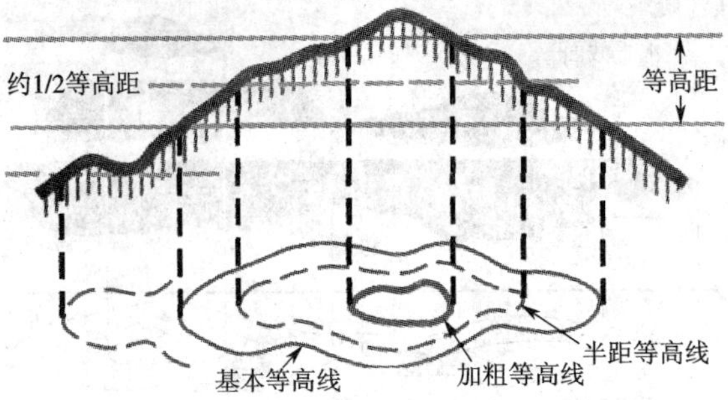

图 2-5 等高线的种类

(4)辅助等高线,又称助曲线,是按 1/4 等高距描绘的细短虚线,线粗 0.1 mm,用以显示间曲线仍不能显示的局部地貌。

间曲线和助曲线共用于局部地区,显示局部地貌,所以它不像首曲线那样一定要每条闭合。除表示山顶和凹地的曲线要闭合外,表示鞍部时,一般只对称描绘,终止于适当的位置;表示斜面时,一般终止于山或山谷两侧适当的位置。

4. 等高线显示地貌的特点

(1)地图上的每条等高线都是实地等高线的水平投影,它既描绘出了地貌的水平轮廓,也表示出了地貌的起伏。

(2)在同一条等高线上的任何点的高度都相等,是条闭合的曲线。

(3)在同一地图上,等高线多,山高;等高线少,山低;等高线稀,坡缓;等高线密,坡陡。

(4)在同一地图上,等高线间隔大,坡缓;间隔小,坡陡。

(5)图上等高线的弯曲形状与相应实地地貌相符。

5. 示坡线

示坡线是指顺着下坡方向绘制并与等高线垂直相交的小短线,如图 2-6 所示。它通常绘在等高线最有特征的弯曲上,如山顶、鞍部或凹地底部。示坡线可以帮助了解山的起伏,即哪里是上坡,哪里是下坡。一般顺着示坡线的方向为下坡,逆着示坡线的方向为上坡。

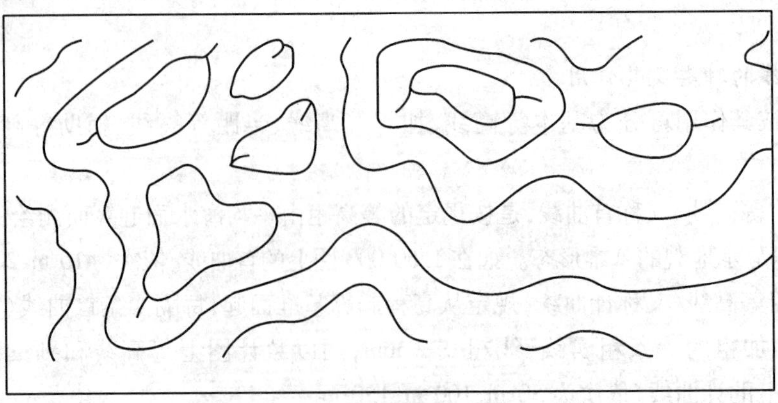

图 2-6 示坡线

（二）山的各部形态

1. 山顶

地面形成高耸的部分称为山，山的最高部分称山顶。在地图上以等高线形成的小环圈表示山顶，有时在小环圈外侧绘有示坡线表示凸出的山顶；若在显示山顶的小环圈内侧绘有示坡线，则表示如火山口似的凹形山顶。

山顶按其外表形态可分为尖顶、圆顶、凹地、平顶等几种，如图 2-7 所示。

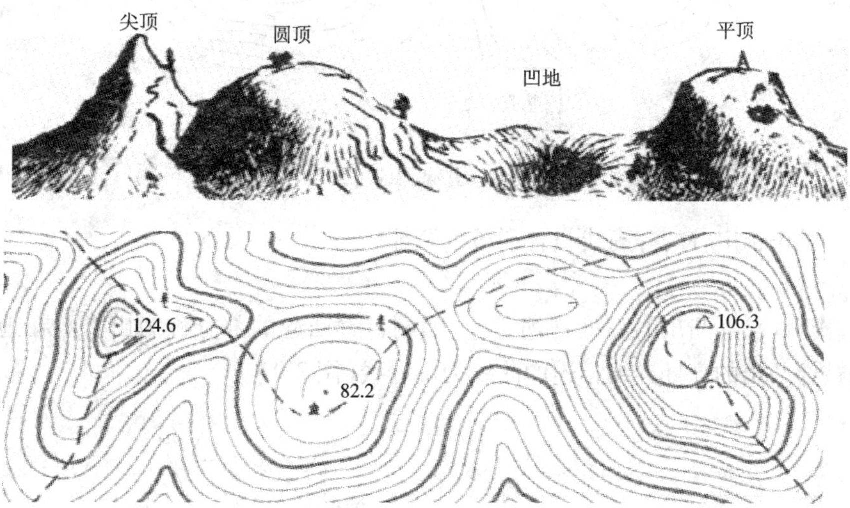

图 2-7　山顶

尖顶，表示山顶的小环圈小，小环圈外围的等高线较密。这种山顶一般山体高峻，坡面陡峭，山质结构多为石质。

圆顶，表示山顶的环圈较圆，环圈外围等高线间隔排列较均匀。这种山顶圆浑，山体低矮，坡面平缓，多为等齐坡面，山质结构多为土质。一般丘陵地域多为这类山体。

凹地，表示山顶的环圈内有示坡线。这种山顶为凹形，多由火山喷发或地震形成。

平顶，表示山顶的环圈较大，环圈外侧近处等高线较密，环圈外侧远处等高线较疏，且等高线的密疏转折明显。这种山顶犹如高耸的平台，多为大自然风化的结果，山质结构也多为土质。平山顶多处于土质高原地域。

2. 山背

从山顶到山脚的凸出部位称山背，亦称山梁。在地图上以成组的等高线向外凸出的曲线表示山背，这些成组的等高线凸出部位的顶点的连线即为分水线（图 2-8）。

3. 山谷

相邻两山背之间低凹狭窄的地方称为山谷。在地图上用等高线表示山谷时，以等高线所围成的闭合曲线的凹入部分表示；成组等高线向内凹入部位顶点的连线称为合水线（图 2-8）。

4. 鞍部

相邻两山之间的地形如马鞍状的部分称为鞍部（图 2-8）。在地图上用一对表示山背的

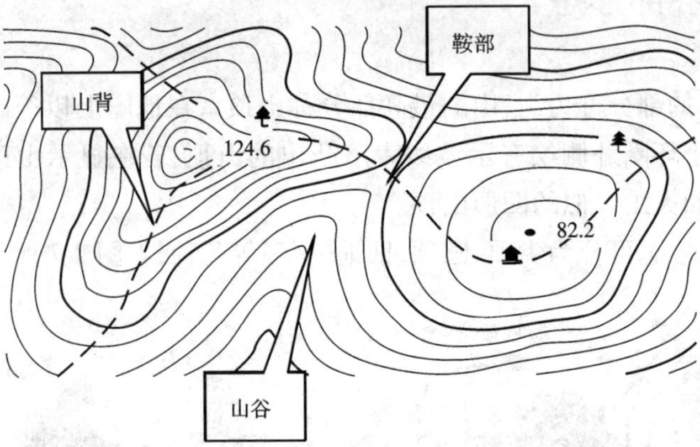

图 2-8　山背、山谷、鞍部

等高线和一对表示山谷的等高线组合来显示鞍部。

5. 山脊

山头、山背、鞍部凸出的高处连绵相连，如同兽脊凸起的部分称为山脊。在地图上，山头、山背、鞍部凸出的高处连绵相连的曲线为山脊线（图 2-9）。

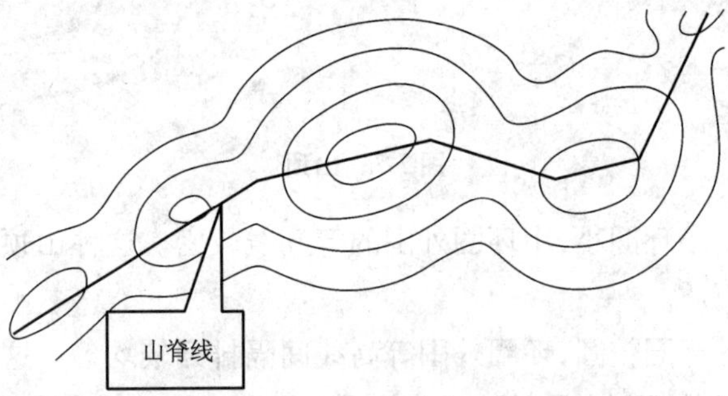

图 2-9　山脊

（三）特殊地貌符号及其显示地貌的特点

地貌形态千姿百态，许多特殊的地貌形态无法用等高曲线表示，只能用一些特殊的地貌符号来表示。如冲沟、滑坡、陡崖、堤坝、岩峰、山洞等，这些地貌形态只能用形象的特殊地貌符号表示。

较大面积的特殊地貌则以其外轮廓按比例尺绘制，在地图上测量其轮廓，可判断大小、陡缓等。这类地貌如滑坡等。

线状特殊地貌则以其长度按比例尺绘制，用线状图形符号表示。在地图上测量其线长，可判断其长度。这类地貌如陡崖、堤坝、冲沟等。

较小的地貌则以表意形象符号表示。这些以表意形象符号表示的地貌起着定位点的作用，其定位点处于形象符号的中心位置。这类地貌如岩峰、山洞等。

(四)用不同手段显示地貌

1. 用颜色显示地貌

用颜色显示地貌是指一般常见的彩色地图以颜色显示地形的高低起伏。它也是以等高线为基础的,在不同的等高线间,着上褐色、黄色、绿色等表示地面的起伏。这种分层设色,一般还附有分色高度表,以供查看。

2. 用形象符号显示地貌

用形象符号显示地貌是指以各种形象符号显示地貌,如山形符号表示山地分布或山的走向等。一般与其他表示地貌的方法配合使用。

3. 高程注记显示地貌

高程注记一般与等高线、颜色或形象符号配合使用。

高程亦称海拔高度(简称海拔),表示地面上某点对于基准海平面的垂直距离,其注记即为高程注记。

我国采用的高程基准海平面是根据青岛验潮站 1952 至 1979 年验潮的资料统计推算确定的。1985 年经国务院批准,把计算的青岛国家水准原点高程值作为全国统一的高程基准。所以,这个高程基准亦称为 1985 国家高程基准。

在地图上采用高程注记一般有等高线上的高程注记和某点的高程注记两种形式。等高线上的高程注记数字朝向上坡方向;某点的高程注记数字朝向上方,即地图北方,它们的单位为 m(实际单位)。

四、地物符号

地物符号即代表地表面上自然形成和人工建造的固定物体在地图上的标志符号。

在定向运动竞赛地图上,地物符号是由符号与颜色组成的。

地图上的内容是用形状不同、大小不一、色彩有别的图形和文字组成符号表示的,是地图与用图者对话的语言。它不仅具有确定客观事物的空间位置、分布特点以及数量、质量特征的基本功能,还具有相互联系和共同表达地理环境诸要素总体特征的特殊功能。因此,要想认识地图,首先要了解符号的特点和作用。

(一)符号的种类(按符号所代表的事物情况来分)

1. 面状符号

地面事物呈面状分布,当实际面积较大,按地图比例尺缩小后,仍能表示出其分布范围时,用面状符号表示(图 2-10)。如大的湖泊、大片森林、沼泽等。这种符号能表示事物的分布位置、形状和大小,一般又把这种符号称为依比例符号。

图 2-10　面状符号示例

2. 线状符号

地面上呈带状或线状延伸的事物,按

地图比例尺缩小后，长度可依比例表示，宽度不能依比例表示，在图上用线状符号表示（图2-11），如道路、输电线、河流等。由于这种符号能表示事物的分布位置、长度和形状，但不能表示其宽度，一般又把这种符号称为半依比例符号。

3. 点状符号

客观事物在地面上所占的面积较小，在图上不能按比例尺表示其分布范围时，则用个体符号表示（图2-12），如表示居民点的房屋、小塔形建筑、石块、小树等。由于它只表示其分布位置，不表示事物的形状和大小，一般又称这种符号为不依比例符号。

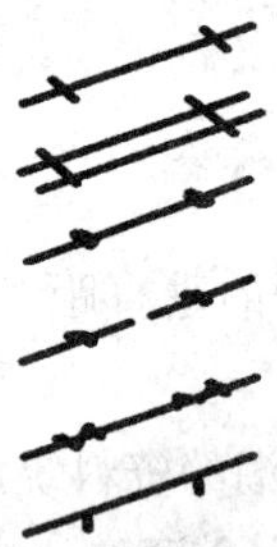

图2-11 线状符号示例

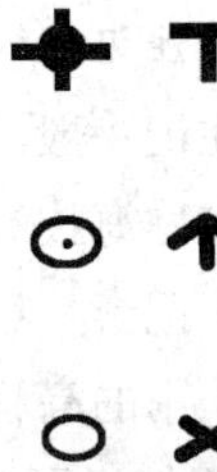

图2-12 点状符号示例

（二）符号构成的特点与要素

1. 符号的特点

地图内容是通过符号来表达的，因此符号应该具有以下几个特点。

（1）符号与实际事物的具体特征有联系，以便根据符号联想实际事物。

（2）符号之间有明显的差异，以便相互区别。

（3）同类事物的符号类似，以便分析各类事物总的分布情况以及研究各类事物之间的相互联系。

（4）简单、美观，便于记忆、使用方便。

2. 符号的构成要素

符号的上述特点是由符号的图形、大小和颜色表现出来的，因而图形、大小和颜色称为符号的三个基本要素。

（1）符号的图形。符号的图形主要表示地理事物性质上的差别。面状符号的图形，与事物的实际形状相似；线状符号的图形为不同形式的线，如双线、单线、实线、虚线和点线等；个体符号的图形多为简单的几何图形和象形图形。

符号的图形具有图案化和系统化的特点。所谓图案化就是符号图形有些类似于事物本身的形状。图案化的图形既形象又简单，因而便于根据符号图形联想实际事物的形态，如图2-13所示。符号的图形系统化是指各种符号的图形具有内在的联系，通过图形的变化，可以把事物的量和质等特征表现出来。符号的图形系统化表现为同类事物的符号图形相类似。例如，道路一般分为铁路、公路及其他道路，分别以黑白相间的双线、普通双线及单线、虚线、点线等表现其差异（图2-14）。

（2）符号的大小。符号的大小主要反映事物的重要程度及数量差异。一般来说，表示

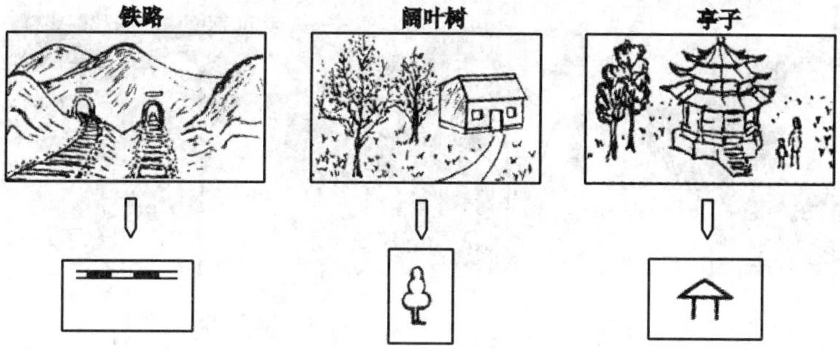

图 2-13　符号图形图案化示意

系统	陆上交通线		
亚系统	铁路	公路	其他道路
按主次区分	常轨　双线 窄轨　单线	公路 简易公路	大车路 乡村路 小路 时令路

图 2-14　道路符号系统

重要的、数量多的事物的符号大些;反之,则要小些。

为了完整而详细地表示出地形,同时又能保证定向图清晰易读,国际定向越野联合会规定了定向图符号的最小尺寸以及当它们相互靠近时的关系处理原则与最小间隔。

符号的大小、线条的粗细、符号间最小距离的规定,都是以日光条件下的正常视力和当今的印刷技术水平为依据定制的。

(3)符号的颜色。符号的颜色主要表示事物的质量差异、数量差异和区分事物的重要程度。一般用不同颜色表示质量的差异,如用蓝色表示水系,用绿色表示植被;用同一(或相邻)颜色的深浅表示数量变化,如用深浅不同的绿色表示森林,颜色越深,则表示森林越密,越不易通过。

五、磁北方向线

磁北线是地图上表示地磁的方向线。它不仅可以用来标定地图的方向、测量目标的方位角,还可以用于概略地判明行进路线的方向和距离。磁北线一般用黑色、红色或蓝色的平行线表示(图 2-15)。

在 1∶10 000 的图上,要求两磁北线间的距离约相当于实地 250 m。除非遇上重要特征物会被遮盖,磁北线必须在图上呈南北方向贯通整个赛区。

六、地图图例注记

图例说明是专业定向地图上的重要注记,它可以帮助理解地图所表示的事物。它采用的是国际语言符号,所有符号全球通用。

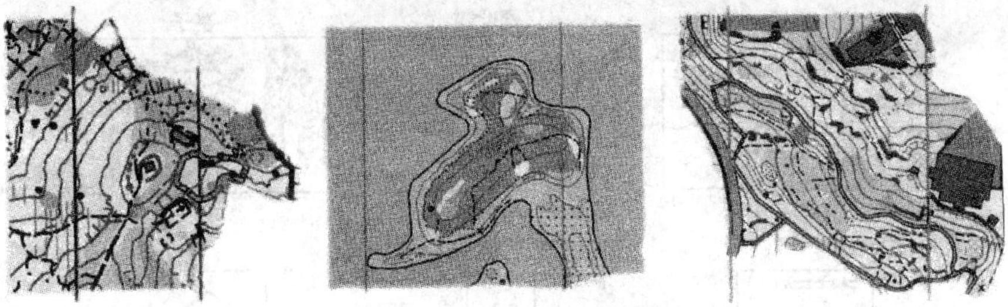

图 2-15　磁北线

根据国际定向越野联合会《国际定向运动地图制图规范》(ISOM 2000)将定向地图上的语言符号分为地貌、岩石与石块、水系与淤泥地、植被、人工地物、技术符号、路线符号、检查点说明表八个类别。

(一)地貌(用棕色表示)

地貌表示地球表面高低起伏的各种形态,如山地、平地。这类符号还包括土坎(崖)、土墙、冲沟、小丘、小凹地、坑洼地等专门符号,如图 2-16 所示。

(二)岩石与石块(用黑色加灰色表示)

岩石与石块是地貌的特殊形式,它可以为读图和确定站立点提供参照物,还可以向运动员提供前方是危险还是可奔跑的通行情况,如图 2-17 所示。

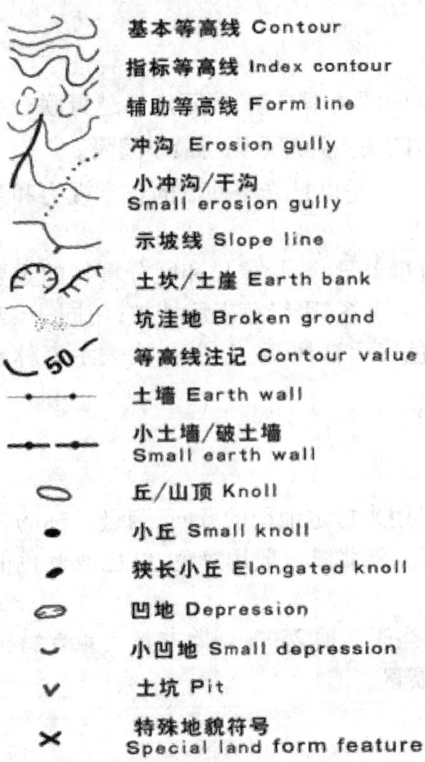

图 2-16　地貌

图 2-17　岩石与石块

（三）水系与淤泥地（用蓝色表示）

水系与淤泥地这类符号包括露天的明水系和特殊的水生植被。这类符号非常重要，它不仅能够表示对运动员通行的影响程度，还可以为读图和定点提供参照物。当水系植被的外围着粗黑线时，表示该地物在通常气候条件下不能通过，如图 2-18 所示。

（四）植被（用空白或黄色加绿色表示）

植被的表示对运动员来说很重要，因为它能反映地面的通透性，直接影响运动员的视野和奔跑速度，也可以给运动员提供参照物，如图 2-19 所示。

图 2-18　水体与湿地

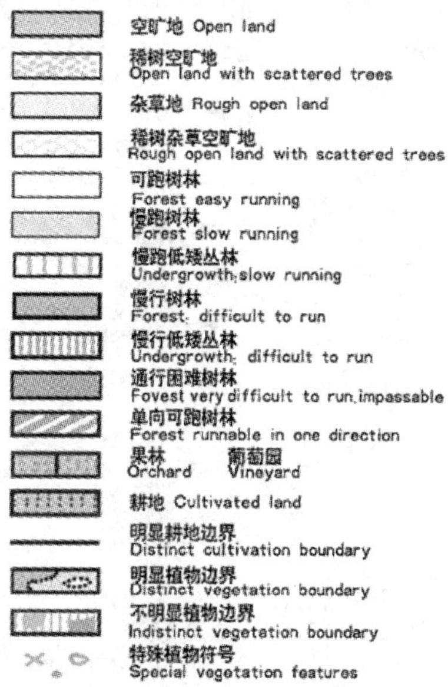

图 2-19　植被

（五）人工地物（用黑色表示）

人工地物包括各种道路、村庄、建筑物等符号。道路为运动员奔跑时提供重要的信息，可以让运动员知道道路的宽度，它和其他地物符号一起帮助运动员读图和确定点位，如图 2-20 所示。

（六）技术符号（用黑色加蓝色加棕色表示）

技术符号对于所有地图都是很重要的内容。在定向地图上主要有磁北线、地图套版线、高程注记等。地图套版线是用于地图制版的，运动员可利用它判断地图的质量。高程注记表示某个点的高程（海拔高），运动员可利用它计算参照物的高差。如图 2-21 所示。

（七）路线符号（用紫色表示）

路线符号表示比赛路线及其通行、障碍、危险等情况，如图 2-22 所示。

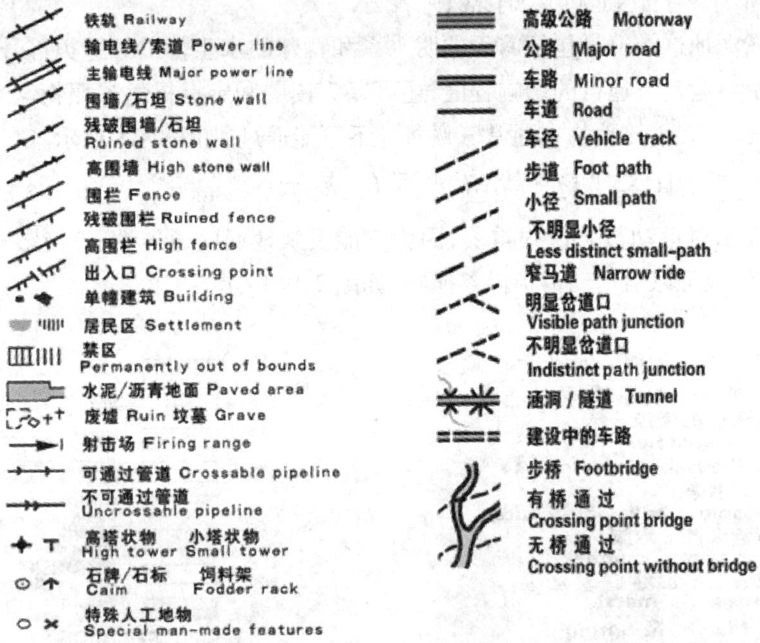

图 2-20　人工地物

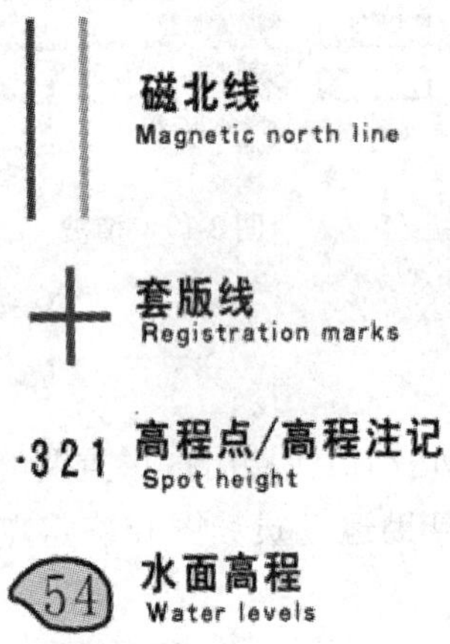

图 2-21　技术符号

图 2-22　路线符号

(八)检查点说明表

在定向比赛地图上,还可以通过检查点说明表说明地形、地貌与检查点的精确位置关系。具体的可见相关附录。

第二节　定向运动器材和装备

一、点标旗

点标旗是由三面标志旗连接成的三棱柱形，每面标志旗的尺寸为 30 cm×30 cm，该正方形是对角线分开的，左上部为白色，右下部为橙红色，夜间定向检查点同时应有光源。点标旗应悬挂在图上标明的地点，一般距地面 80～120 cm，实际位置应与检查点说明表一致(图 2-23)。

图 2-23　点标旗

二、打卡系统

(一)针孔打卡器

针孔打卡器用弹性较佳的塑料制成，一端装有钢针，每个打卡器的钢针组合图案都不同，运动员可在记录卡上打孔，也可直接将孔打在地图上的记录卡上。此种打卡器价格低廉，使用方便，适于在日常教学、训练以及一些小型比赛中使用(图 2-24)。

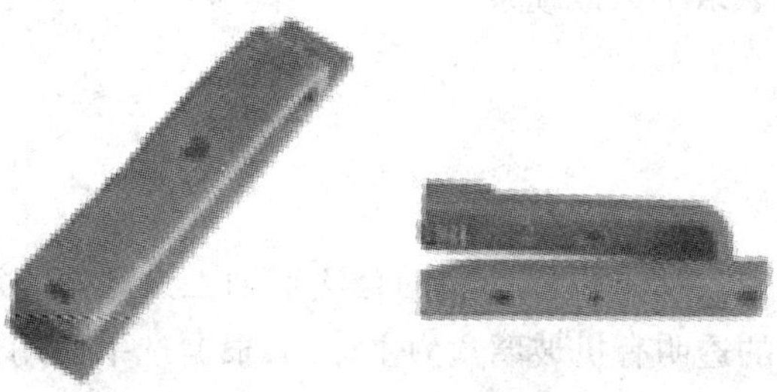

图 2-24　针孔打卡器

(二)电子打卡计时系统

随着定向运动的不断发展,定向器材的发展也十分迅速,目前在国内外的大型定向赛事中都采用先进的电子打卡计时系统,使用电子打卡计时系统不仅可以使运动员易于操作,也可以使组织者的工作变得极为简单,同时也使比赛更加公平、公正。SPORTident 电子打卡计时系统是目前世界上知名的定向运动电子打卡计时系统之一,其系统构成和使用方法如下。

1. 系统构成(图 2-25)

SPORTident 电子打卡计时系统一般由指卡(SI-Card)、打卡器(SI-Station)和终端打印系统组成。

(a) (b) (c)

图 2-25 SPORTident 电子打卡计时系统

(a)指卡 (b)打卡器 (c)终端打印系统

2. 使用方法

在使用电子打卡计时系统的定向比赛中,每个参赛者都发有一个统一编号的指卡,它可以存储开始和结束时间,而打卡器能存储运动员到访时的时间,当将指卡插入打卡器时,打卡器便自动将到访的时间写入指卡。在参加比赛时,运动员应将指卡佩戴在手指上,并按以下程序进行打卡:

(1)选手出发前打"清除",清除卡中原有的信息;

(2)出发时打"起点",比赛开始计时;

(3)比赛中途按比赛要求找到每一个检查点,并在相应检查点的"打卡器"上打卡,读取到达该检查点的时间;

(4)回到终点在"终点"打卡,比赛结束;

(5)到主站上打卡,领取个人成绩条。

三、运动装备

(一)指北针

指北针是定向运动中运动员可以使用的合法辅助工具之一。定向运动员使用的指北针一般都是以装有磁针的透明有机玻璃盒为主体的,根据选手使用方式上的差异分为基板式和拇指式;有的指北针在有机玻璃盒内装有起稳定作用的特殊液体,能够增加磁针的稳定性,特别适宜在奔跑中使用。

拇指式指北针是专业拇指指北针与传统罗盘指北针的结合,价格低廉,使用方便,非常适合初学者使用(图2-26)。

(二)服装

对于初学者来说,参加定向运动对服装并没有特殊的要求。如参加校园和公园定向时,穿着只要舒适和便于活动就可以了,但如要参加野外定向,为了参加者的安全,双腿应受到保护,并穿长裤或类似的服装,如有可能,最好选择专业的定向服装(图2-27)。

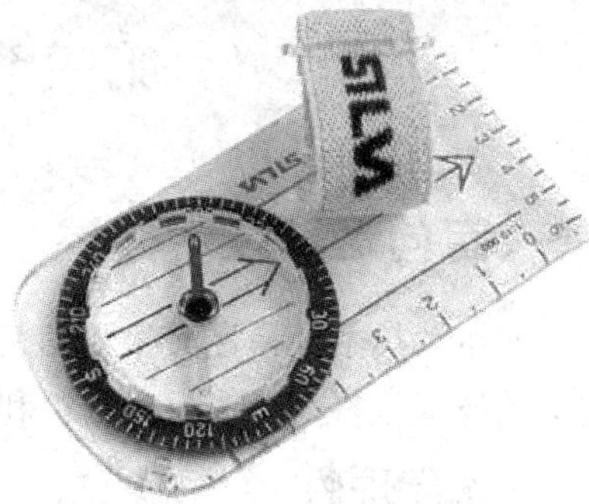

图2-26　拇指式指北针

图2-27　服装

(三)鞋子

选择一双轻便舒适的运动鞋来参加定向运动是非常必要的,当然,随着运动员的定向技能不断提高,穿上一双性能优良的专业定向运动鞋也是一个不错的选择(图2-28)。

图2-28　鞋子

第三节 定向运动技术

一、定向运动技术概述

定向运动技术是指定向参赛者完成定向运动所运用的各种方法，科学合理地运用各种定向运动技术是参赛者取得比赛胜利的基础。定向运动技术具有以下几个特征。

（一）合理性

运动技术的合理性是指运动技术在符合规则要求的同时，还应该符合人体运动的力学规律和生物学规律方面的要求。在定向运动中经常表现出的是参赛者的技术虽然不规范，但是非常实用，同时也符合规则的要求，这样的技术就有其存在的价值。

（二）相对性

每个人的定向运动技术都不是一样的，这说明定向运动技术对个体和整体而言都具有相对性。

（三）整体性

定向运动技术是由各个具体动作组合而成的，它不仅与参赛者有关，还与地形以及环境条件有关，任何一个技术动作的变化和其他因素的变化都会影响整体技术效果的发挥。因此，在对技术的理解与训练上，要从整体考虑各环节之间的联系。例如，野外奔跑速度是影响定向参赛者成绩的关键，但提高速度的同时又要考虑到读图速度能否与之相匹配，否则就会破坏整个定向运动技术的完整性。

（四）个体性

定向运动技术只是一种理想化的技术动作模式，对于每个参赛者来说，并非都是最合理有效的。只有以群体运动技术模式为基础，结合个体特点调整后确立的个体运动技术模式才是最合理有效的。例如，参赛者在选择路线时，可以根据自身体能和技术，合理选择穿越或沿路跑。从技术角度上讲，每个参赛者的技术都有其自身特点，在训练和比赛中要发挥自己的优势，完善自身的技术。

二、标定地图

标定地图就是给地图定向，使地图的方位与实地的方位一致。通过标定地图，可以将地图上的地物地貌符号与实地的地物地貌一一对应，这不仅可以帮助我们迅速查看地图，了解实地地物的分布情况、地貌的起伏程度以及它们之间的相互关系，还可以帮助我们根据地图上的路线，在实地选择具体的运动路线。常用的标定地图的方法有概略标定地图、利用指北针标定地图、利用地物标定地图。

（一）概略标定地图

地图上的方位是：上北、下南、左西、右东。当我们在实地正确地辨别了方向之后，只要将越野图的上方对向实地的北方，地图即已标定。这种方法简便迅速，是定向越野比赛中最常用的方法。

（二）利用指北针标定地图

定向地图上标有磁北线，是用红色粗线条标出的，尖头指向地图的上方。利用指北针标定地图时，可通过转动地图，将指北针上的红色指针与磁北线的方向吻合或平行。由于指北针上的指针和地图上的磁北线都是红色的，所以也称此方法为“红对红”或“北对北”（图 2-29）。

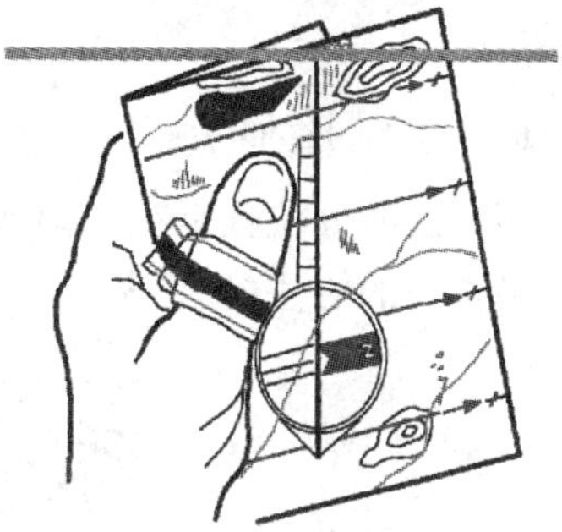

图 2-29　北对北

（三）利用地物标定地图

1. 利用直长地物标定地图

直长地物是指较长的线状地物，如铁路、公路、土垣、沟渠、高压线等。

利用直长地物标定地图的方法如下。

（1）首先应在图上找到这段直长地物。

（2）转动地图，使图上的直长地物与实地的直长地物方向一致。

（3）对照两侧地形，使图与实地各地形点的关系位置相符。

如图 2-30 所示，运动员利用路边的沟渠来标定地图时，平移且转动地图，使图上的道路与实地的水渠概略重合。

2. 利用明显地形点标定地图

利用明显地形点标定地图指在实地找出一个与地图上地物符号相应的明显地物，如小桥、亭子、独立的建筑等，然后转动地图使图上的站立点至目标的连线与实地的站立点至目标的连线重合。

如图 2-31 所示，选择一个图上与实地都有的明显的地物，转动地图，使图上的站立点至目标的连线与实地的站立点至目标的连线相重合。

图 2-30　直长地物标定

图 2-31　明显地形点标定

三、确定站立点

在野外,我们时刻要注意确定自己站立的地点在地图上的位置。这是从事定向越野首先必须掌握的一项基本技能。其主要方法是通过标定地图将地图与现有的地物、地貌进行逐一对照,来确定自己的方位。

(一)直接确定

当自己所处位置是在明显地形点上时,只要从图上找出该地形点,站立点即可确定。这是最常用的方法(图2-32)。

图2-32 直接确定

(二)利用位置关系确定

当站立点位于明显地形点附近时,可以利用位置关系来确定站立点。利用位置关系确定站立点主要依据两个要素,一是站立点至明显点的方向,二是站立点至明显点的距离。在地形起伏明显的地方,还可以结合高差情况进行判定。如图2-33所示,当运动员站立于小河北岸、村舍正右方,左距公路150 m远处,依此方位关系,可在地形图上定出站立地点的位置。

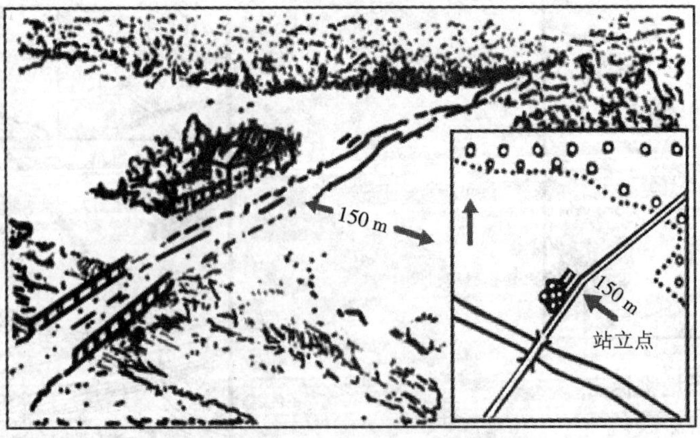

图2-33 利用位置关系确定

（三）利用“交会法”确定

当站立点附近无明显地形点时，可以利用“交会法”确定站立点位置。按不同情况，它又可以具体分为90°法、截线法、连线法、后方交会法和磁方位角交会法。这些方法的优点是不需要判断或测量距离也能确定出较为准确的站立点位置，这对于初学者学习、巩固使用越野图的训练是很有意义的。下面介绍几种常用的方法。

（1）当运动员站在线状地形上时可以利用90°法（图2-34）、截线法、连线法（图2-35）来确定方位。

当运动员在线状地形上运动时，同时待测的位置恰好在某两个明显地形点的连线上，可以利用这种方法确定站立点。

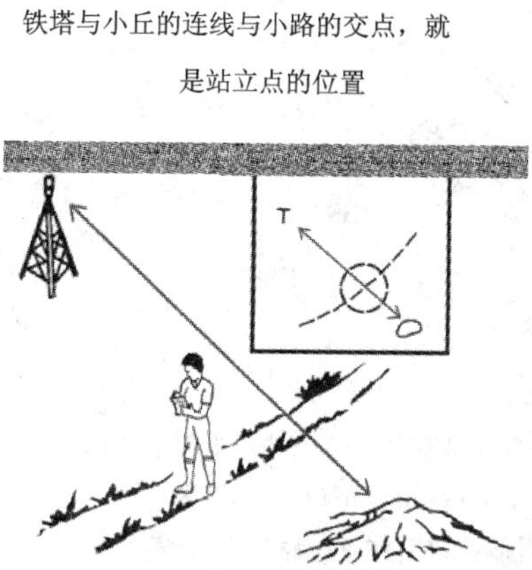

图2-34　90°法

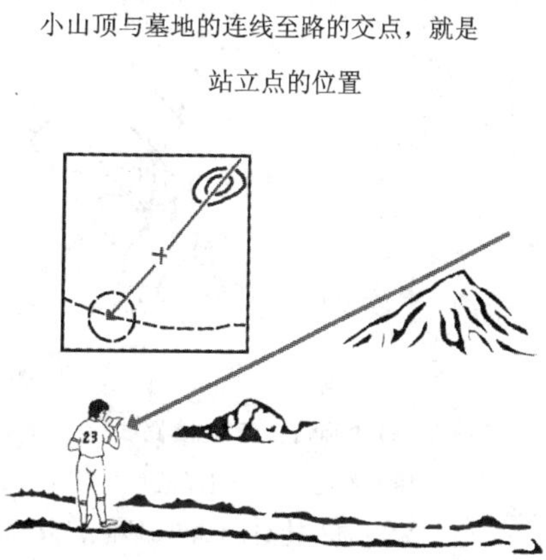

图2-35　连线法

（2）后方交会法（图2-36）。

当待测点上无线状地形可利用，而且地图与实地相应地都有两个以上的明显地形点，但地形较开阔，通视良好的情况下，可以采用后方交会法确定站立点。

确定站立点的方法如下。

①在地图上取一个山顶为标志和实地相应山顶在地图上作一直线。

②地图上的树丛与实地相应的树丛在地图上作一连线。

③两条直线的交会点就是站立点。

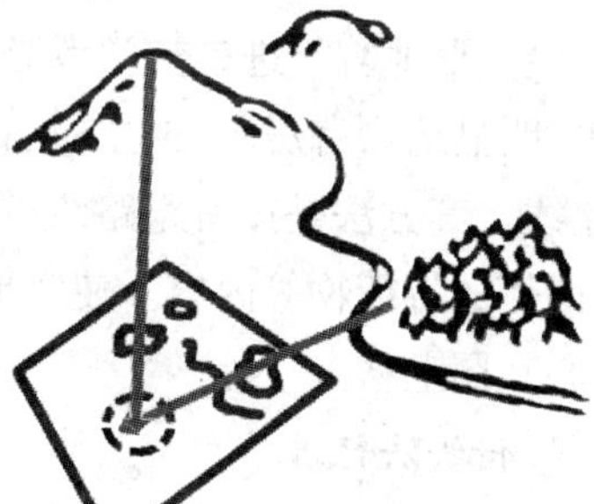

图2-36　后方交会法

四、依地图行进

依地图行进是定向越野的基本运动形式，也是一项最基本的技能。在奔跑途中，应首先了解前方要通过的方位物，边跑边对照地形。在经过每个岔路口、转弯点、居民地进出口时，应快捷、准确地对照地形，随时了解自己在图上的位置。做到“随时标定地图，随时确定站立点在图上的位置，随时对照周围地形，随时保持清醒的头脑”。具体的行进方法如下。

(一)拇指辅行法

在运动过程中,不断转动地图,使地图与实地方向一致,并且手指压在站立点上。做到人在地上走,指在图上移,其流程如图 2-37 所示。

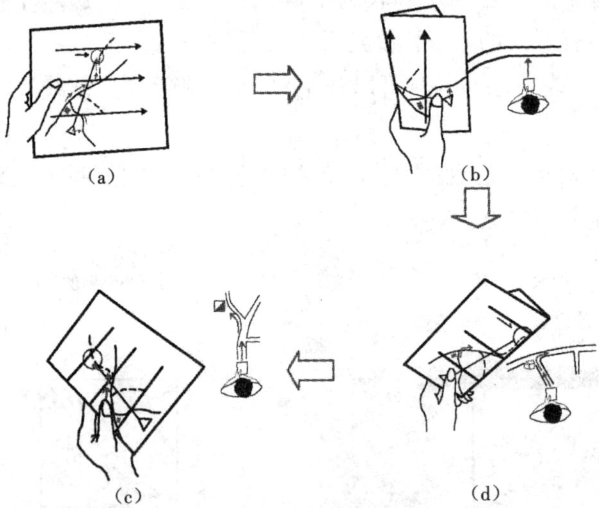

图 2-37 拇指辅行法

(a)明确站立点、比赛路线、目标点;(b)转动地图,使地图与实地方向一致,并将左手拇指压于站立点一侧上,先上大路;(c)到大路后转动地图,移动拇指(沿大路跑,看到路旁小屋后向右转);(d)转动地图,移动拇指(沿大路跑,经过右侧路口后在下一路口左转弯,可直达目标点)

(二)沿地形地貌行进

沿地形地貌行进是初学者必须掌握的一项基本技术。线形地貌有河流、栅栏、小路、围墙等;明显地物有房屋、独立树、石碑以及等高线等都是很好的参照物,可以提供安全、快捷的路线。其方法是按所跑路线的顺序,分段、连续或一次性地记住行进方向上经过的地形点、两侧的特征物等内容。使实地的情景能够不断地与记忆内容叠影、印证,做到人在地上跑,心在图上移。

1. 借线法行进

借线法指利用线状地形,如道路、围栏、高压线等作为行进的“导引”。由于沿着线状地形行走犹如扶着楼梯的栏杆行走,因此,有人称此方法为“扶手法”。图 2-38 中行进方向为先沿小路到高压线下,再沿高压线找点。

2. 借点法行进

借点法就是利用明显的地物地貌点来控制运动方向(图 2-39),当检查点附近有高大、明显的参照物时,可采用此方法。

3. 水平位移法行进

当站立点与检查点在同一高度上时,可沿等高线行进,即采用水平位移法行进但要确定站立点与检查点之间是否可通行(图 2-40)。

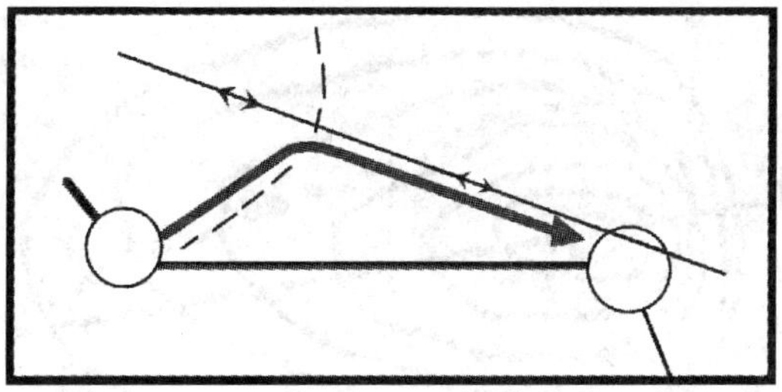

图 2-38　借线法

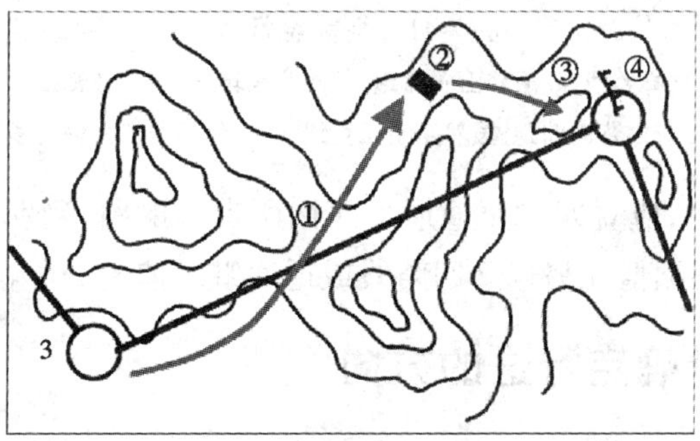

图 2-39　借点法

3 号点与 4 号点之间没有路，地形复杂，通行困难

选择路线：①鞍部，②建筑物，③丘，④在丘与陡崖之间找点

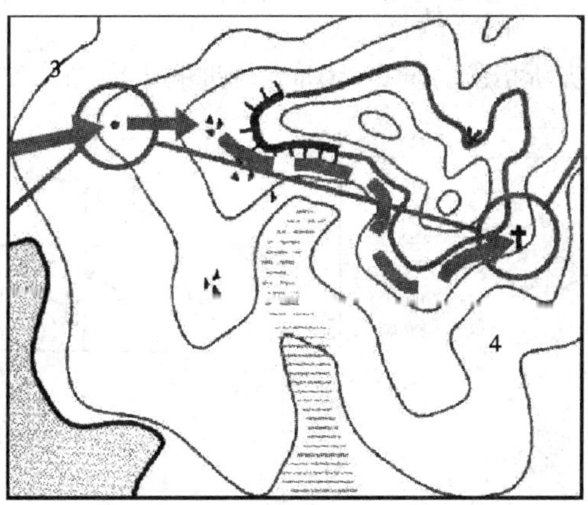

图 2-40　水平位移法

4. 提前绕行法行进

在检查点之间有较大的障碍时，可提前选择最佳路线。如图 2-41 所示。

在行进过程中应注意以下几点。

(1) 在经过岔路口、道路转弯点、居民居住地进出口时，应对照地形。

(2) 在遇到实地地形变化与地图不一致时，应仔细对照全貌，分析地形的变化和位置关系，然后准确判定站立点的位置和行进方向。做到有疑不走、有矛盾不走、方向不明不走。

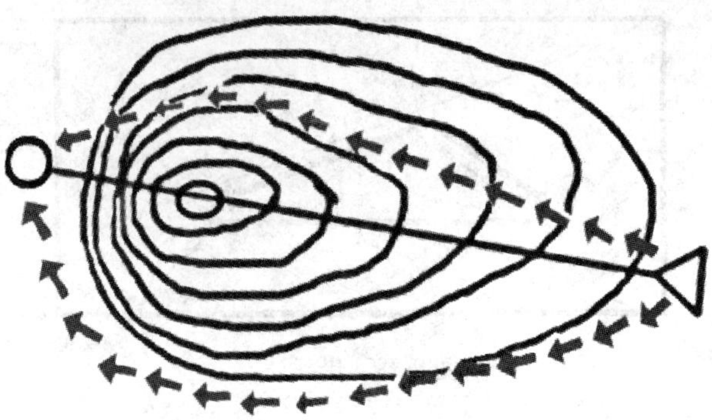

图 2-41 提前绕行法

选择路线:a. 沿着山向前跑,虽然路线较长,但不必爬山;

b. 沿着山背向前跑,虽然路线比直线长些,但不需要太多的攀爬

(3)当发现走错路时,应立即对照地形。回忆所走过的路,判明是从什么地方走错的,偏离原定路线多远,再根据情况另选迂回路线或返回继续前进。

五、利用指北针确定行进的方向

利用指北针确定目标点的方向,是一种最简易、最快速的方法,它特别适合初学者在特征物少、植被密度低、地形起伏不大的树林中使用。具体方法(图 2-42)如下。

(1)将指北针直尺边切于目标方向线,指北针上的方向尖头指向所要到达的位置。

(2)把指北针和地图作为一个整体水平放置在面前,转动身体,使指北针上的红色指针的指向与地图所示的磁北线方向一致。

(3)指北针上方向尖头所指的方向即为所要行进的方向。

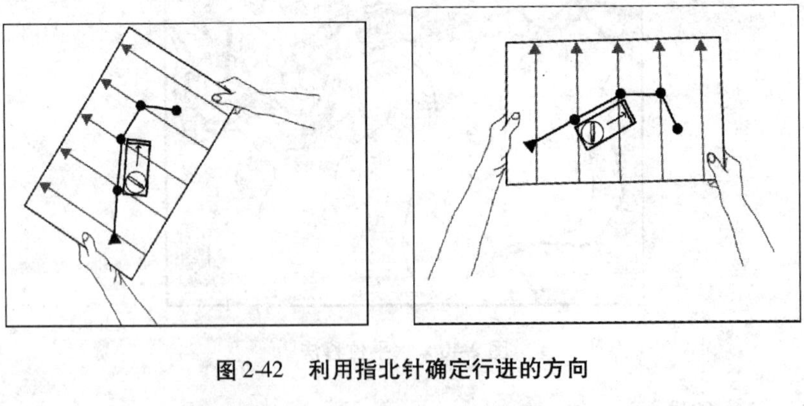

图 2-42 利用指北针确定行进的方向

六、实地判定方位

实地判定方位是指在实地辨明东、西、南、北方向。了解实地的方位是使用地图的前提,在野外,可以帮助我们辨明方向的方法很多,如白天可利用太阳和手表来辨别方向、晚上可利用星体来辨别方向,还可以利用地物特征、建筑物、风向等来判定方位。

（一）利用指北针判定方位

利用指北针判定方位的方法是将指北针放平，待磁针完全静止后，磁针的红色一端即 N 端为北面，S 端为南面。如果测定方位的人面向北面，则他的左为西，右为东，背后为南。

如果想测某一点的方位时，可将罗盘上的零刻度对准目标，当罗盘水平静止后，N 端所指的刻度便是测量点至目标的方位，如磁针 N 端指向 36 度，则表示目标在测量位置的北偏东 36 度。

使用指北针时应注意以下几点：①尽量保持指北针水平放置；②不要离铁、磁性物质太近；③不要将磁针的 S 端与 N 端混淆，造成误判。

（二）利用地物判定方位

在野外，凡见到有地物和植物的地方，同样可以根据日常生活习惯和自然客观规律产生的现象进行方位判定。如地球的北半球，我们居住的房屋或用于朝拜的庙宇大门通常都朝南开设，树木一般朝南的一侧枝叶茂盛，色泽鲜艳树皮光滑，向北的一侧则相反；长在石头上的青苔喜阴湿，北面较旺；积雪多是先融化朝南的一面，通常墙、土堆、土堤、地埂、石块、建筑物等突出物的南面较干燥，春草早生，冬雪早化，而向北一侧的基部较潮湿，夏长青苔，冬存积雪。而土坑、林中空地的特征正好相反。

（三）利用太阳和手表判定方位

在晴朗的天气，上午 9 时至下午 4 时之间，用时针对准太阳，此时手表上的时针与 12 时刻度夹角平分线所指的方向为南方，相反的方向为北方（图 2-43）。但是要注意以下几点：①将手表平置；②在南、北纬 20°30′之间地区的中午前后不宜使用；③要把标准时间换算为当地时间。

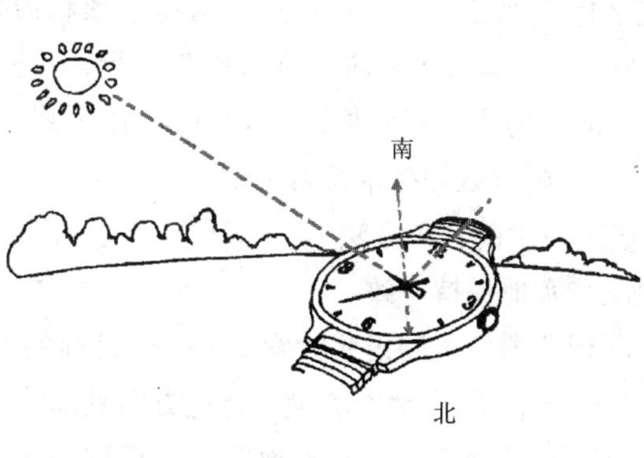

图 2-43　利用太阳和手表判定

七、定向运动技术体系

定向运动技术体系由读图技术、指北针使用技术、距离判断技术、路线选择技术、重新定位技术和检查点捕捉技术组成（图 2-44）。

（一）读图技术

读图指通过对地图知识的理解将地图在头脑中形成与实际地形相对应的认知过程。

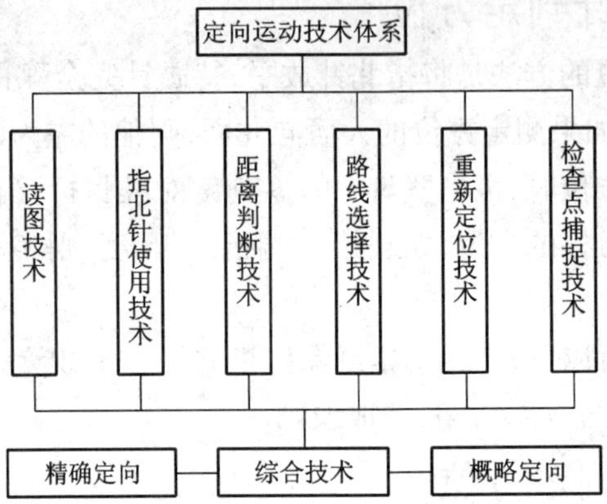

图 2-44 定向运动技术体系

学习读图，首先要掌握一定的地图知识，并能够熟练地运用到读图中去，从而做到迅速、准确地读图。为方便学习，现将读图技术分为动作技术和认知技术两个方面（表 2-1）。

表 2-1 读图技术分类

动作技术	认知技术
标定地图	简化地图
确定行进方向	概略读图
折叠地图	精确读图
拇指辅行	提前读图

读图的动作技术包括标定地图、确定行进方向、折叠地图和拇指辅行，这是快速、高效读图的基础。读图动作技术与认知技术的训练常常同步进行，只是不同阶段的侧重点不同而已。通常先以动作技术训练为主，然后动作技术和认知技术练习并重，当动作技术达到熟练水平甚至自动化水平时，则以认知技术练习为主。

下面详细介绍一下读图技术的各种方法。

（1）标定地图，使地图与实地保持一致。

（2）确定行进方向，利用地图信息和指北针确定下一个目标的方位，是在标定地图后接着要掌握的技能。在很多情况下，标定地图和确定行进方向是同时进行的。

（3）折叠地图能更便捷、有效地读图。拿到地图后应根据个人的习惯将地图折叠成方便持图的大小。在跑动中要不断根据需要折叠地图，以便能更舒适地读图。

（4）拇指辅行是初学者所采用的基本技术。从起点开始，将拇指压于站立点侧后方，在行进过程中不断移动拇指，使拇指在地图上的移动与个体在实地行进过程保持同步。在用地图导航行进中，不断移动拇指，转动地图，保持位置、方位的连贯性与正确性。

（5）简化地图指忽略地图上复杂的或次要的特征，只选择出重要的对导航和“捕捉”检查点有实际意义的特征。在许多情况下并不是所有的细节都有导航作用，如非必要，只需要读地图上比较大的或具有导航作用的特征。

(6)概略读图和精确读图对初学者而言没有任何区别,初学者使用概略读图技术几乎总是能够找出可以直接引导到检查点的那些大的特征。而概略读图和精确读图的区别是在达到中级水平时才开始出现的,这时必须通过检查点附近区域的地形细节来导航。

①概略读图是一种在简化地图的基础上发展起来的图—地对照技术,是指在快速行进过程中,忽略细小的特征,仅核对地图上大的特征与实地中特征的一致性的读图技术。

②精确读图是一种在简化地图的基础上发展起来的图—地对照技术,是指借助拇指辅行技术,核对地图上大多数特征与实地一致性的读图方法。

图2-45显示了概略读图和精确读图的区别。左图为实际地图,右图为应该从地图中获取的有效信息。对于概略读图来说,只有较大的明显特征具有导航价值,其余大多数细节都被忽略。而对于精确读图来说,简化地图同样重要,尽管需要仔细核对检查点周围大多数细节的一致性,但也不必获取地图上的所有信息,只需要获取具有导航意义的细节。

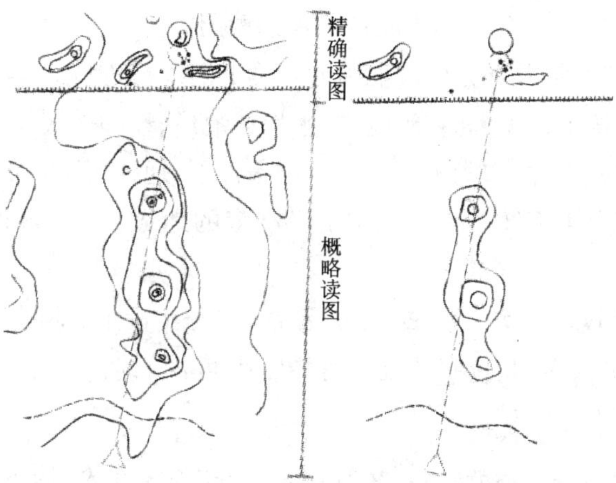

图2-45　精确读图和概略读图示意

在实际应用中何时运用概略读图,何时运用精确读图主要取决于地图和地形,所选择的路线及定向技能的高低。多数情况下,路线的开始部分一般地形较简单,多应用概略读图技术,而在后一部分一般地形较复杂,应用精确读图技术的机会较多。

(7)提前读图是中等水平以上定向参赛者需要掌握的一项技术。在定向比赛前,通过提前读图,能够随着地形的变化而跑得更快、更顺畅。在具备了一定的读图技巧之后,在后续的练习中就要开始有意识地培养提前读图的技能。

掌握提前读图技能主要培养提前读图意识。当对地图的符号体系有了较好的理解并有了一定的标定地图、折叠地图、拇指辅行基础后,就可以在动作技能的练习中开始增加提前读图的练习内容,即在持图行走中有意识地进行提前读图,可反复按以下程序进行练习:确定站立点—标定地图(或标定地图—确定站立点)—确定行进方位—提前判读站立点前方、左右侧即将出现的特征—行进中对照实地地形,核查自己是否通过提前读图正确地预计到将要看到的特征,同时拇指也应相应向前移动。

(二)指北针使用技术

与地图的重要性相比,指北针只是一种辅助读图和导航的工具。指北针的使用必须建立在读图的基础上,在定向运动中指北针使用的要点如下。

(1)指北针的主要作用是标定地图和确定行进方向。

(2)用指北针确定行进方向时,应该确保指北针正好位于身体前方正中线位置。

(3)读指北针时应该确保指北针呈水平位,并在磁针稳定后再进行。

(4)如果要沿着行进方向穿越特征稀少的开阔地,仅依靠指北针很容易偏离航向,应该在用指北针确定行进方向后,沿着行进方向向前看,尽量利用行进方向上可视的目标来导航,减少对指北针的依赖。

(5)在使用地图就能很好地进行导航时,不要使用指北针。这时应用指北针反而可能降低行进速度。

(6)以下情况下,特别适合应用指北针来辅助读图。

①读图技术差,需要掌握好方向才能沿着正确的路线行进时。

②实地中特征或扶手很少,如在旷野中、平坦的地形、长的平缓的坡地中。

③在浓密的植被或雾、雨和阴天等不良气候条件下,通视度不良的林地中。

④长路段穿过相似特征(小路、山凸、山凹)多的地域,不想降低速度来判读每个特征时。

⑤短路段或离开攻击点前往检查点的最后一部分路段上,地图上细节很少,需要掌握好方向时;地图上细节太多,判读每个细节可能使速度下降时。

(三)距离判断技术

距离判断是指利用所遇到的特征、步测技术、时间判断技术、比例尺和目测技术判断实际行进的距离。距离判断的正确性主要取决于平时积累的经验,它只是一种经验性的估计手段,受参赛者当时所处的环境影响,如地形、心理状态、外界干扰等。在复杂的地形环境及高度紧张的比赛中综合运用各种距离判断技能准确判断距离,需要在长期的练习和比赛实践中总结经验,形成自己的距离判断风格。

1. 基本步测技术

步测是定向运动中测量距离的基本方法,简单实用。在定向运动中,步测通过计算复步数,即以两步为一个单位(同一只脚的着地次数)来估计两点间水平距离。基本步测技能是指在平坦的地形中通过步测来估计距离的技能。通过步测技能培养比较精确的距离感,需要使用不同比例尺的地图进行反复练习。开始时练习者可能会因比例尺的变化出现距离感混乱的情况,经过一定时间的练习后又会在更精确的水平上恢复良好的距离感。

2. 不同地形条件下奔跑时的步测技术

在实际比赛中,参赛者几乎都是在奔跑中穿越起伏多变的地形,因此掌握在不同地形上奔跑时的步测技能更有实用价值。奔跑中的步测技能在比赛中主要用于以下情况:①由攻击点向检查点行进时;②在网状特征中行进时(图2-46);③穿越通视度不良的树林时。

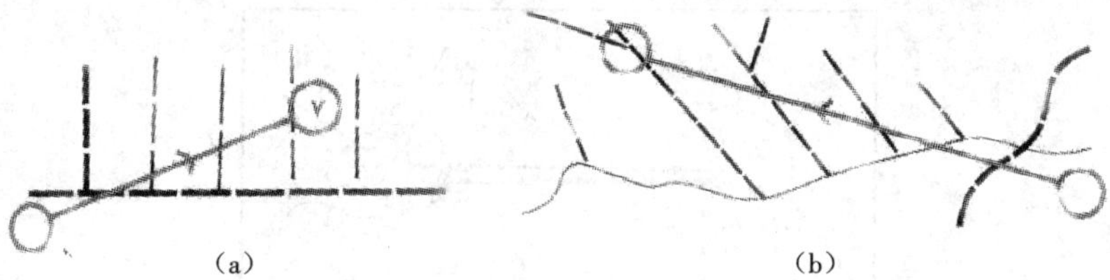

图 2-46　步测技术在网状特征中的应用示意图

(a)通过步测确定自己达到哪个位置　(b)通过步测避免自己到达错误的交叉点

(四)路线选择技术

定向地图上各检查点的连线是提供方位的直线,然而,沿这条方位直线行进一般是不可能直接到达的,必须依照地图上各种符号和色彩的提示,进行路线选择。不同的人技术水平不同,体能状况不同,所选择的路线也不尽相同。

1. 选择路线的标准

(1)省体力。

(2)省时间。

(3)最稳妥。

(4)最能发挥自己的特长。

(5)尽量不失误或减少重大失误。

(6)顺利完成赛程并最终夺取胜利。

2. 选择路线的原则

(1)充分利用道路,坚持"有路不越野"。如图 2-47 所示,起点到第一个点,如直线跑需艰难地翻越一座山,而沿着小路行进则需行进到一岔口左转弯至小路的交会处,寻找点标。沿着小路行进路线虽长一点,但不需翻山,省力。

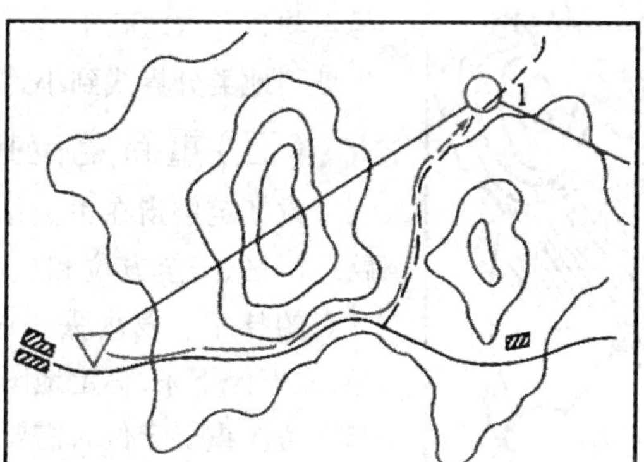

图 2-47　选择路线 1

(2)地形起伏不大,树林稀疏可跑的地段,坚持"选近不选远"。如图 2-48 所示,1 号点与 2 号点之间是一片树林稀疏的地段,选择时应采用直线跑到小路旁找点,如选择其他路线,则距离较远。

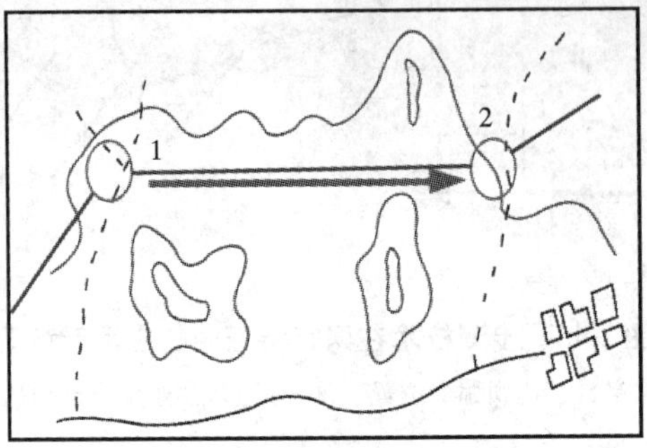

图 2-48 选择路线 2

(3)地形起伏较大,树林密集,障碍大的地段,坚持“统观全局,提前绕”。如图 2-49 所示,2 号点与 3 号点之前是一段复杂的地形,不能直接跑。选路线:(a)过鞍部沿陡崖下跑,目标是堤坝;(b)过堤坝沿着右侧山坡右转至小谷地寻找目标点。

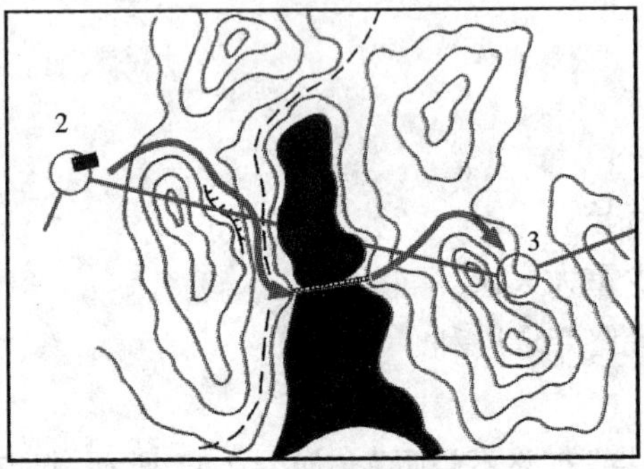

图 2-49 选择路线 3

(4)坚持“依线又依点”。如图 2-50 所示,2 号点与 3 号点之间不能直接通行,依小路向前,沿山坡与地类分界线到小路找点。

图 2-50 选择路线 4

(五)重新定位技术

重新定位指在丢失站立点后利用标定地图、路线回忆、安全方位和重新定位特征重新确定站立点的技术。发现丢失站立点后首先要做的事是:立即停下来,标定地图,进行图—地对照,回忆与思考。重要定位时需要回忆和思考的主要内容有以下几种。

(1)经过的路线,步测距离与地图上的距离是否一致?

(2)是否在易跑路段发生了方向偏移?在此之前经过哪些特征地物?

(3)在此之前,在地图上能够准确定位的最后位置。

(4)目前能看到的最显著特征是什么?

如果得到的结论不能解决重新定位问题,应该检查地图,然后跑向最近的显著特征,在显著特征处通过标定地图进行重新定位。迷失后必须牢记的一点是:在迷失的地方漫无目的地搜索将会耽误很多时间。

(六)检查点捕捉技术

检查点捕捉是参加定向越野比赛胜与败的一项关键性的技能。每一条比赛路线的设计都会体现出不同的或交替出现的难题,有时考验体能,有时则考验技能。当运动员接近检查点时,应对检查点的实地准确位置做出分析和判断,并考虑采用何种方法去捕捉它。一般来说,常用的方法有定点攻击法、偏向瞄准法、距离定点法和地貌分析法等。

1. 定点攻击法

当检查点设在明显,较大的地物、地貌点上或附近时,可采用这种方法。

首先将这些明显的地物、地貌设为攻击点,然后根据这一攻击点与检查点的相对方位、距离关系寻找检查点。

如图2-51所示,从3号点到4号点,沿着小路行进,目标是建筑物,找到建筑物后,在建筑物的北面就能找到检查点。

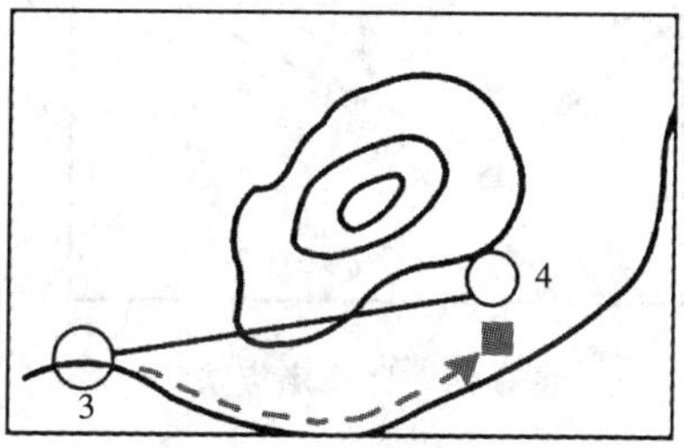

图2-51　定点攻击法1

如图2-52所示,沿一座明显的小山坡行进,横穿公路后到湖边,继续朝池坑跑去,在坑的左边找检查点。

2. 偏向瞄准法

当检查点设在线状地物如大路、沟渠、河流的一侧时可用此方法。

首先根据地形条件,选择线状物为目标点,然后提前偏离检查点,跑到线状物上,再根据线状物与检查点位置的关系找到检查点。

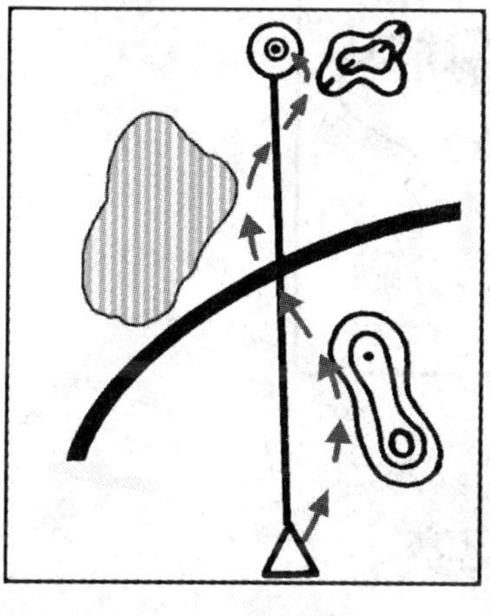

图2-52　定点攻击法2

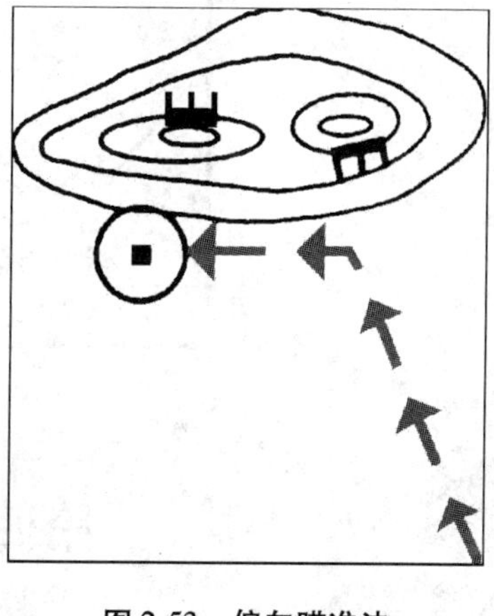

图2-53　偏向瞄准法

如图 2-53 所示,检查点为山脚下的小屋。可以用指北针直接定位于该点,但很有可能跑偏方向而错过目的地。相反,用指北针定位在小屋偏右、两山鞍部的方向,当跑到山脚下,地势开始明显升高时,再沿等高线向左边水平移动,就可找到检查点。

3. 距离定点法

当检查点在地势较平坦、无路、植被较多或检查点在细碎的地貌特征之中时,可以采用此方法。

使用此方法首先要借助周围的地物、地貌特征作为攻击点,然后利用指北针瞄准目标点方向,结合步测、目测等方法测算距离,一步步地接近检查点。

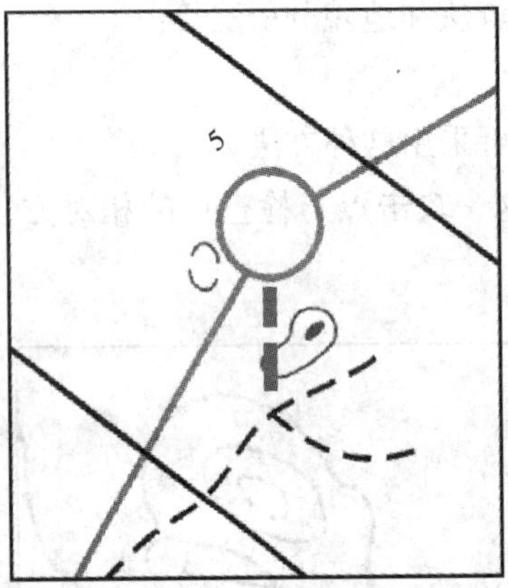

图 2-54 距离定点法

如图 2-54 所示,5 号检查点位于平地树林中,定位较困难。应采用如下方法到达:

(1)先选择小路交会处作为攻击点;

(2)沿小路到达攻击点后,在图上量出至检查点的距离(换算成复步);

(3)用指北针测定出检查点的方向并沿此方向步测前往。

4. 地貌分析法

在地貌有一定起伏的地域内,检查点设在低小地物附近时,可采用此方法。

采用这种方法时,首先应根据地图上检查点与地貌的位置关系,分析出实地两者相对应的位置关系,再依据这种位置关系来寻找检查点。

如图 2-55 所示,想要寻找第 9 号检查点,首先要运动到检查点西南山顶,在山顶位置通过地图与实地对照,判定出检查点在山背即可发现第 9 号检查点。

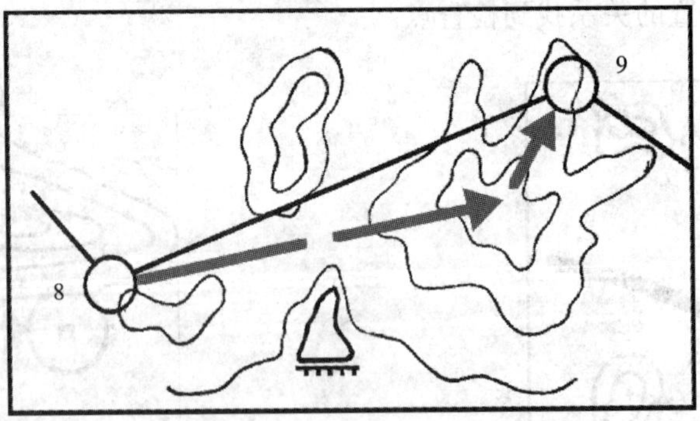

图 2-55 地貌分析法

第四节 定向运动比赛

参加定向运动比赛是对定向运动的技能掌握情况的检验,也是参与定向运动、体验定向运动乐趣的重要途径。下面按照定向运动比赛的程序,介绍如何参加定向运动比赛。

一、注册与报名

正式的全国性定向运动比赛,运动员必须到指定部门进行注册登记,部门对其进行资格审查,并发给参赛证。参赛证应有运动员姓名、出生年月、照片、身份证号码及当年的竞赛组别。如果要参加定向运动精英组的竞赛,中国定向运动协会应在参赛证上注明。注册登记应每年一次。

参加小型定向运动比赛时,运动员应首先进行报名。组织者通常会提前两个月对外发布正式比赛通知。向参赛者公布的比赛信息主要包括下列内容。

(1)比赛的名称、项目、分组。

(2)时间(年、月、日)。

(3)比赛目的(是选拔赛、公开赛、邀请赛还是锦标赛)。

(4)地形特点、当地温度。

(5)比赛各组别的路线概略长度、难度或总爬高量。

(6)地图比例尺、等高距。

(7)报到时间、比赛开始时间。

(8)比赛编排方法(是抽签还是其他)。

(9)报名资格、报名费以及支付方式。

(10)报名地址,报名登记起止时间,限额,联系人地址、姓名、电话。

(11)此次比赛的竞赛规程。

(12)附报名登记表一份。

这些比赛信息将有利于运动员的报名选择。

二、做好参赛准备工作

报名结束后运动员将得到一些更为详细的资料,这时即可开始比赛的准备工作。准备工作主要包括以下几个方面。

(1)认真学习有关本次比赛的规程、规则和要求。

(2)根据自己的目标和能力加强定向运动的各项技能和体能的训练。

(3)按规程规定,做好在定向运动比赛中运动员允许携带的指北针、地图、笔以及与竞赛配套的检查点说明、检查卡和号码布等准备。

(4)在比赛的前一天,准备好饮料、干粮和零用钱,比赛前夕应充分休息,注意饮食。

(5)如果比赛另有补充规定或通知,运动员应尽快阅读,以保证顺利完成比赛。

(6)认真积极地做好临赛前的准备热身活动,避免运动中伤害的发生。

对参加或准备参加定向运动比赛的各级选手提出一些基本的要求是十分必要的。这些基本的要求主要有以下几点。

(1)参赛者应具备一定的识图技能,如地图比例、地形地貌及其各种符号的识记技能。

(2)参赛者应具备一定用图技能,如结合指北针辨明方向、位置以及判读地貌的技能。

(3)参赛者应具备一定的越野赛跑的技能和基本身体素质,如越野赛跑技术、耐力、力量、速度、灵敏、平衡以及心理素质等。

(4)参赛者应具备一定的适应、应变和自救能力。

(5)参赛者应学习定向运动比赛的基本规则,并在比赛中严格遵守规则。

(6)参赛者必须注意培养自己的环境保护意识。

(7)参赛者必须购买保险。

三、比赛的程序

在完成报名工作以后,运动员应该了解参加定向运动比赛过程中的基本程序。定向运动比赛的基本流程依次为:报到处—出发区—进行比赛—终点处—重返会场,具体如图2-56所示。

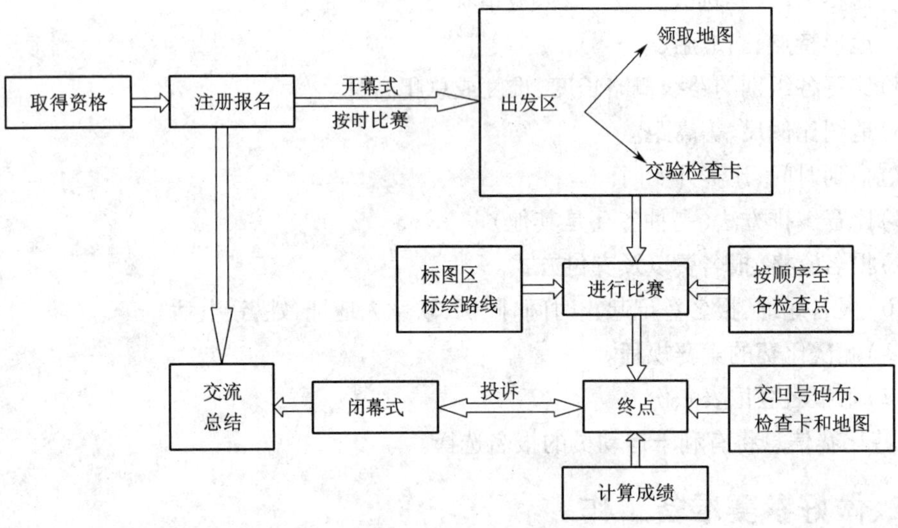

图2-56 参加定向运动比赛流程图

(1)报到处:运动员在比赛开始前首先要到赛区的报到处,出示有效的参赛证件,办理登记手续,领取参赛号码布和检查卡片并在报到处查阅本组和其他各组运动员的出发时间或有关该次比赛的基本资料。

(2)出发区:运动员须在出发前10分钟到达出发区,报到处离会场出发区的距离根据比赛规模、级别和选手水平而定(通常是步行几分钟至30分钟的路程),运动员按照组织者设置的路标指引,自己计划时间前往,如因个人延误迟到,所损失的时间将不获补偿。基层小型定向运动比赛也可集体集中组织前往。

(3)进行比赛:各组的运动员每隔一分钟或若干分钟出发一批次,出发后运动员必须离开出发方格,以免阻碍其他运动员出发。运动员在进行比赛的过程中必须按顺序寻找到所有的检查点,并打卡然后返回终点报到。

(4)终点处:运动员通过跑道,越过计时器后,计时员会把他到达的时间记录下来,然后在地图收集处缴回地图、检查卡片。运动员返抵终点后,须迅速离开,以免妨碍后面的运动员。

(5)重返会场:运动员将从成绩布告板上查阅自己的比赛成绩,如有异议须于成绩公布后5分钟内提出。

四、比赛中应注意的问题

(1)集合报到后组织者将发放比赛编号(号码布)、检查卡片等物品,运动员撕(剪)下检查卡副卡交给工作人员。

(2)当距离出发时间还剩10~15分钟时(根据报到处与出发处之间的距离而定),即可在工作人员(或标志)的指引下前往出发区。

(3)进入出发区后,检查自己的着装和基本装备并及时向起点裁判员交验检查卡和检查点说明表等参赛凭证及比赛用品。

(4)明确出发区的方位,并仔细观察周围地形、地貌,把握好出发方向。若终点设在附近,还应观察终点周围的环境。

(5)运动员从出发区进入待发区后就会得到比赛地图(不要进错通道、拿错地图),应迅速进行阅读,分析各检查点标志周围的地形、地貌。

(6)初次参赛的选手特别要把握好到达第一个检查点的方向和路线。顺利到达第一个检查点有利于提高运动员的自信心,为下面的比赛打下良好的基础。

(7)如果比赛图上没有标示比赛路线,就需要参赛者自己到标图区按照基本图进行描绘。标图区一般设在出发线前方30~100 m处。在标图区描绘比赛路线时要细心谨慎,防止绘错检查点的位置。描绘完毕后应将尺子、红圆珠笔等留在原处,以便后面的运动员使用。

(8)运动员听到出发指令后应快速向第一目标点出发,尽快离开出发地域,并应避免为他人引路。

(9)在检查点打卡时,要仔细核对检查点的代码是否与自己所要寻找的检查点代码相符。使用检查卡计时应注意打印要清楚、位置要正确;使用电子打卡器,电子器会发出打击成功的信号。

(10)抵达终点后应立即将检查卡、地图、检查点说明卡等交给终点裁判员。

(11)当比赛起点与终点位于同一处时,禁止已完成的队员同未出发的队员交流。

第五节　定向运动比赛组织

一、比赛组织机构及分工

根据定向运动竞赛的性质、规模等实际情况成立定向运动比赛的组织委员会(简称组委会)。

组委会一般由主办单位、承办单位及有关方面的负责人及各队领队组成,下设秘书组、裁判组、技术组、后勤组等机构。

(一)秘书组(记录公告组)

设秘书长1人,秘书员2~6人。主要工作有以下几点。

(1)设计会标、准备成绩公布栏、搜集广播宣传资料、制作成绩记录表。

(2)用广播、图片、广告等进行宣传。宣传内容包括本次比赛的组织情况和参赛选手的情况。

(3)公布经过裁判长、检查卡验证人、成绩验证人审核的运动员或代表队的成绩。

(4)组织比赛开幕式、发奖仪式、闭幕式以及其他接待宣传工作。竞赛规模较大时,可在秘书组下设专门的接待组和宣传组。

(二)裁判组

裁判组由具有裁判工作和组织工作经验的人担任。设总裁判1人,副总裁判1~2人,裁判员人数可视比赛规模而定。主要负责以下几项工作。

(1)检查地形、地图、路线的质量以及监督保密的情况。

(2)设计比赛的检查卡片、成绩统计表、成绩公布栏,并准备号码布、点标、起终点设备。

(3)进行比赛编排和抽签工作。

(4)临场执行裁判,判定并公布成绩与名次,判罚处理竞赛中的违规行为。

裁判组下设起点裁判组、场地裁判组、终点裁判组、成统裁判组、竞赛秘书组。必要时可加设巡视监督裁判组(巡视监督竞赛中运动员、教练员等人员的违规行为)。

(三)技术组

技术组设组长1人,技术员2~8人,主要负责选择比赛场地,设计竞赛路线,准备地图,印刷检查点说明表等。

(四)后勤组

后勤组设组长1人,组员3~6人。负责管理大会的经费、生活物资、竞赛设备器材、食宿、交通、保卫、医务等工作。竞赛规模较大时,可在后勤组下设专门的会计组、生活管理组、场地器材组、安全保卫组、交通运输组、医务组等。后勤组工作流程如图2-57所示。

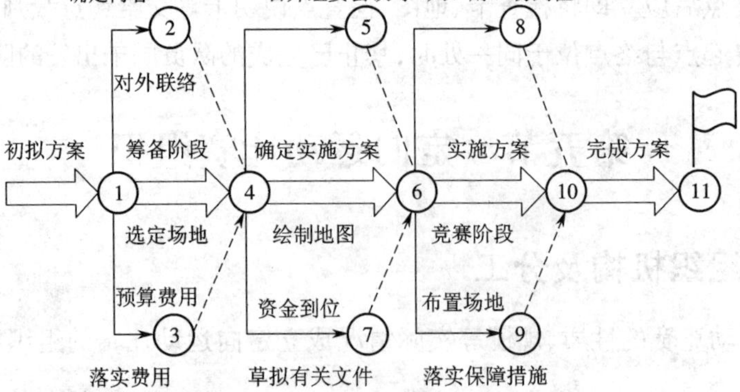

图2-57 后勤组组织工作流程

二、比赛方案的设计

比赛方案是指为了实现一定的目标，预先规划和拟订的关于本次比赛的筹备、组织与实施的内容、方法及步骤的方略或预案。它是指导定向运动比赛的重要依据。

定向运动比赛可分为很多的等级，从课堂上的趣味比赛到高级的国家或国际比赛。不同的比赛需要有不同的比赛方案。

（一）比赛方案的内容

比赛方案通过竞赛规程及实施比赛的相关计划预算等体现。比赛方案除前述竞赛规程和赛前、赛期、赛后的工作等内容外，还应考虑经费预算，如比赛筹备工作分为几个阶段及各阶段工作安排等。

（二）设计方案的原则

1. 思想性原则

坚持“健康第一”的基本思想，以“团结、奋进、文明、育人”为宗旨。设计方案应能体现主办者的目的和意图，使定向运动竞赛在促进人的全面发展和社会进步等方面发挥积极作用。

2. 比赛性原则

比赛规模应与组织者的人力、财力、物力和环境相结合。比赛组织与实施应能符合本项运动的特点与规律，并贯彻经济节约、组织高效、安全第一的精神。

3. 群众性原则

设计方案应考虑能充分发挥本项运动的特点，吸引更多的人参加比赛，充分体现小型定向运动比赛的群众参与性和参与对象的广泛性。

4. 适度性原则

比赛区域的选择和路线的设计、项目设置与分组、比赛的难易程度及规则的掌握等方面，都应适度把握参赛者的年龄、性别、职业、体能、心理、智能及其对定向运动的熟悉程度等个体差异。

三、竞赛组织工作的基本程序

竞赛组织工作主要有赛前工作、赛期工作和赛后工作。

（一）赛前工作

（1）制订比赛工作计划，成立竞赛筹备机构。

（2）制定竞赛规程。

（3）根据确定的竞赛项目，选择竞赛场地，设计竞赛路线。

（4）根据比赛级别和水平准备相应的基本设备。

（5）根据竞赛规程和规则印制检查点打印卡、检查点说明卡、竞赛成绩记录表、竞赛成绩统计表等。

（6）接受报名，审查运动员资格，组织抽签，编排比赛程序。

(7)编排印制秩序册。

(8)准备裁判用的各种表格及其他用品;组织裁判员学习,确保裁判工作的公正、准确、快速。

(9)召开组委会全体会议,报告赛会筹备情况、参赛队数及人数,议定赛会的重大问题。

(10)召开领队、教练员会议,发放秩序册,说明竞赛规程规则以及有关规定和要求。

(11)准备竞赛的组织接待、后勤保障等工作,布置赛场和会场。

(二)赛期工作

(1)组织开幕式。

(2)进入临赛状态:各类人员按时到位,对场地设施、器材等做临赛前的最后检查。

(3)实施竞赛:按竞赛程序按时有序地组织比赛,严肃认真地进行裁判,做好成绩记录、核对、汇总及公告等工作。

(4)加强安全保卫工作,维持好赛场内外的秩序,做好赛场医务工作。

(5)根据竞赛规程和竞赛规则处理竞赛中发生的问题。

(6)公布竞赛成绩、名次及颁奖。

(7)组织闭幕式。

(三)赛后工作

(1)清理场地、回收器材及各种用具。

(2)做好运动队和裁判人员的离会工作。

(3)做好本次竞赛的总结工作。

(4)整理比赛成绩和有关文件,管理好竞赛资料。大型比赛应将竞赛资料印制成册,并分发给参赛单位和有关部门。

四、比赛场地和器材的准备

(一)场地的选择

场地的选择与确定,应满足以下要求。

(1)比赛区域的环境应适合定向运动的特殊需要。通常情况下,选择合格的定向运动比赛地域应考虑周围环境的特点。一方面比赛地域要有一定起伏的森林地势和适度的植被;另一方面应考虑选择地形变化多样,地域的通视性有限,而且人烟相对稀少的地区。当然,在组织一般的定向越野活动时,城市公园、近郊区以及未耕种的田地也是可供选择的地点。在组织一些趣味性的小型定向比赛时,如果受条件限制比赛区域难以频繁变换,可采取变换路线、检查点(点标)等方法。

(2)场地的选择与确定要与比赛的等级及其难度相适应,并保证它能使运动员充分发挥定向越野技能。

(3)场地的选择与确定应确保比赛的公平性。一般而言,正规的定向运动比赛区域必须是所有选手都不熟悉或不太熟悉的,至少应防止赛区当地的选手在比赛中获得明显的优势。因此,一般不宜在同一个区域里连续多次举行比赛。比赛区域的选择与确定在赛前必须严格保密。

(二)起终点的布局

起点和终点放置在同一处,则应在该处放置运动员休息区、检录区、出发区、观摩区、终点区等。若起点和终点不在一处,则应在起点区布置运动员休息区、检录区、观摩区、出发区,在终点区布置运动员的休息区、观摩区及终点区(图2-58、图2-59)。

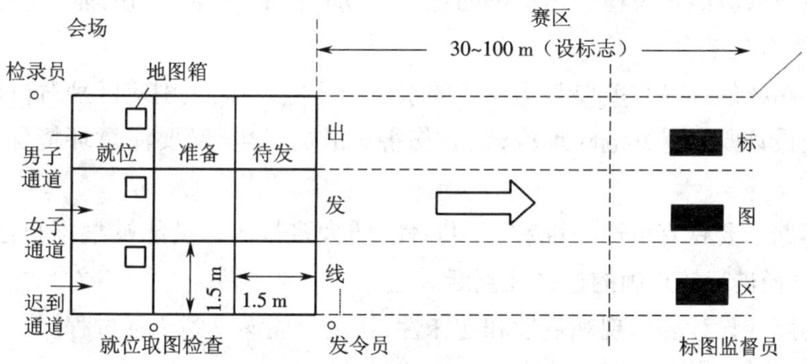

图2-58　起点地域场地布置

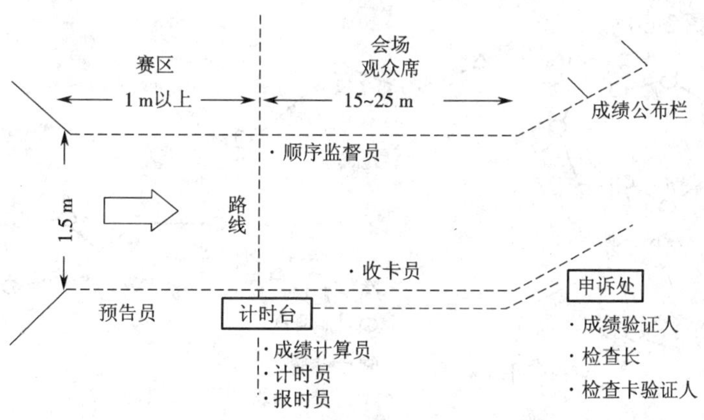

图2-59　终点地域场地布置

(三)器材的准备

在实际组织定向运动比赛时,应该根据比赛规模、级别,并结合参赛者和组织者的具体情况,合理准备比赛所需的器材和设备。定向运动比赛的器材设备主要包括以下方面。

(1)运动员所用比赛用品,主要有指北针、地图(组织者提供且图上需套印路线)、笔以及与竞赛配套的检查点说明表、指卡(组织者提供)和号码布。

(2)起、终点所需比赛用品,主要有起、终点横幅,计时器,发令器,地图箱,区域间隔绳,公告栏,扩音器,通信设备,哨子,手旗,桌椅,各种竞赛表格,纸,笔,饮水器,急救药品等。

(3)比赛路线上所需用品,主要有点标、打卡器、供水站及特殊地段护栏绳等。

五、比赛路线的设计

路线设计是组织定向比赛重要的环节之一，路线设计的好坏直接影响比赛目的的实现和任务的完成。

(一)路线设计的原则要求

(1)路线设计应能客观检验运动员的定向运动技能和身体运动的能力，使“定向”因素和“奔跑”因素有机结合。

(2)比赛路线的难易程度要与运动员的水平相适应，不同组别应区别对待。

(3)路线设计既要避开危险地段，预防伤害事故的发生，又要注意环境保护，减少对自然环境的破坏。

(4)比赛路线要具有可选择性和可判断性，使大多数运动员能够根据自己的能力对前进的方向和路径进行较正确的选择和判断。

(5)比赛路线设计要体现观赏性和趣味性，让观众能够看到比赛过程。

(二)路线基本形式

定向运动的比赛路线一般由一个起点、若干个检查点和一个终点构成，通常按闭合型或开放形设计(图 2-60)。

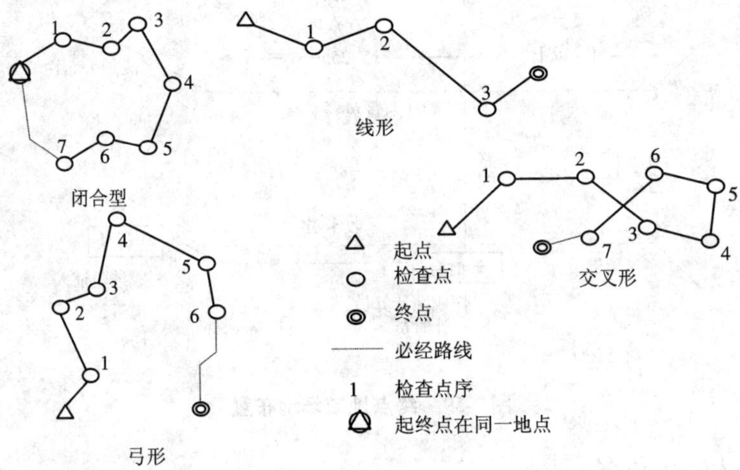

图 2-60 比赛路线基本形式

比赛路线的距离是一个相对准确的数字，因为它是按从起点经各检查点至终点的图上最短水平距离计算的。比赛路线的距离一般要根据运动员的水平和比赛时间确定。在小型比赛中，路线长度的设计可参考表 2-2 所示的完成时间。

表 2-2 不同路线长度完成时间

比赛类型	完成时间	
竞争性比赛	40 分钟以上(4 ~ 6 km)	60 分钟以上(6 ~ 8 km)
初学者比赛	30 分钟以上(2 ~ 3 km)	50 分钟以上(4 ~ 5 km)

在大型比赛中，组织者通常会将比赛路线标绘套印在地图上。

（三）常规比赛路线的设计

1. 短距离赛

短距离赛的特征是高速。它检验运动员在复杂环境中认知地图的能力和在高速奔跑中选择路线、完成路线的能力。比赛胜出时间一般为 12 ~ 15 分钟，地图比例尺为 1∶4 000 或 1∶5 000。

短距离路线设计应在整个比赛中体现速度要素，应考虑运动员在整个比赛过程中能够集中注意力，选择最佳路线，快速、准确到达各个检查点的能力。在路线设计上，应考虑短距离赛允许观众沿途观看的特点，起点应位于赛场内，观众区可沿路线安排。在赛区，应将观众区和媒体、摄影区明确分开。路线设计时，应避免诱导运动员走捷径穿过私家区域或其他禁区。

2. 中距离赛

中距离赛的特征是技术。中距离赛通常在城区外大部分被森林覆盖的区域举行。它要求运动员持续集中于读图，强调精确导航和快速找出检查点的能力。离开检查点时会伴有许多方向变化。路线选择是基本要素，但不应以降低技术要求为代价，行进路线本身应包括导航要求。路线应有速度变换要求，如有穿越不同类型植被的路段。比赛胜出时间一般为 20 ~ 35 分钟，地图比例尺为 1∶10 000 或 1∶7 500。

中距离赛在路线的设计上对赛场的要求较高，场地既要提供适当的地形，又要为观众观看比赛提供可能性。为此，起点应设在赛场，路线最好能让运动员在比赛中通过赛场，让观众能够看到比赛中的参赛者。

3. 长距离赛

长距离赛的特征是耐力。长距离赛可在城区外大部分被森林覆盖的区域举行，强调路线选择和概略定向，目的是检验运动员做出高效路线选择、认知地图和在长时间运动中合理分配体力的能力。比赛胜出时间依组别而定。一般成年组为 50 ~ 70 分钟，少年组为 35 ~ 45分钟，地图比例尺为 1∶10 000。

路线设计上，一方面应让观众看到比赛中的运动员，就像在终点一样，最好是起点位于赛场，路线能让运动员在比赛中通过赛场。长路段是长距离赛特有的要素，它比各路段的平均长度要长得多。长路段的长度取决于地形类型，距离可以从 1.5 km 到 3.5 km。长距离赛的另一个重要因素是运用路线设置技术分散聚集在一起的运动员。特别是在采用 2 分钟的出发间隔时，应使用蝶形或其他分散方法（图 2-61）。

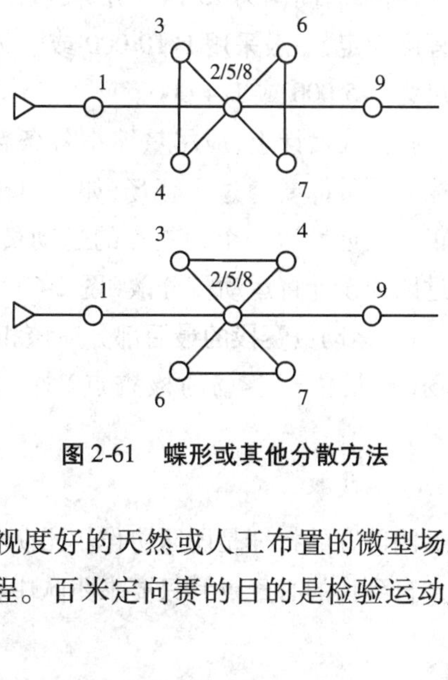

图 2-61　蝶形或其他分散方法

4. 百米定向赛

百米定向赛的特征是节奏。它在开阔、易跑和通视度好的天然或人工布置的微型场地中举行，有时还伴有音乐，观众可以观看整个比赛过程。百米定向赛的目的是检验运动员在不断改变速度和方向中调控节奏、选择路线和完成路线的能力。比赛胜出时间一般为2～4分钟,一般采用2～3个轮次的淘汰赛决定运动员的最终名次。地图比例尺为1∶1 000或1∶500。

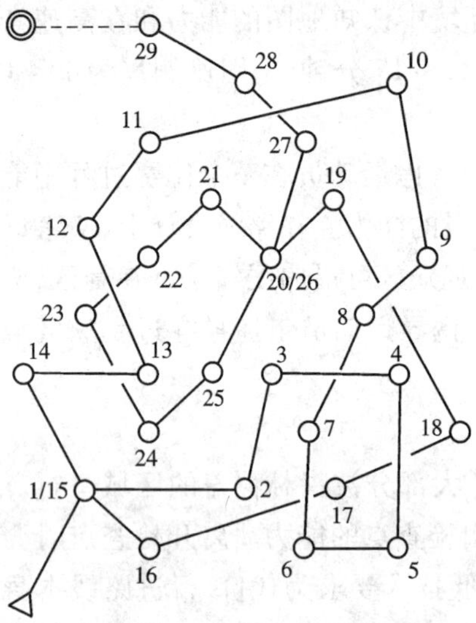

图2-62　百米定向赛路线设计

比赛路线设计应考虑观众可以观看整个比赛过程的特点,在比赛场地和观众之间设置必要的隔离带,以确保运动员在比赛中不会受到干扰。为采用分组集体出发的淘汰赛设计路线和赛场时,在路线的开始部分应通过路线的设计或赛场的布置尽早将运动员分散,避免跟跑和破坏运动员的节奏;路线的中间部分最好利用天然或人工障碍,通过路线选择分散运动员;路线结束部分不能过多地安排带有路线选择的路段,路线选择最好是小范围的,通过路段长度和方向的变化以及完成路段过程中的方向变化创造一种短兵相接的激烈气氛。最后一段必经路线应是一条长度超过30 m,能让运动员齐头并进的直道。在终点线后也应安排一条足够长的直道作为减速缓冲区。另外,路线设计时,应特别注意流向控制和引导,尽量避免出现因避让而影响运动员节奏的情况(图2-62)。

5. 接力赛

接力赛的特征是团队竞争。接力赛可在城区外大部分被森林覆盖的区域举行。浓密的植被,众多的丘陵、洼地等是进行接力赛的理想地形。相对于长距离赛,接力赛与中距离赛更为相似,但也包括长距离赛和短距离赛的典型要素。整个比赛胜出时间依组别而定,一般各棒平均时间为25～45分钟,胜出总时间为75～135分钟,接力赛在短距离赛场上举行时,各棒时间均为15～20分钟,胜出总时间为45～60分钟。比例尺应根据路线设计的复杂程度而定,一般采用1∶10 000或1∶7 500的比例尺,如接力赛在短距离赛场地举行时,比例尺为1∶5 000或1∶4 000。

在路线设计上,应尽量缩小各条路线的差别,让每一棒运动员都要通过主赛场,如有可能,从赛场应能看到正在接近最后一个检查点的运动员。集体出发要求通过路线设计将运动员分散(图2-63)。基于公平的要求,所有运动员赛段的最后部分应该相同。除分批通过赛场(包括位于赛场的检查点)外,不允许观众沿途观看。

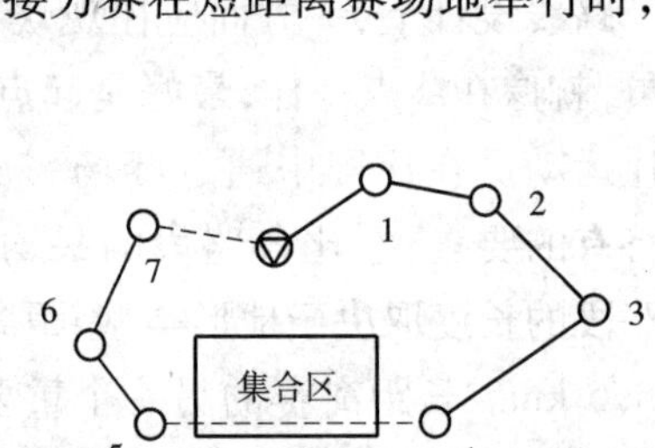

图2-63　接力赛集体出发路线设计

6. 团队赛

团队赛的特征是团队协作。团队赛检查点分为两类,要求所有团队成员都应按规定顺序亲自到访的必经点和只要求团队中有一名成员按任意顺序到访的自由点。比赛中,团队各成员分工协作到访应到访的检查点,以最后一名到达终点成员的成绩为整个团队的成绩。对团队来说,它检验团队成员分工协作的能力,既要求团队中有一名有战略意识、理解定向运动技战术要求、充分了解团队成员的能力、能让所有成员在比赛中扬长避短充分发挥的领导者,又要求团队成员相互理解、相互信任、相互补充,形成一种高效的群体环境。对团队各成员来说,团队赛具有积分定向的典型要素,主要的挑战是如何为应到访的检查点找出一个最佳的到访顺序,而寻找检查点的难度并不重要。团队赛的场地适应性非常广泛,适合短距离赛、中距离赛、长距离赛和接力赛的场地均可以作为团队赛的场地。随着场地类型的不同,团队赛可包括不同比赛类型的一些特有要素。胜出时间以最后一名到达终点的团队成员为准,一般为 12 ~ 35 分钟,地图比例尺为 1∶10 000、1∶7 500、1∶5 000 或 1∶4 000。

路线设计上应尽量让观众看到比赛中的参赛者,最好将起点和最后一个必经点都放在赛场,让观众能同时看到团队成员分图出发和在最后一个必经点汇合的过程。路线中必经点的难度应有一定的跨度,但不应有非常难的检查点。由必经点组成的路线应贯穿整个比赛场地,并将必经点按规定的到访顺序连接起来,依次标上序号。如某区域位于连线上的自由检查点太多,可以对连线进行剪裁。设计路线时,应通过自由点布局将整个场地分成若干个有不同技能、体能和心理要求的区域,同一区域内自由点的难度应保持一定的跨度。此外,应在终点区最后一个必经点旁设一个等待区。

(四)路线设计应注意的问题

(1)路线的开端:要使运动员一开始就进入思考状态,路线的开端地形以不让运动员观察到赛区的全貌为原则。

(2)路线的中段:比赛路线的中段是定向运动比赛的关键部分,设计质量主要取决于地形因素和检查点位置的选择。一般来说,该段地形应该较复杂、曲折、起伏,有一定的变化和难度。

(3)检查点的数量应根据比赛规模和水平而定。各检查点间最合适的距离一般应为 500 ~ 1 000 m,最短不宜少于 100 m,最长不宜超过 3 000 m。检查点通常设置在路段的转折或衔接处,并在每个检查点的同一地点处放置点标旗和打卡器,但是不必过于隐蔽,在运动员抵达检查点的地貌或地物之前看不见就可以,只要准确到达检查点后即可发现。

(4)一般可在运动员必经路线或危险路段设置彩色引导标志或隔离警示标志。

(5)起点与终点最好设置在同一处,这样能方便比赛的组织。起点与终点一般设在地势较低且平坦、空旷、四周隐蔽性较好的地域,以满足选手们做赛前准备和最后冲刺以及工作人员工作和观众观看的需要,又不会暴露赛区的全貌。

六、组织定向运动比赛的注意事项

(1)所有参赛者必须每人一张地图。这种比赛最好用公园或大学校园标准定向图。选手到达终点时,一定要先将地图送回。因为还未出发的选手不能在出发前看到地图或路线。如果没有足够的地图,可重复使用已经跑完的选手的地图。地图外应有用来防水的塑料膜包装。

(2)每个选手都应有一份检查点说明表,点标说明应印或画在每张地图上。组织者在印或画路线之前,应对点标做实地检查。

(3)1～2人带点标旗和打卡器及带领点标监督员到正确的点标位置布点。点标旗应挂在比较醒目的地方,使选手到达该地貌时无须搜寻点标,但不能挂得太高,以防止选手在很远的地方就可看见。可以做一个特殊的"椅子"来固定点标旗和放置打卡器。

(4)守点裁判员应驱散无关人员,避免点标旗或打卡器被偷移。守点裁判员在比赛结束前不得擅自离开。

(5)起点和终点应分开(但距离不必太远)。应设有横幅标明"起点""终点"。

(6)可用印章、钳式或电子打卡器。

(7)出发时间必须准确,出发计时是从在起点站打卡开始的。出发顺序表最好赛前排好,运动员出发要有时间间隔以避免相互跟跑。

(8)初学者的比赛地图一般应在运动员出发前1分钟发出,其他比赛地图在出发后发出。

(9)在终点可设冲刺通道绳为运动员指明方向。计时员记录每个运动员的成绩,同时,一人收回成绩记录卡,一人收回地图,一人写下到达时间和姓名或出发号,一人查核是否按正确顺序到访,决定成绩是否有效,一人计算时间。当使用电子卡系统时,可自动检查成绩是否有效,并自动排列名次。当使用手动打卡时,则需组织者人工检查成绩是否有效,并人工排列名次。

第六节　定向运动比赛规则与裁判职能

竞赛规则是运动技术发展的指导性法则,可为组织、裁判、欣赏体育比赛提供客观统一的依据。为了使大家更好地了解和掌握正规定向运动竞赛的规则,提高参加定向运动的水平,现将定向比赛中有关违规与处罚的规定和主要裁判员工作职责做简单的介绍。

一、违规与处罚

运动员或教练员违反规则将受到处罚,包括通报批评,警告,取消比赛资格,取消若干场比赛资格,罚款和没收公平竞赛保证金,停止半年、一年或若干年参加比赛资格及撤销运动员技术等级称号的处分。

(一)下列情况应给予通报批评或警告

(1)擅自出入隔离区、出发区。

(2)携带移动电话、对讲机、电脑或其他通信设备进入隔离区。

(3)携带涉及赛区的旧版地图进入隔离区。

(4)在起点区或终点区不听从现场工作人员指挥。

(5)在出发区影响他人准备比赛。

(6)整个代表队完成比赛，离开赛场前未到竞赛中心签到。

(7)携带分图用笔进入赛场。

(8)第一次出发犯规。

(9)有违反环保指南的行为。

(二)下列情况中如果运动员获利，取消比赛资格，否则给予警告

(1)没有将号码布清晰佩戴在胸前和后背的显著位置。

(2)没有按原样佩戴号码布。

(3)在比赛中接受他人帮助。

(4)在比赛中为他人提供帮助。

(5)在比赛中使用通信工具。

(6)在离开出发线之前从地图箱取得地图。

(7)在比赛中使用非组织方提供的地图。

(8)在比赛中跟跑。

(9)在比赛中进行语言交流。

(三)下列情况下，取消比赛资格

(1)没有按规定着装。

(2)拒绝按组织方的要求携带其他必要的装备。

(3)没有佩戴号码布。

(4)号码布与秩序册不一致。

(5)拿错地图。

(6)在赛区中或返回终点时号码布、地图和检查卡不全。

(7)第二次出发犯规。

(8)被警告后仍接受他人帮助。

(9)被警告后仍为他人提供帮助。

(10)被警告后仍使用通信工具。

(11)被警告后仍带分图用笔进入赛场。

(12)被警告后仍跟跑。

(13)被警告后仍进行语言交流。

(14)同跑。

(15)使用其他交通工具。

(16)进入或穿过禁区。

(17)通过地图上标示为不能通行的地区。

(18)没有沿着标记路线行进。

(19)使用禁用的辅助设备。

(20)乱吹报警口哨。

(21)在没有得到批准的情况下变更接力赛或团队赛运动员。

(22)接力赛中不按规定的棒次顺序交接或变更运动员棒次没有向成统裁判长报告。

(23)整场比赛尚未结束,完成比赛后再次进入赛场。

(24)通过终点后没有上交地图或没有在成统处录入成绩。

(25)不认真参加比赛。

(26)有意妨碍他人比赛。

(27)其他违反体育道德的行为。

(28)严重违反环保指南的行为。

(四)在下列情况下,取消当场比赛资格及下一场或后续若干场比赛资格

(1)经最后确认,运动员将参加某项比赛,但后来没有参加比赛(如在上一场比赛结束后1小时内运动员或随队官员没有向总裁判长递交放弃后续比赛的申请,即视为已最后确认将参加后续比赛)。

(2)中途退出比赛,未到成统处报到(读取检查卡信息)。

(3)中途退出比赛,没有上交地图。

(4)在场地内交换地图或检查卡。

(5)替跑和被替跑。

(6)蓄意破坏、改动、移动、拿走检查点器材。

(7)其他严重违反体育道德的行为。

(五)有下列情况,取消所有场次比赛资格

(1)违反参赛规定。

(2)个人报名信息混乱,前后矛盾。

(六)有下列情况,取消代表队比赛资格

(1)在当场比赛中有2名以上(含2名)运动员被取消比赛资格。

(2)代表队官员或没有参加比赛的运动员擅自进入赛场。

(3)经警告和通报后,再次在完成比赛离开终点区前未到竞赛中心签到。

(4)对将重复使用的比赛场地,在第一次使用时其运动员没有交回该比赛场地地图。

(5)代表队有成员在赛前勘察过比赛场地,取消该队所有场次比赛资格。

(七)有下列情况,对教练员禁赛

(1)在国际赛事中,有损国家形象。

(2)组织运动员提前勘察赛场。

(3)一场比赛中有3名运动员接受同队队员帮助或帮助同队队员。

二、裁判职能简介

(一)裁判委员会

裁判委员会由总裁判、副总裁判和各组裁判长组成,受竞赛委员会领导。裁判委员会

直接领导竞赛工作，负责竞赛实施和确定竞赛成绩，并监督领队、教练员、运动员遵守竞赛规则。

根据竞赛具体情况，在不违背竞赛规则的原则下，裁判委员会赛前可制定有关规定及提出注意事项。竞赛前，协同有关部门检查场地及竞赛用品，进行裁判人员的分工和培训，做好竞赛的技术准备。

举办全国性竞赛或大区域、省级竞赛，应任命一个仲裁委员会或仲裁组。

仲裁委员会通常由3名或5名仲裁人员组成。职责是处理规则抗议条款中提及的各项抗议，对竞赛中提交仲裁的其他事宜做出裁决。仲裁的裁决为最终裁决。如对定向规则未曾涉及的事宜做出裁决，事后由仲裁主席以书面形式报告中国定向运动协会秘书长。

（二）裁判机构及其相应的职责

1. 总裁判长

总裁判长是竞赛的裁判组织者和领导人，是使各项竞赛能够按计划有条不紊进行的主持人。总裁判长应是组织委员会和竞赛委员会的成员，总裁判长必须首先做到严肃、认真、公正、准确，保证规则、规程的正确执行。主要职责如下：

（1）制订赛事裁判工作计划；

（2）组织全体裁判员学习竞赛规则和竞赛规程，统一对规则条文的理解；

（3）监督出发顺序抽签；

（4）主持领队、教练员和裁判长联席会议；

（5）协调和监督检查各裁判组工作，控制比赛进程；

（6）处理比赛中的各种疑难问题；

（7）批准比赛成绩和宣布比赛成绩。

2. 副总裁判长

副总裁判长协助总裁判长工作，完成裁判委员会分配的任务，必要时可兼任裁判组的裁判长职务；与有关部门一起负责代表队报到及运动员资格审查；负责组织代表队、工作人员、参观人员按时到达赛区及从起点向终点的转移等事宜。

3. 起点裁判组

起点工作是竞赛的开始，是保证竞赛顺利进行的重要环节，也是运动员能参加竞赛的保障。起点工作能顺利完成，给整个竞赛提供了良好的开端。

起点裁判组的工作由起点裁判长负责，起点裁判长应带领起点组裁判员完成以下几项基本工作。

（1）按路线设计员的方案布置起点区和交接区。

（2）组织运动员和运动队官员签到进入隔离区，阻止禁止带入的物品进入隔离区。

（3）根据出发程序和出发顺序组织运动员检录、进入各个比赛区域。

（4）组织运动员出发。

（5）控制隔离区人员的流动，保证运动员得到良好的休息和进行不受干扰的准备活动。

（6）提前一天根据参赛运动员的组别和数量准备比赛地图。

4. 场地裁判组

由场地裁判长负责带领场地裁判组全体裁判完成以下几项基本工作。

(1)与路线设计员密切配合,在赛前准备完成检查点和检查点器材的布置。

(2)保证检查点和检查点器材的安全性。

(3)检查、处理或阻止赛场中的违规行为。

(4)安置中途退出比赛的运动员。

(5)组织搜寻迷失的运动员。

(6)与安全监督密切配合,及时处理赛场中出现的安全问题。

5. 终点裁判组

终点裁判组在终点裁判长的领导下,完成以下几项基本工作。

(1)按路线设计员的方案布置终点区。

(2)保证沿着必经路线跑向终点的运动员顺利冲过终点线。

(3)回收地图。

(4)检查检查卡和号码布。

(5)判定并记录集体出发的运动员到达终点的顺序和名次。

(6)在接力赛中预报即将完成比赛到达终点的运动员号码或代表队。

(7)控制终点区的秩序,保证观众和媒体的利益。

6. 成统裁判组

成统裁判组在裁判长的领导下负责组织编排和成绩统计工作,主要完成以下几项基本工作。

(1)录入与变更运动员信息。

(2)分发号码布和检查卡。

(3)编排出发顺序。

(4)准备签到表、检录表。

(5)处理接力赛、团队赛运动员临场变更。

(6)录入运动员成绩、打印成绩条。

(7)统计运动员到达终点的数据。

(8)公布即时成绩。

(9)确定最终成绩、名次并报裁判长批准。

(10)准备成绩表。

(11)统计团体成绩。

7. 竞赛秘书组

竞赛秘书组负责组织竞赛中动态信息的收集与整理、统计与汇总、发布等信息管理工作,带领助理完成以下几项基本工作。

(1)负责竞赛中心的管理。

(2)统计汇总运动员签到、检录、出发情况及完成比赛、放弃比赛情况。

(3)收集整理裁判长违规记录和裁决记录交总裁判长,并同时将一份副本交成统裁判长。

(4)收集整理即时成绩、最终成绩和名次并交宣告员及时宣告。

(5)收集整理竞赛最终成绩、名次和成绩表交获得授权的单位或机构,并在赛事中心、运动员住宿地和官方网站公告。

(6)组织体育道德风尚奖,优秀裁判员、教练员和运动员的评选。

(7)起草和发布与比赛相关通知和通告,为裁判员提供后勤保障。

(8)协助组织现场发奖。

第七节 定向地图制作

一、定向地图制作的基本步骤

定向地图的制作过程一般包括区域的选择、获得该区域的使用许可、获得底图、比例尺的选取、确定地图的色彩、实地测绘、实地复查、计算机辅助制作、印制地图等步骤。下面对各步骤做简单的介绍。

(一)区域的选择

对于在公园或校园举行的定向赛事,以下地区比较适合制作成地图。

(1)单个学校或多个校园连在一起的教育园区。

(2)中小型的公园。

(3)含有足够丰富且能够被标志在地图上的地物(如人造物体、小径、水系、植被等)的区域。

(4)没有主干道穿越其中的区域。

(5)能够明显区分边界的区域。

(二)获得该区域的使用许可

在地图开始制作之前,还有一个十分重要的环节不能忽略,那就是获得场地所有者的使用许可。一般来说,要到如下部门去获得这方面的许可。

(1)学校的主管部门。

(2)公园的园林管理处。

(3)公共绿地所在地区的街道管理部门等。

(三)获得底图

定向地图制作的本质是在一张实地底图的基础上,对所需的区域进行实地测绘之后,将各种定向比赛所需要的地理信息添加到底图上去。因此,计划制作地图区域的底图对于定向地图的制作来说是必不可少的。那么向谁去要这样的底图呢?一般来说可以通过以下途径:

(1)学校的基建处;

(2)公园管理处;

(3)测绘部门。

(四)比例尺的选取

比例尺的选取可以根据场地的大小及赛事活动的目的而定。

对于校园地图,大小最好不超过A4,比例尺一般比较大,可以为1∶1 000、1∶2 000、1∶3 000、1∶4 000或1∶5 000。

对于公园地图,大小最好为A4或A3,比例尺可以选择为1∶5 000、1∶7 500或1∶10 000。

(五)确定地图的色彩

目前,一般多采用OCAD软件来完成地图的后期绘制工作,运用OCAD软件可使彩色地图的制作变得十分简单。但是,彩色地图的印制需要有一定的花费,因此,赛事的组织者可以根据自身的经济情况以及赛事的规模来决定比赛地图的色彩。对于一般的学校俱乐部来说,彩色地图的印制所需要的费用相对昂贵,操作起来也比较困难,所以可以采用黑白的地图作为赛事地图。组织具有一定规模及水平的赛事时,彩色地图以其丰富的信息量和明确的时效性不但能使运动员读图更为方便,而且也能确保比赛的公正性,所以此时就必须采用彩色的比赛地图。

(六)实地测绘

实地测绘是关系到地图最终质量的关键环节,其准确性、详细程度等都会影响到随后赛事的公正性及比赛结果的准确性。

实地测绘一般采用两种基本技术:角度偏转和步测。角度偏转是利用指北针测量出地物与磁北线的夹角,从而根据该夹角确定地物与自己站立点的位置关系。步测就是利用步距测量出站立点与目标地物之间的距离。在实际操作过程中,一般可将两种方法结合运用,在面对具体区域时先确定测绘区域的边界,然后添加线性地物和点状地物,接着添加区域性植被,最后完成等高线的绘制。具体操作过程如下。

(1)确定该时段测绘区域的边界。

(2)确定线状地物:在选定当天要测绘的区域后,从线状地物开始着手,依次将各种线状地物(道路、溪流等)添加到底图上。线状符号包括道路、围栏、溪流、输电线路等。

(3)添加点状地物:首先将线状地物附近的点状地物(岩石、人造物等)添加到底图上,然后再添加远离线状地物的点状地物。点状符号包括岩石、人造物体、小丘等。

(4)确定区域性植被状况:利用此时底图上现有的线状符号及点状符号,确定区域性植被的边界及拐点,最终确定该区域的情况。区域符号包括植被带、湖泊等。

(5)完成等高线:依据该区域的山体走势完成最终等高线的分布状况。

在通常情况下,一个有经验的制图员在实地能够同时完成上述几个步骤(图2-64)。

(七)实地复查

实地复查是保证质量的一个相当重要的步骤,它通常在实地测绘之后进行。当一块区域的测绘由一个团队来进行时,实地复查变得尤为重要。通过这项工作,可以统一地图的风格和详细程度。实地复查可以由团队中的某个成员担任。若地图由某个人独立制作,那

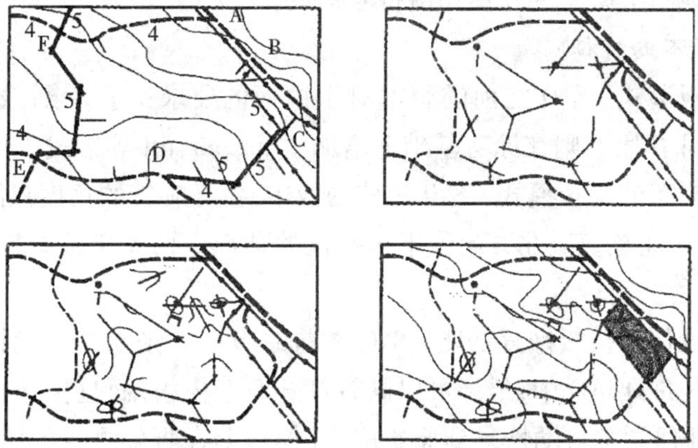

图 2-64　实地测绘的操作步骤

么最好由不同的人员来复查。

实地复查不是对已测绘的区域进行再次测绘，而是为了使地图的风格和地物取舍标准达到最大限度的统一。任何可能的大的变动必须与该区域的原始测绘人员进行讨论后再决定。

（八）计算机辅助制作

实地测绘完毕之后，制图员必须及时进行计算机辅助制作。计算机辅助制作的时间与实地测绘的时间比例为1∶1，也就是说每天在实地测绘几个小时，就得在计算机上花费同样的时间进行辅助制作。一张高质量定向地图70%来自后期的制作。

（九）印刷地图

整张地图全部制作完毕之后，可将地图文件导出并制作好菲林，送至印刷厂印制成比赛用图。

二、OCAD专用制图软件介绍

（一）OCAD软件及其特征

最早的定向地图是由绘图人员手工绘制到胶片上，再送去印刷厂印制的。20世纪80年代末，瑞士人Hans Steinegger发明了OCAD软件，从而使定向地图的制作变得更为简便。如今，该软件已经成为世界上最主流的定向地图制作软件。OCAD是利用矢量化的方法进行地图制作的。地图上所有的符号均用矢量化的点、线条、区块或特殊字符来表示。目前，OCAD的最新版本为12.0，大家可以从http://www.ocad.com/en/downloads.htm下载其试用版。试用版是有限制性的：最多能够绘制1 000个目标物体和制作5条路线。下面仅对OCAD及OCAD8.0版本相对于旧版的优点做一些介绍。

1. OCAD软件的共性

(1)矢量性。矢量性指绘图程序以数字的方式对物体的定位、填充、形体构造等进行记录，包括对图像对象的几何性质——曲直、基本几何图形的形状大小的记录。

(2)符号性。地图上所有的物体均由符号构成。

2. OCAD8.0 版本的特征

(1)更多的模板形式。8.0 之前的版本对于模板的要求十分苛刻,要求模板只可以为 BMP 或 OCD 格式,8.0 版本则在原有基础上增加了 jpg,gif,tiff 等格式。

(2)打破模板原有的旋转模式。8.0 之前的版本,模板旋转的角度只能为 ±10°,这就要求在扫描手绘底图时注意使磁北方向位于扫描仪的顶部。而 8.0 版本打破了该界限,使得模板可以以任意的角度旋转。

(3)多个模板操作及模板恢复功能。8.0 之前的版本一张地图只能打开一个可操作性的模板;在 8.0 版本的 OCAD 中,最多可以同时打开 5 个模板,而且模板在关闭并重新开启之后,不需要进行任何调整自动恢复到原始位置(模板即在野外测绘的已经用 100 dpi 以上分辨率扫描到电脑,并储存为 OCAD 认可的文件的成果草图)。

(4)比赛路线设计功能。8.0 版本增加了赛事路线设计功能,使作图和路线的设计能够同时完成。

(二)认识 OCAD

1. 标题栏

整个窗口的最上方是标题栏,显示当前打开的文档的路径。标题栏的右侧分别是:最小化按钮、还原按钮、关闭按钮(图 2-65)。

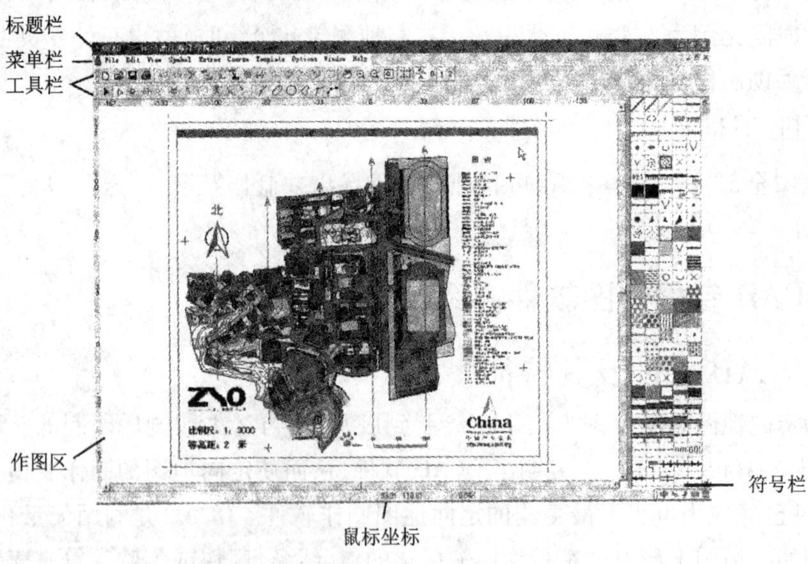

图 2-65　OCAD 的主界面

2. 菜单栏

OCAD8.0 的菜单栏共有 10 个项目,分别是 File(文件)、Edit(编辑)、View(视图)、Symbol(符号)、Extras(附加)、Course(路线)、Template(模板)、Options(选项)、Windows(视窗)、Help(帮助)。该版本特别强调了 Course 及 Template 栏的特性,这是先前的版本所没有的。

1）File（文件）菜单栏

File（文件）菜单栏包括New（创建新文件）、Open（打开存档文件）、Save（保存）、Import（导入文件）、Export（导出文件）及Exit（退出）等命令。

（1）New：新建文件。单击后弹出一个窗口，分为上、中、下三个复选框：Map type（地图类型）、Load symbol from（导入地图符号）和Information（地图信息）。如果要制作一张新的地图，那么可以选择Normal map（普通地图文件），然后在第二个复选框中选取Orienteering map10 000或Orienteering map15 000（如果有其他比例的符号集，则可使用Browse命令进行导入）；如果要制作一张比赛的路线图，可以选择Course setting for orienteering（路线设计），然后根据地图的比例尺在第二栏内选择相应的路线设计的文件。结束了上述的选择之后，就会自动打开一个新的作图区和地图符号集。Information用于记录该地图制作的一些信息。

（2）Open：用于打开存档文件，可以打开的文件格式为 *. ocd, *. elt。

（3）Close：关闭当前的工作文件。

（4）Save：保存当前的工作文件。

（5）Save as：将当前的工作文件另存为一个新文件名的文件。

（6）Information：为当前的工作文件添加说明信息。

（7）Print：地图打印。单击后弹出打印窗口（图2-66），分为两个子窗口：General（一般设定）及Options（选项）。在Printer中选择需要的打印机。Print中Color map指直接打印彩色地图，Spot color separations指单色打印。Range栏控制打印的范围：Entire map选项表示打印整张地图；当地图的尺寸超过打印纸的尺寸时，则需分幅打印，此时，可以选择Partial map，通过Setup来确定单页的范围；选择One page，可将地图打印在一张打印纸上。Map scale用来设定所制作定向地图的比例尺，计算机会自动给出。Print scale指实际输出的比例，一般与Map scale相同。在Options中可以选择是否对打印输出的地图进行栅格化处理。

（8）Import：用于导入OCAD支持的格式文件，它们是 *. ocd, *. ai, *. dxf, *. emf, *. wmf。Import命令多用于分幅地图的拼合。单击Import后会弹出一个窗口，其中有Place using the mouse和Place with offset两个选项，用来确定导入地图的位置。Place using the mouse指用鼠标确定导入地图的初始位置；Place with offset指通过具体的坐标偏移来确定初始位置。

（9）Export：导出地图文件。通过该选项可以将原本为 *. ocd格式的地图文件导出至一般常用的图片格式，如 *. bmp, *. ai, *. dxf, *. tiff, *. gif, *. jpeg/jpg, *. eps等。

（10）Backup：备份当前的文件。

（11）Restore恢复被备份的文件。

（12）Exit：退出OCAD，也可以在标题栏单击“关闭”按钮退出。

2）Edit（编辑）菜单栏

Edit菜单包括撤销命令和编辑所选中的对象的命令。

（1）Undo：撤销上一次操作，最多可以撤销此前的15个操作步骤。

（2）Redo：作用与Undo相反。

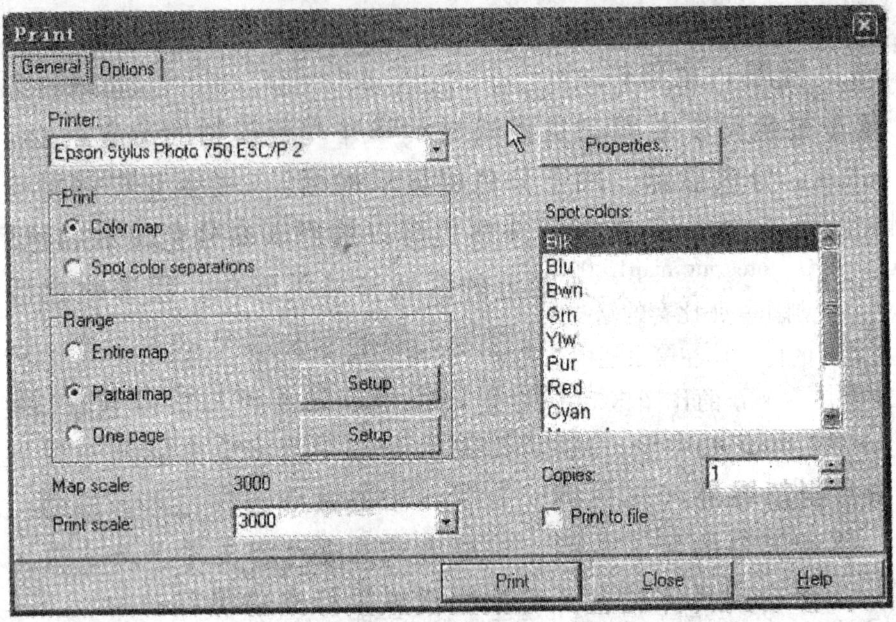

图 2-66　地图打印对话框

(3) Cut:将选中的物体剪切到剪贴板上,剪切部分可以用来粘贴。

(4) Copy:将选中的物体复制到剪贴板上,复制部分可以用来粘贴。

(5) Paste:将已被剪切或复制到剪贴板上的物体粘贴到地图上。

(6) Delete:删除选中的物体。

(7) Join:连接一个线状符号的端点到另一个相邻的相同线状符号的端点。

(8) Merge:将多个被选中的由相同符号表达的对象合并成一个新的对象。

(9) To curve:将徒手模式(Freehand mode)绘制的线条或区域符号转换成曲线模式,使之更为平滑。

3) View(视图)菜单栏

View 菜单栏包括了对 OCAD 界面显示状况进行控制的命令。

(1) Spot colors:分色显示,用于分色层显示地图。

(2) Spot colors options:分色显示选项,可以选择需要分色显示的色层。

(3) Hatch areas:将已绘制在地图上的区域符号阴影化。阴影化之后,能够看到区域符号下面的底图及各区域性符号之间的重叠情况。

(4) Transparent map:透明化地图。

(5) Transparent map options: 透明化地图选项。

(6) Redraw:刷新屏幕。

(7) Move:移动屏幕的显示范围,快捷方式 F6。

(8) Move to:移动到具体位置,可根据横纵坐标来精确移动。

(9) Zoom in:缩小显示的范围(及放大显示的内容),快捷方式为 F7。

(10) Zoom out:扩大显示的范围,作用与 Zoom in 相反,快捷方式为 F8。

(11)Entire map:显示全部地图区域。

(12)20.25×-32×:选择地图显示放大倍数。

(13)Standard toolbar 或 Edit toolbar 选项可以选择是否将标准工具栏及编辑工具栏在工具栏内显示。

4)Symbol(符号)菜单栏

Symbol 菜单栏包括建立新符号、修改现有符号、定义色彩等功能。

(1)New:建立新符号。单击后,会出现选择新建符号类型的对话框,包括 Point(点状)、Line(线状)、Area(区域)、Text(文字)、Line text(线性文字)、Rectangle(矩形)6 种符号。

(2)Edit:对选中的符号进行编辑。

(3)Icon:对在符号栏中显示的符号的图标进行编辑。

(4)Enlarge/Reduce:放大或缩小选中的符号。在子对话框中可以选择放大或缩小的比例,如果在 All symbols 选项前打钩,则该操作适用于该文件中所有的符号。

(5)Copy:将选中的符号保存到剪贴板。

(6)Paste:将储存在剪贴板上的符号复制到当前的地图符号集中。

(7)Delete:删除选中的符号。

(8)Duplicate:复制选中的符号到当前的符号集中。用此命令可以新建一个与当前符号相近的符号,只需在复制之后对该符号进行修改即可。

(9)Sort:排列符号。可以根据符号的编号(By number)和色彩(By color)对符号进行排列。

(10)Colors:新建、重定义及编辑符号的颜色。可改变当前符号集使用的色彩,以免发生颜色覆盖。

(11)Load colors from:导入色彩。可以从别的符号集中导入色彩,但是导入之后,原色彩将被完全覆盖。

(12)Load symbols from:导入符号。可以从别的符号集中导入符号,新的符号将覆盖原有的符号。

(13)Normal:恢复命令。可以将被保护和隐藏的符号恢复到初始状态。

(14)Protect:保护命令。可保护选中的符号在图上不被改动或移动。被保护的符号在符号集中图标上会出现一条灰色的斜杠作为记号。

(15)Hide:隐藏命令。可以隐藏选中的符号。被隐藏的符号在符号栏中的图标会相应地出现灰色十叉作为记号。

5)Extras(附加)菜单栏

Extras 菜单栏包括一些附加功能的综合功能栏,这些功能作用于整张地图。

(1)Optimize/Repair:优化(减小)地图文件的大小,将先前的一些诸如删除、粘贴的操作引起的存储增量压缩,并恢复被损坏的物体。

(2)Move map:将选中的地图移动至全新的位置。在单击之后出现的子对话框中,可以精确设定地图在作图窗口的位置。

(3)Change scale:改变地图比例尺。通过使用该功能,可以改变地图的比例尺并生成相应比例尺的全新地图。

(4)Stretch map:水平或垂直拉伸地图。

(5)Rotate map:旋转地图。在单击后出现的子对话框中通过对 Angle(角度)的选择确定旋转的角度。

(6)Select by symbol:可以用来全选选中的符号在图上描绘的物体。如在符号栏选中 Contour(等高线)符号,则地图上所有的等高线均被选取。

(7)Change symbols:可将图上所选的符号全部由另一符号代替。

(8)Export by symbol:可将所选中的符号绘制的物体导出至全新的地图文件上。

(9)Delete by symbol:删除所有的选中的符号在图上绘制的物体。

(10)To curve by symbol:可将选中的全部 Freehand mode 绘制的符号转化为 Curve mode。

(11)Partial map:将当前文件的局部输出为新文件。

(12)Grid lines:栅格化地图。

(13)Name index:建立名字索引。

6) Course(路线)菜单栏

Course 菜单用于路线设计,是 8.0 版本的新增功能。

(1)Course statistics:用于检查检查点是否被分配到各路线及该检查点的公用情况。

(2)Options:单击后出现子对话框,可以定义检查点编号与检查点圆圈的距离,连接线与检查点圆圈的距离。如果选择 Print the code,在打印时检查点编号之后会出现检查点所在位置的打卡器的编号。Course title 用以定义检查点说明表上的标题。Controls description on map 可以定义检查点说明表方框的大小。

7)Template(模板)菜单栏

Template 即为野外测绘的成果草图,已经用 100 dpi 以上的分辨率扫描到电脑,并存储为 OCAD 认可的文件。8.0 版本强化了模板打开功能,并将它单独列为菜单。

(1)Scan:扫描模板。分选项 Acquire 用于进行扫描,Select source 用于选择扫描仪。

(2)Open:打开已扫描入电脑的模板,使之成为绘制地图的背景图层。一方面,8.0 版本加强了模板的接受格式,使得可以打开的文件格式为:*.bmp,*.ocd,*.bid,*.tiff,*.gif,*.jpeg,*.jpg;另一方面,8.0 版本允许同时打开 5 个模板。

(3)Reopen:重新打开模板,可以将已关闭的模板打开并自动恢复到原始位置。

(4)Close:关闭模板。

(5)Adjust:调整模板。打开模板之后,单击该命令调整模板使之与屏幕坐标的网格或已绘制的部分地图相对应。

(6)Hide:隐藏模板。快捷方式为 F10,可以暂时将模板隐去。

8)Options(选项)菜单栏

Options 菜单栏包括关于模板及 GPS(全球定位系统)的命令,具体选项说明如下。

(1)Preferences:根据个人的喜好设计 OCAD 软件的参数。

(2)Shortcut:定义或改变快捷功能键的设置。

(3)Color correction:修正屏幕显示的色彩。

(4)Scales:设置底图的比例尺及网格的大小。

弹出的子对话框中显示的 Map scale 即为当前地图的比例尺(图 2-67)。Paper coordinates 中 Grid distance 即为作图窗口中栅格框的边距,可根据地图比例及底图比例进行设置。Real world coordinates 表示栅格以实地尺寸为坐标,在 Horizontal offset 和 Vertical offset 栏中输入坐标原点的水平及垂直偏移量,Angle 中输入角度值,Grid distance 中输入栅格的边距。

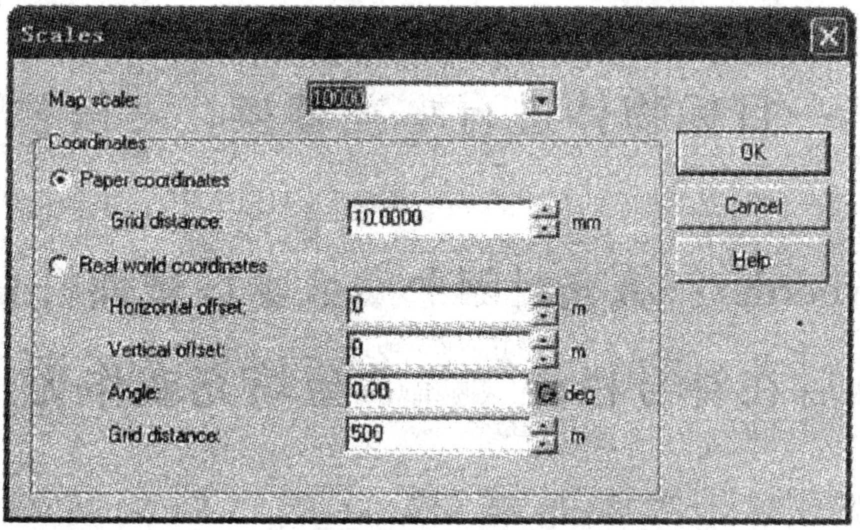

图 2-67 比例尺对话框

(5)Open GPS:打开 GPS。

(6)Close GPS:关闭 GPS。

(7)Adjust GPS:调整使底图坐标与 GPS 提供的坐标一致。

9) Windows(窗口)菜单栏

Windows 菜单栏用于改变作图区的显示方式。

(1)Title:将所有已打开的作图窗口同时显示在屏幕上。

(2)Cascade:叠层显示所有的已打开作图窗口,在这种显示方式下下面的地图只能显示标题。

10)Help(帮助)菜单栏

Help 菜单栏提供所有关于软件的信息及当前地图的相关信息。

3. 工具栏

OCAD 的工具栏由 6 组带有形象图标的按钮组成。分别为 Standard(标准按钮)、Edit(编辑按钮)、View(视图)、Parameters(参数)、Edit mode(修改)和 Drawing mode(绘图模式)。

(1)Standard:标准按钮,用于进行文件操作(图 2-68)。

图 2-68 标准按钮

(2)Edit:编辑按钮,用于对选中的目标进行编辑(图 2-69)。

图 2-69 编辑按钮

Duplicate object:复制。先选中目标物体,按该键即生成一个与之完全一样的符号。

Change all symbols:全体替换。先选中目标物体,然后在符号栏中选择希望对其进行替换的符号。按该键将先前的符号在图上绘制的所有目标物体全部替换。如果对某一目标物体进行单独替换,可按替换键 Change symbol,操作方法同上。

Fill or make border:填充封闭曲线或给区域性符号添加边界。操作时,先选中目标物体,然后在符号栏内选择希望填充或作为边界的符号,按该键即可。

Reverse:翻转所选的线状符号或调换线条的起、终点。例如,对于栅栏或土崖等有齿线的符号,按该键可以改变齿线的方向。

Measure:测量。用于对选中的符号进行长度及面积的测量。

(3)View:视图(图 2-70)。

图 2-70 所示为几种视图方式。

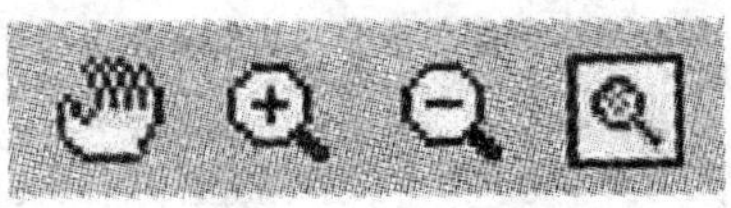

图 2-70 视图

(4)Parameters:参数(图 2-71)。

图 2-71 参数

Grid:栅格。参考坐标栅格的显示开关。可在 Options 中设置其边距长度。

Smooth:平滑度。用以设置从手绘模式(Freehand mode)到曲线模式(Curve mode)的平滑程度,默认选项为 1。

(5)Edit mode:编辑模式(图 2-72)。

Edit object:编辑目标物体。用于选中物体及对被选中物体的整体移动。

Edit point:编辑点。对线条及区域的基本点进行编辑。按该钮后,对目标物体进行

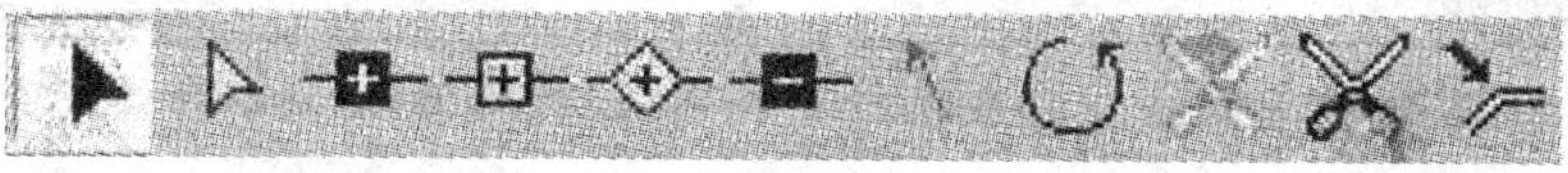

图 2-72　编辑模式

选择,所选中的物体会出现多个特征点(基本点、角点、虚点或曲线点)。通过拖动上述各点来改变目标物体的形状。

Normal point:基本点。用于插入基本点或将其他性质的点转为基本点。

Connor point:角点。用于插入角点或将其他性质的点转为角点。一般多用于直线物体在转弯时的描述。

Dash point:虚点。用于插入虚点或将其他性质的点转为虚点。对于虚线类型的符号在交叉、出现拐点等情况下表示极为有用。

Remove point:删除点。

Direction:方向。用于改选点状物体,字符的方向。

Rotate:旋转。用于旋转选中物体的方向。

Cut hole:裁剪区域。用于对区域状符号中某块区域的裁剪。先选择需要裁剪的区域,然后选择裁剪的方式(及绘图模式直线、曲线等),接着按该键,最后绘出所需图形的边界即可。

Cut:裁剪。用于对用线状符号绘制的物体进行裁剪。

Move parallel:平行缩放。能够对线性物体径向缩放,并保持与原位置平行。

(6)Drawing mode:绘图模式(图 2-73)。

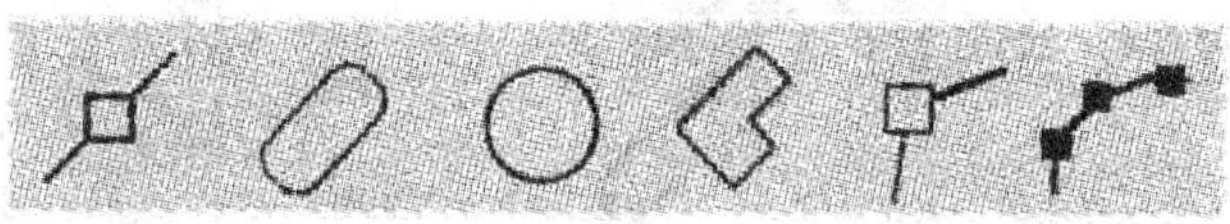

图 2-73　绘图模式

在绘制目标物体之前,必须先选择绘图模式,然后从符号栏中选择相应的符号。这六种绘图模式,各有各的长处,制图员可以根据自己的喜好,并结合底图上线条、区域的特性来选择绘图模式。

Curve mode:曲线模式。该模式绘制的曲线最少含有两个曲线点,若含有基本点的话,基本点前后均会出现相应的曲线点,通过对曲线点位置的移动可以达到改变线条形状的目的。

Ellipse mode:椭圆模式。先确定需要绘制的椭圆的两个端点,再在两点之间拖动即可获得理想中的椭圆形状。

Circle mode:圆形模式。先确定圆周上某点的位置,然后根据需要向某一方向拖动可获得任意直径的圆。

Rectangular mode:矩形模式。多用于矩形对象和建筑物的绘制。

Straight mode:直线模式。

Freehand mode:手绘模式。单击鼠标左键开始确定一个点,若按住左键不放并拖动鼠标,每单击一次左键就会形成一条点与点之间的线段。

(三)OCAD8.0 制作定向地图的一般程序(图 2-74)

1. 新建(或打开)文件、并导入模板地图

经过当天的实地勘测后,制图员最好能够第一时间在计算机上将当天的工作成果用 OCAD 软件进行加工。首先,需要新建或打开 ocd 文件。若是新建地图,则需要在新建文件之后,在 Options 选项中确定地图的比例尺和栅格的边距,然后将当天的手绘底图放置在扫描仪内,通过 Template 中的 Scan 命令将底图导入电脑。注意:扫描精度要求大于等于 200 dpi,此外,文件务必保存为 OCAD 软件认可的文件格式。

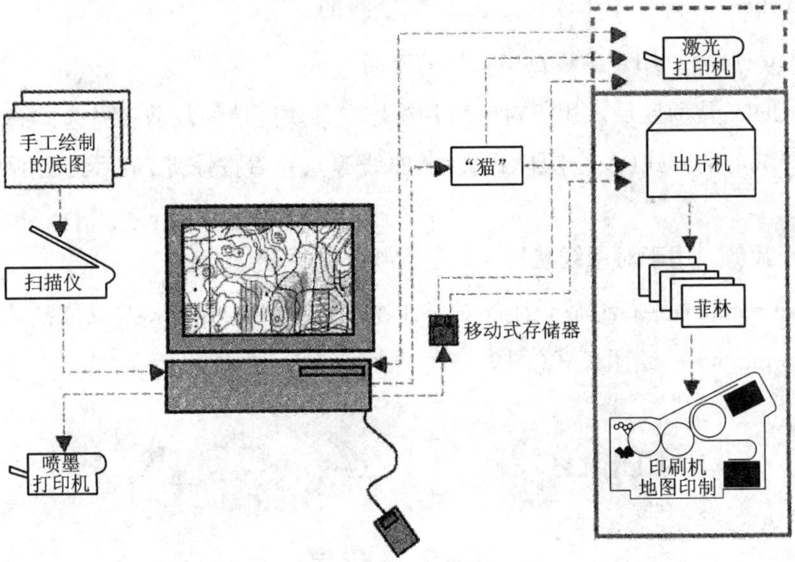

图 2-74 OCAD8.0 制作定向地图的流程图

2. 调整模板、绘制各种符号

导入底图之后,要做的工作就是设置底图与实际绘制的地图的参数,在单击 Template 的 Open 项后,会出现对话框,根据实际的情况设置参数并根据底图扫描后的情况设置角度,切记底图的正北方向必须指向作图窗口的正上方。接着,单击 Show grid,在屏幕上显示出栅格线,然后,选择 Adjust,将底图的栅格线的交点与作图窗口栅格线的交点重合。

3. 打印或印刷地图

经过艰苦的野外实地测绘和严谨的计算机绘制,一张定向地图终于制作完毕了。这时会面临两个问题:是打印还是印刷呢? 打印是最为直接的方法,但是价格也会比较高;选择印刷,纸张价格会比较低,但是需要一定的印刷数量才行。这时可以根据自己的能力进行

选择。如果选择打印,直接连接打印机就可以轻松完成,根据前面打印设置的方式进行设置;若需要进行印刷,则需要导出 eps 格式的文件,可以通过 Export 命令来实现,导出的文件的分辨率至少要 200 dpi 以上。

三、简单教学用图的制作

开展定向运动最重要的物质条件就是要有定向地图,这也是制约定向运动在我国普遍推广的重要因素。以上介绍了定向地图制作的基本程序和专业制图软件 OCAD 的操作界面。有了以上的知识,就可以开始学习如何制作一幅简单的、实用的、花时又不多的教学、训练用图了,这一技能是开展定向运动所必需的,通过地图的制作,能够加深对地图的理解,提高识图的能力。下面以一张百米定向地图和一张校园定向地图的制作过程为例,来学习简单教学用图的制作方法。

(一)百米定向地图的制作

百米定向所追求的是准确与速度,因而在地图的制作方面特别讲究精确,不仅在地形、建筑方面要精确,甚至还要精确到每棵树的具体位置或者具体相对位置。一般教学用的百米定向图有两种画法:一是直接用尺量,百米定向所用场地不大,用尺量也不会有很大难度,而且会相对准确;二是凭自己经验和感觉用相对位置的方法来绘制。

百米定向制图的主要步骤如下。

(1)画出地图的总体边框。

(2)画出路和一些明显的标志物。

(3)总体边框、路和标志物已完成的地图上,用尺或者根据各物体的相对位置,不断在地图上确定和增加其他的物体。

(4)验证地图。制图完成后,还需要拿着完成的地图到实地确认以及修改。

①用适当大的一张纸(一般为 A4 纸)作为底图,根据纸和实际地形的大小比例来确定所作图边框的放置方向和大小。可以用尺和指北针来确定边框的情况(图 2-75)。

②在地图边框上通过视觉和测量标出各种路、等高线和几个大的明显的参照物(图 2-76)。在百米定向中一般不会根据等高线设点,因而等高线的要求不高。

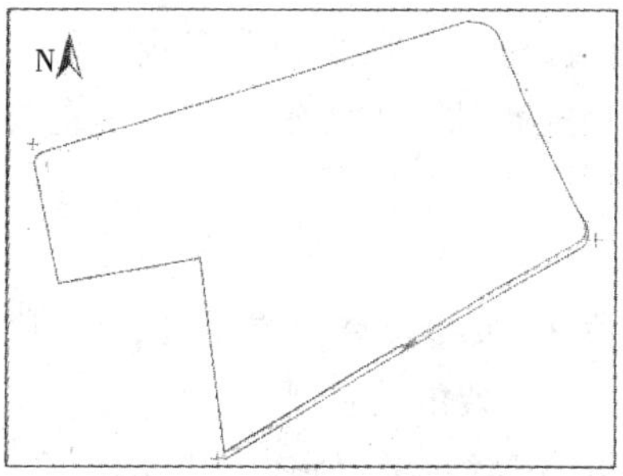

图 2-75　验证地图步骤 1

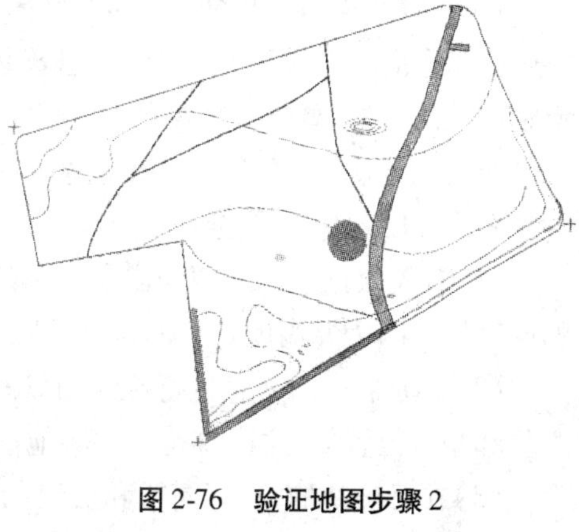

图 2-76　验证地图步骤 2

③根据已知路、等高线和参照物，可用尺或者通过感觉的相对位置法，根据各事物的明显程度逐渐增加图中的参照物(图2-77)。

④在增加了各种明显标志物后，再不断增加图中的细节情况，如小树、水龙头、灯柱等，并画出图中的植被分布情况以及完成磁北线(图2-78)。

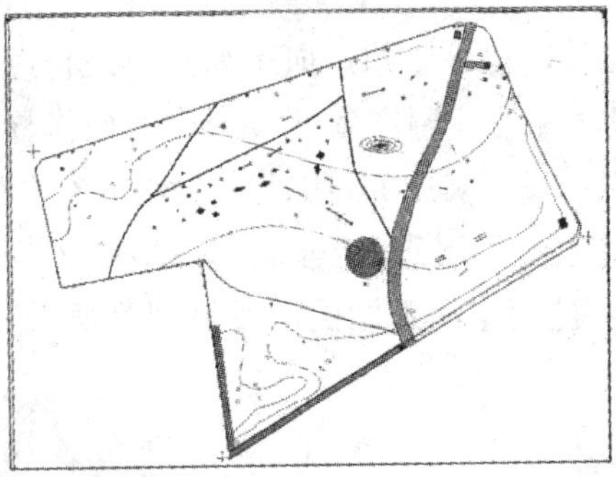

图2-77 验证地图步骤3

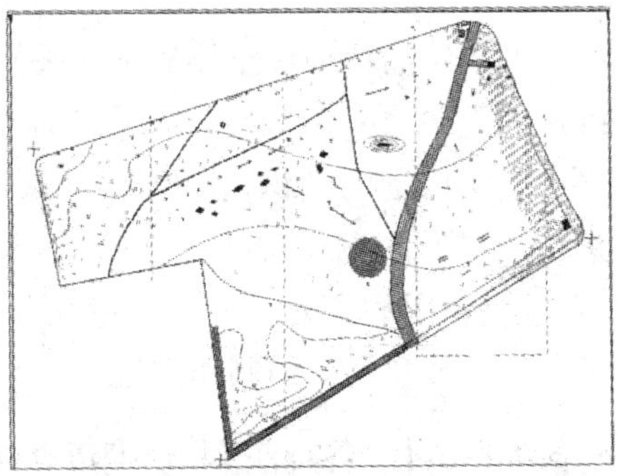

图2-78 验证地图步骤4

⑤在地图上加上地图的名称、各事物的说明符号、比例尺和制图人员等信息。完成后，还得去跑上几次，从参赛者的角度来感觉这张地图的情况，并对其进行修正(图2-79)。

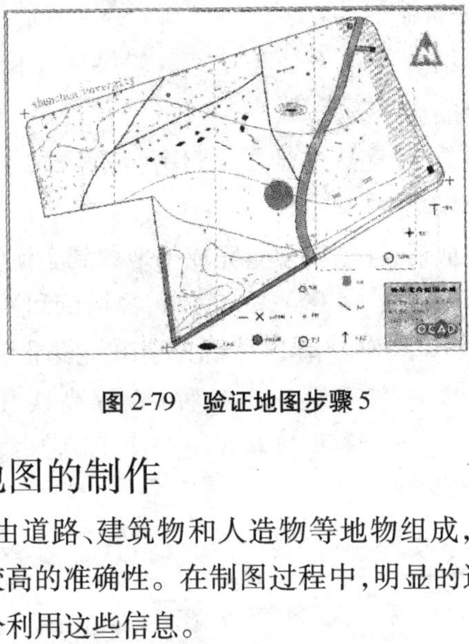

图2-79 验证地图步骤5

(二)校园定向地图的制作

校园定向地图主要是由道路、建筑物和人造物等地物组成，有时也用到等高线。和百米定向地图一样，要求有较高的准确性。在制图过程中，明显的道路、大的建筑物等是重要的参照物和定位点，要充分利用这些信息。

制作校园定向地图的一般步骤有以下几步。

(1)首先根据校园底图画出定向图的初稿。在这个过程中，要尽量尊重原稿，保持原稿的准确性。因为原稿就是我们作这张图的参照，给我们提供着重要的信息(图2-80)。

(2)对原稿中的信息进行确认与修改，主要是房屋、路和等高线，考察它们之间的距离、方位和相对位置等，这些将是增加其他事物的主要参照物(图2-81)。

(3)在已确认的路、等高线和房屋的地图上，以这些为参照，根据相对距离和相对方位来增加其他没有的事物，如房子、小路、大石头、突出的树和植被分界线等(图2-82)。

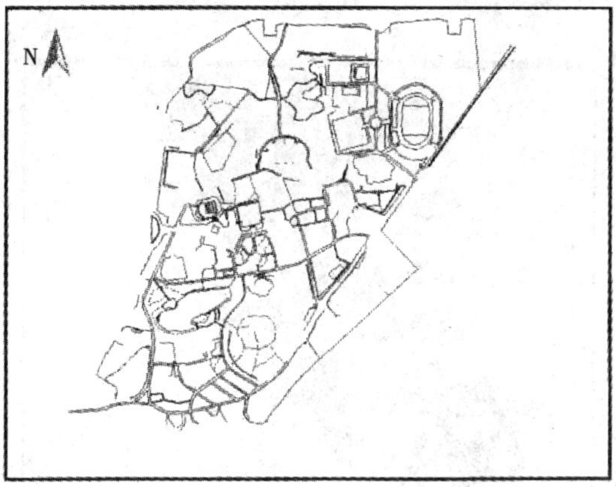

图 2-80　制作校园定向地图 1

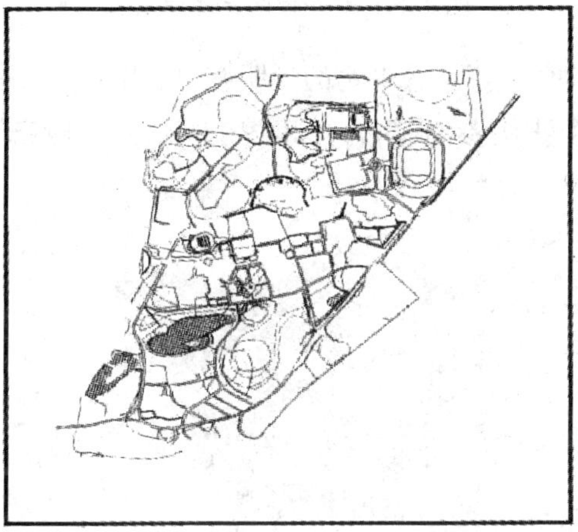

图 2-81　制作校园定向地图 2

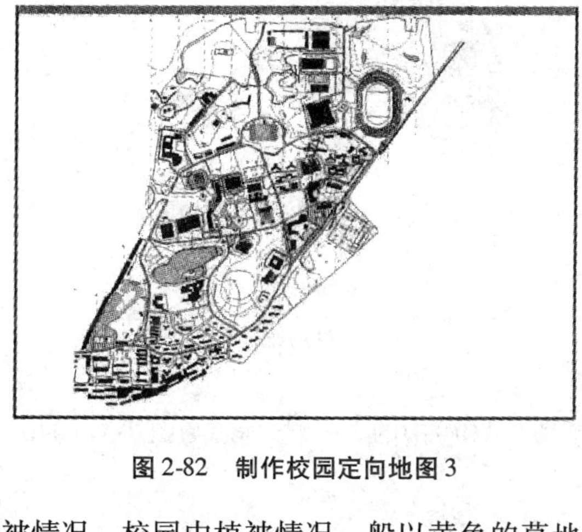

图 2-82　制作校园定向地图 3

(4)添加图中的植被情况。校园中植被情况一般以黄色的草地、浅绿色可通过的树林以及深绿色或者红色网状的禁区等为主(图 2-83)。

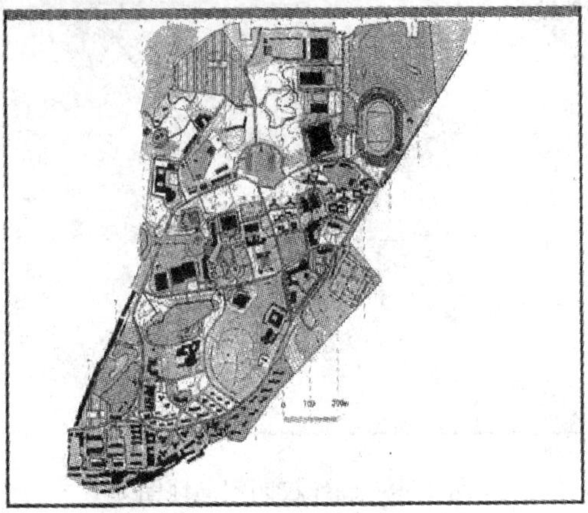

图 2-83　制作校园定向地图 4

(5)在地图上加上地图的名称,各事物的说明符号,比例尺和制图人员等信息。待完成后,还得去跑上几次,尽量从参赛者的角度来感觉这张地图的情况,并对其进行修正(图 2-84)。

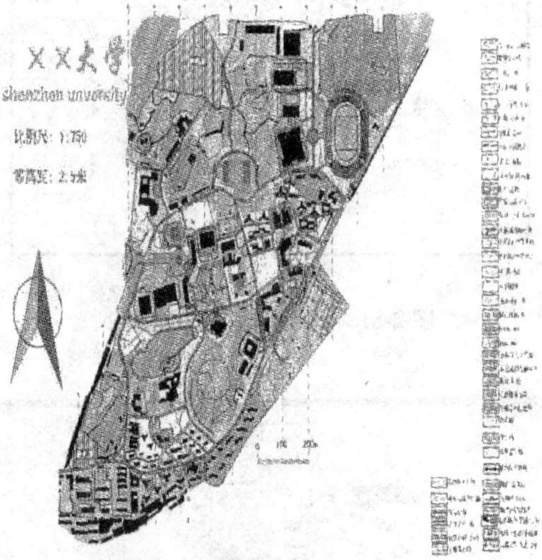

图 2-84　制作校园定向地图 5

习题

自我测试 1:请把图 T-1(1)中的 1 ~ 8 号标志与图 T-1(2)中的所列出的实际地形对号入座。

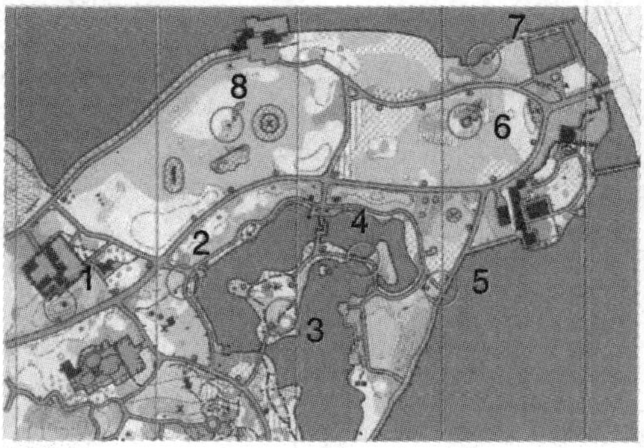

1=
2=
3=
4=
5=
6=
7=
8=

（1）

（2）

图 T-1

自我测试 2：对照地图分别描述各检查点的地物。

1=
2=
3=
4=
5=
6=
7=
8=
9=
10=
11=
12=
13=
14=
15=
16=
17=
18=
19=
20=
21=
22=

图 T-2

自我测试3:对照以下地图回答如下问题。

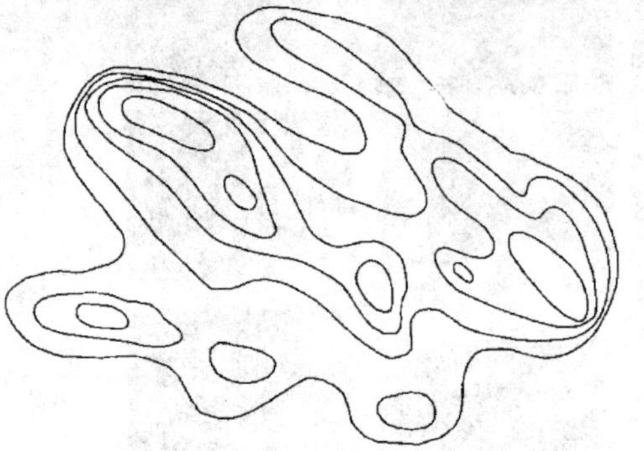

1. 有几个小丘?
2. 有几个小丘高度相同?
3. 陡坡在哪儿?
4. 哪个或哪些小丘海拔高度最高?
5. 最大的凹地在哪儿?

图 T-3

自我测试4:说明箭头所指方向地势升高还是降低或同一高度。

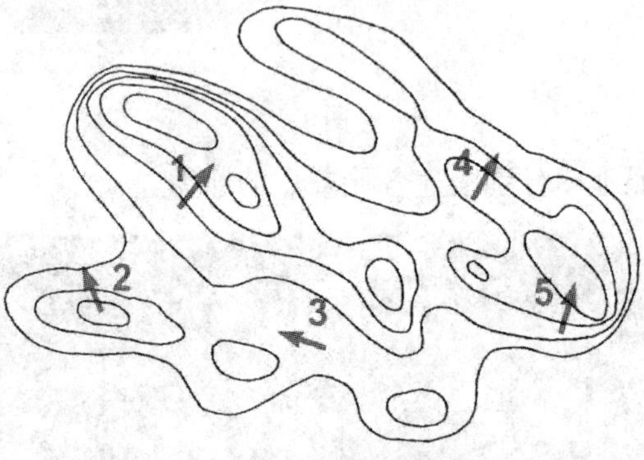

(1)

(2)

图 T-4

自我测试 5:对号入座。

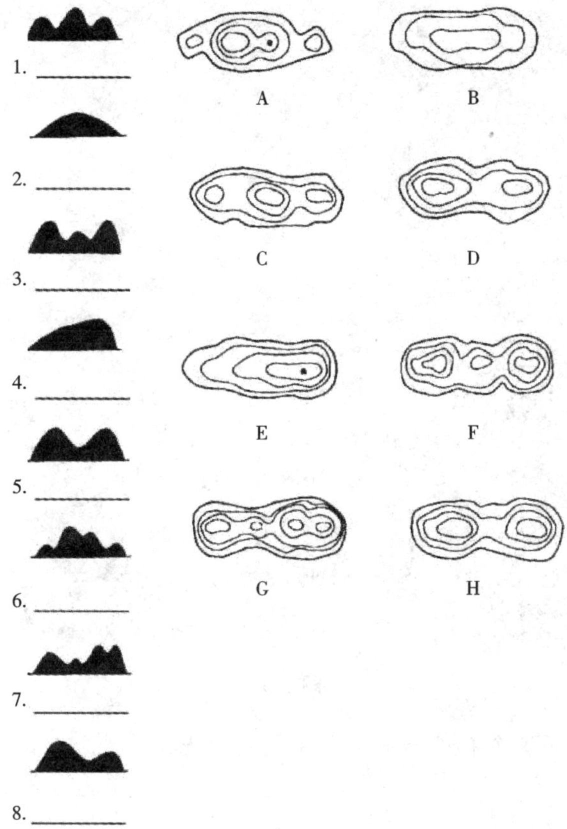

图 T-5

自我测试6:指出地图中10个“×”所指的是山脊还是凹地。

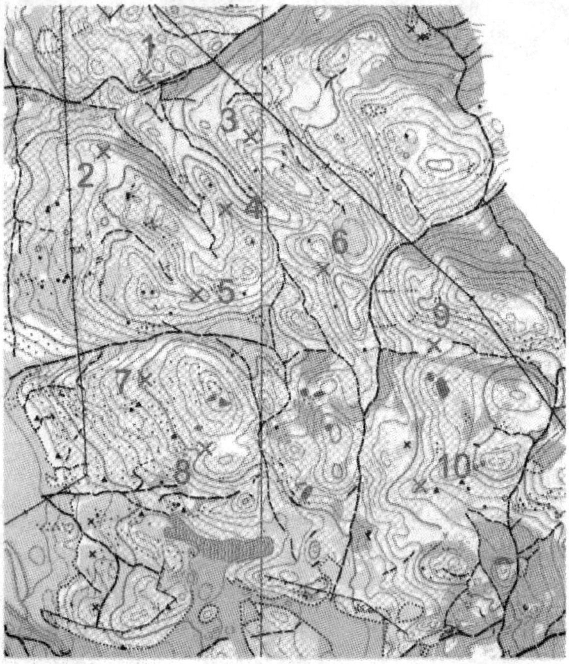

图 T-6

自我测试7:从起点到检查点有哪些主要的标志物?

图 T-7

自我测试 8:从起点到终点应选择哪条路线?

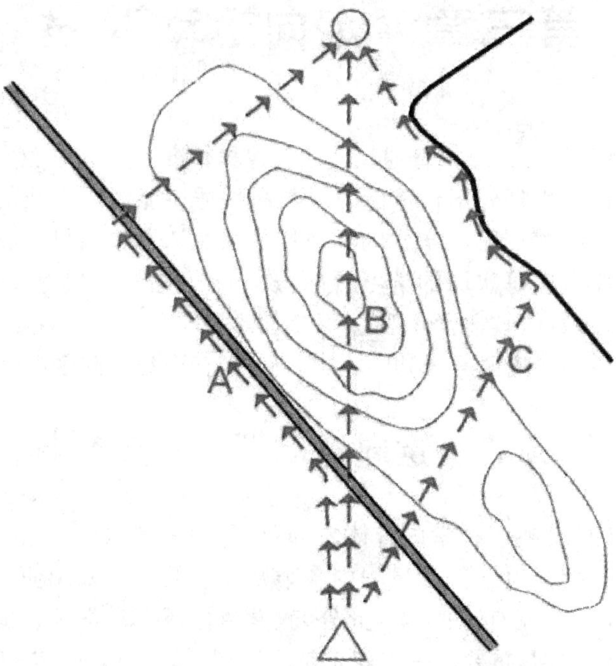

图 T-8

第三章 定向运动课程

定向运动课程教学设计是根据普通高校体育课程标准规定的总教学目标，结合培养学生团队合作精神，提高学生野外工作体能、技能、心理适应能力为主线的课程目标定位，依据“主导—主体”的双主教学模式、学生的学情特征以及课程教学目标、教学内容内在的逻辑关系，设计了四个学期中每次课的学习目标、教学内容以及课程考核内容与标准。其特点既充分体现了现代课程的教学设计理念，又能使学生积极参与户外运动，享受亲近自然、挑战自我的乐趣，培养自主探究意识和团队协作精神，提高身体健康水平。

第一节 定向运动课程教学目标

教学目标体系不仅反映了教学内容体系，而且与课程知识点的组成高度相关。因而，有了清晰的教学目标定位，对于教学过程中各个知识点的教学采用何种方式、何种方法以及制定相应的课堂结构也就有了依据。此外，教学目标还是教学评价的重要依据，在实践中，教学有效性评价，其中最重要的一点就是是否达到了教学目标，包括知识、能力、情感三维目标。

根据定向运动课程的项目属性和教育功能，浙江农林大学定向运动课程的教学目标有以下几点。

(1)定向运动课程的设置本着由简到难，循序渐进的原则，使学生能够系统地学习和掌握定向运动基本理论知识和技术，从而使学生能够出色地完成校园定向与公园定向，具备独立越野的能力，并且能组织简单的定向运动比赛，同时能够基本了解拓展训练的目的和意义。

(2)定向运动具有很强的娱乐性，在本课程的学习过程中，同学们可以全身心地投入大自然，尽情地挥洒自己、展示自己、找回自我、陶冶情操，并养成积极乐观的生活态度，能在定向运动中体验运动所带来的乐趣和成功的感觉，并能通过定向运动改善心理状态，克服心理障碍，促进身心健康。

(3)定向运动具有很强的竞争性。在竞争中，磨炼意志品质，强化进取精神，使人的智、勇、技在竞争与对抗中得以升华。并培养学生独立思考、独立解决问题的能力及在体力、智力双重压力下做出迅速反应、果断决定的能力。

(4)通过定向运动课程的教学，使学生全面认识定向运动。让学生体验亲近自然、挑战自我的乐趣，培养和激发学生参与体育活动的兴趣和爱好，从而进一步培养学生终身体育的意识，最终形成终身体育的意识，并能够编制可行的个人锻炼计划和具有一定的体育素养。

(5)通过定向运动课程的教学，提高学生的运动能力、耐力、力量、柔韧性及协调性等主要素质，使个人的形态技能达到较为理想的标准和要求，并且提高身体对野外环境的适应能力。

（6）通过定向运动课程的教学，掌握常见运动创伤的处置方法、健身原理与方法及有关的保健、营养及卫生知识，为达到身体健康这一目标服务。

（7）通过定向运动课程的教学，学生能测试和评价体质健康状况，掌握有效提高身体素质、全面发展体能的知识与方法，能合理选择人体需要的健康营养食品，养成良好的行为习惯，形成健康的生活方式，具有健康的体魄。

（8）通过定向运动课程的教学，使学生能够根据自己的能力设置体育学习目标，并且能运用适宜的方法调节自己的情绪、树立健康向上的自信心、提高抵抗挫折的能力。

（9）通过定向运动课程的教学，培养学生的合作精神、交往能力和适应能力，形成良好的人际关系和团结合作的团队精神。

（10）了解定向运动课程的教学目标，有助于在上课中提高注意力以及在课外体育锻炼中有针对性地提高身体素质。

第二节　定向运动课程教学内容

教学内容是为实现教学目标，要求学生系统学习知识、技能、思想、行为的总和。分析教学内容需以课程标准为依据。根据学生特征、教学环境、教师业务水平选择课程教学内容、教学单元，教学顺序，确定单元目标，分析教学内容以及评价等步骤，最后得出教学内容的知识和能力结构。

一、定向运动课程教学内容

（一）体育与健康基础理论知识

体育与健康基础理论知识包括普通高校体育目标、体育运动健身原理与方法、运动损伤的预防与处理、体育卫生与运动康复、心理卫生与心理咨询、大学生体质健康评价等。通过这方面知识的学习，可以使学生了解与基本掌握高校体育目标、常见运动创伤的处置方法、健身原理与方法及有关的保健、营养及卫生等知识，为达到身体健康目标服务，并且可以制订适合于自身需要的健身运动处方，练就强健的体魄。

（二）定向运动基础理论知识

定向运动基础理论知识包括常见户外运动遇险常识、定向运动的概论、定向地图的要素、找点的基本技能、找点的基本方法、找点的十大步骤、定向安全措施、野外生存常识、素质练习。通过这方面知识的学习，可以使学生更好地了解与认识定向运动，熟悉定向运动的各种方法与各种技能，为自己成为一个定向人士打下一个坚实的基础。

（三）定向运动实践知识

定向运动实践知识包括指北针的使用、方向的判定、行进方向的确定，游戏、球类、素质练习，找点的基本技能、找点的十大步骤、找点的基本方法，校园单人定向、校园百米定向，使学生更加全面地认识定向运动，了解与基本掌握实践知识在定向实践中的意义与作用，为更好地提高自身的定向运动水平打下良好基础。

（四）定向专业知识

定向专业知识包括标定地图技术、折图技术、重定地图技术、参照物选择技术、路线选择技术、检查点的精确定位技术、依线运动技术、拇指导航技术、分段运动法、连续运动法、依点运动法、记忆运动法、提前绕行法等。这些知识能够使学生了解与基本掌握定向运动技术与方法具体运用的步骤与要点,并且在定向比赛中有所运用及较好运用,从而较快提高自身的定向运动水平。

(五)拓展练习知识

拓展练习知识包括拓展练习的方式、要点、注意事项,专业器材的使用方法和要点,练习时保护的操作程序,地面项目、低空项目的练习要点及注意事项等。这些知识能够使学生能够基本完成各个拓展项目,并且掌握各个项目的练习程序和要点以及练习的目的,能组织完成一些地面和低空的拓展项目。

拓展训练项目有履带战车、电网、地震,信任背摔、急速60秒、天黑请闭眼、鼓动人心、交通堵塞、盲人方阵等。

二、教学内容安排

根据学生的学情特征、课程教学目标、课程教学内容内在的逻辑关系,四个学期的教学内容安排可为:第一学期,主要安排定向运动的理论知识与难度较低的,以交流、沟通为主的拓展训练项目;第二学期,主要安排定向运动的基本技术与团队协作为主的拓展训练项目;第三学期,主要安排定向运动的多种形式实践与难度较高的,以交流、沟通为主的拓展训练项目;第四学期以学生学习自行组织定向运动与拓展训练为主,培养学生的综合素质。

(一)第一学期教学进度

第一学期教学进度如表3-1所示。

表3-1 第一学期教学进度

课次	学习目标	教学内容
一	初步了解定向运动,对定向课产生学习兴趣	1. 选项组班 2. 定向运动介绍
二	基本了解定向课所要注意的安全问题;基本了解本学期定向运动课的有关事宜,让大家相互有个基本的认识	1. 安全问题 2. 介绍本学期的教学常规、教学计划、考核项目和标准 3. 拓展项目
三	基本了解定向运动的内涵、运动方法、程序及发展,对定向运动有一个直观的认识;激发学生学好定向运动的信心,使学生树立一个良好目标	1. 观看2002年第一届全国学生定向锦标赛录像(组班集体观看) 2. 介绍定向运动的方法和程序 3. 介绍本校定向运动的发展
四	基本了解和初步掌握定向地图上的符号、颜色等各要素的内涵与实际意义;恢复体力以及培养学生的团队精神	1. 定向地图的要素 2. 拓展项目
五	基本掌握定向找点的方法与程序,初步掌握标定地图与折图技术,增加大家的交流,培养学生的交流、沟通能力	1. 复习定向找点的方法和程序 2. 标定地图与折图技术 3. 拓展项目

续表

课次	学习目标	教学内容
六	学会正确的使用地图；基本掌握地图与实地的一致性和图地对照的步骤；了解立定跳远的要点及练习手段	1. 复习标定地图技术 2. 图地对照 3. 立定跳远练习
七	恢复体力与锻炼学生的适应能力；基本了解和掌握路线选择技术及有关辅助技术；使学生基本掌握实地运用技术的步骤及要点	1. 拓展项目 2. 路线选择技术、参照物选择技术、拇指导航技术 3. 实地集体练习
八	了解与基本掌握找点十大步骤的内容及意义；通过找点，初步掌握十大步骤的实地操作	1. 找点十大步骤 2. 2～3 人分组找点 3. 路线回访（学生自行回访）
九	提高学生的熟悉度和自信心；让学生了解自己立定跳远的水平和不足之处	1. 拓展项目 2. 立定跳远考试
十	了解和基本掌握体质测试的内容与要点；检查学生在本学期的体能状况，培养学生实事求是、顽强拼搏的品质和积极乐观的态度	1. 讲解体质测试内容及要点 2. 800/1 000 米测试（女/男）
十一	检查学生所学知识技能的运用情况；培养学生发现问题、解决问题、总结问题的能力以及互助协作精神	1. 校园单人找点 2. 个人路线回访
十二	基本了解考试时要求的规则和注意事项，牢记自己的出发时间和组别	1. 讲解期末考试的规则和注意事项 2. 记录考试的出发时间和组别
十三	培养学生的交流、沟通、领导能力以及良好的团队配合意识	拓展项目
十四	明确体育课的学习目的；丰富学生体育理论知识；掌握良好的体育锻炼方法	理论课 1. 健康常识 2. 心理卫生与心理咨询
十五	使学生深入、全面地了解和认识定向运动；基本了解户外运动常见遇险常识	理论课 1. 定向运动概论 2. 户外运动遇险常识
十六	检查学生本学期在专项技术上掌握的程度；培养学生勇敢果断的意志品质和认真对待学习的态度	校园单人定向考核

（二）第二学期教学进度

第二学期教学进度如表 3-2 所示。

表 3-2　第二学期教学进度

课次	学习目标	教学内容
一	使学生了解本学期定向课的有关事宜；培养学生对体育的兴趣和爱好；培养学生坚持不懈的学习态度	1. 介绍本学期的教学常规、教学计划、考核项目和标准 2. 拓展项目
二	学会指北针的使用，培养学生间的信任、友爱和团队意识	1. 指北针的使用 2. 拓展项目

续表

课次	学习目标	教学内容
三	使学生了解并初步掌握定向找点中的操作和要点；培养学生在双重压力下果断决定的能力	1. 定向找点运动中的方法 2. 校园单人定向
四	培养学生的交流、沟通、领导能力和不断探索、坚持不懈的品质以及相互信任的团队意识	鼓动人心
五	培养学生的交流、沟通、领导能力和不断探索、坚持不懈的品质以及相互信任的团队意识	电网
六	培养学生的交流、沟通、领导能力和不断探索、坚持不懈的品质以及相互信任的团队意识	盲人方阵
七	使学生初步掌握定向找点中的注意事项；培养学生的实际操作能力	1. 定向找点的注意事项 2. 校园单人定向
八	加强学生对地貌的认识；加深学生对等高线的判读及利用；提高体能，培养学生坚持不懈的精神和顽强的品质	1. 图上地貌的识别 2. 图上起伏、坡度的判定 3. 拓展项目
九	了解与基本掌握山地定向中的各种安全问题；培养学生山地定向技能；提高学生的适应能力和心理稳定性	1. 山地安全事项 2. 钱王陵园分组找点
十	基本掌握体质测试的注意事项；检查学生在本学期的体能状况，培养学生实事求是的品质、积极乐观的态度和顽强的意志品质	1. 体质测试的注意事项 2. 800/1 000 米测试（女/男）
十一	提高学生精确找点的能力并提高集中注意力能力；培养学生良好的心理素质和实事求是的学习态度	1. 校园专线定向 2. 个人路线回访
十二	培养学生的合作精神、交往能力和适应能力，形成良好的人际关系和团结合作的团队精神，能反对不良竞争	校园定向比赛（组班周末进行）
十三	培养学生的合作精神、交往能力和适应能力，形成良好的人际关系和团结合作的团队精神，能反对不良竞争	校园定向比赛（组班周末进行）
十四	使学生了解与基本掌握野外生存常识；使学生了解和初步认识野外装备的名称及其用途；提高野外生存意识	理论课 野外生存常识
十五	使学生了解并初步掌握运动损伤的预防与处理；使学生了解并初步掌握体育卫生与运动康复的方法	理论课 1. 运动损伤的预防与处理 2. 体育卫生与运动康复
十六	检查学生在本学期在专项技术上的掌握程度；培养学生勇敢果断的意志品质和认真对待、实事求是的学习态度。	单人校园定向考核

（三）第三学期教学进度

第三学期教学进度如表 3-3 所示。

表3-3　第三学期教学进度

课次	学习目标	教学内容
一	使学生了解本学期的教学计划、考核项目及标准；基本掌握拓展专业装备的使用方法和要点	1. 介绍本学期的教学常规、教学计划、考核项目和标准 2. 拓展专业装备简介
二	使学生了解并初步掌握数步测距技术；培养学生积极乐观的学习态度和机智果断的品质；培养学生发现问题、解决问题的能力	1. 数步测距技术 2. 校园单人定向拓展练习 3. 个人路线回访
三	使学生了解并初步掌握简化视图技术；培养学生团队协作的精神；培养学生发现问题、解决问题的能力	1. 简化视图技术 2. 校园接力定向拓展练习 3. 个人路线回访
四	使学生了解并初步掌握计时测距技术及积分定向的形式和注意事项；培养学生切合实际合理安排学习的能力	1. 计时测距技术 2. 校园积分定向拓展练习 3. 个人路线回访
五	培养学生的交流、沟通、领导能力和不断探索、坚持不懈的品质以及相互信任的团队意识	极速60秒
六	培养学生的交流、沟通、领导能力和不断探索、坚持不懈的品质以及相互信任的团队意识	交通阻塞
七	培养学生的交流、沟通、领导能力和不断探索、坚持不懈的品质以及相互信任的团队意识	天黑请闭眼
八	使学生了解和初步掌握记忆法技术及团队赛的形式和注意事项；培养学生敢于面对困难的品质和团队合作精神	1. 记忆法技术 2. 团队定向拓展练习 3. 个人路线回访
九	提高学生的找点能力；培养学生合作精神、适应能力和克服困难的品质	夜间定向拓展练习
十	检查学生在本学期的弹跳和体能状况	1. 立定跳远测试 2. 800/1 000米(女/男)
十一	培养学生的交往能力和适应能力，形成良好的人际关系，参加有一定挑战性的定向比赛，并努力提高自身的运动水平，可以达到国家三级或四级定向运动员的标准	校内定向比赛(组班周末进行)
十二	培养学生的交往能力和适应能力，形成良好的人际关系，参加有挑战性的定向比赛，并努力提高自身的运动水平，可以达到国家三级或四级定向运动员的标准	校内定向比赛(组班周末进行)
十三	培养学生的交往能力和适应能力，形成良好的人际关系，参加有挑战性的定向比赛，并努力提高自身的运动水平，可以达到国家三级或四级定向运动员的标准	校内定向比赛(组班周末进行)
十四	使学生了解并初步掌握体育运动的健身方法；使学生了解并初步掌握体质健康评价方法	理论课 1. 体育运动健身原理与方法 2. 大学生体质健康评价方法
十五	使学生熟悉和了解定向运动的的物质条件及标准；使学生熟悉和了解定向运动的技术规则及要求	理论课 1. 定向运动的物质条件及标准 2. 定向运动的技术规则及要求

续表

课次	学习目标	教学内容
十六	检查学生在本学期在专项技术上掌握程度；培养学生合理安排和果断选择决定的能力以及勇敢顽强的意志品质	校园单人积分定向考核（衣锦校区）

（四）第四学期教学进度

第四学期教学进度如表3-4所示。

表3-4 第四学期教学进度

课次	学习目标	教学内容
一	使学生了解本学期的教学计划、考核项目及标准；使学生掌握定向赛事的初级组织程序	1. 介绍本学期的教学常规、教学计划、考核项目和标准 2. 定向拓展运动的赛事组织（1）
二	使学生基本掌握定向赛事的组织程序和方法；提高学生的心肺功能	1. 定向拓展运动的赛事组织（2） 2. 越野跑
三	使学生基本掌握定向运动赛事的组织程序和方法；提高学生的心肺功能	1. 定向拓展运动的赛事组织（3） 2. 分组 3. 变速跑
四	培养学生的组织能力、欣赏能力、评价能力；培养学生的团队协作精神、竞争意识与勇敢顽强的意志品质	1. 组织校园单人定向比赛 2. 裁判，结果评定
五	培养学生的组织能力、欣赏能力、评价能力；培养学生的团队协作精神、竞争意识与勇敢顽强的意志品质	1. 组织校园拓展比赛（1） 2. 裁判，结果评定
六	培养学生的组织能力、欣赏能力、评价能力；培养学生的团队协作精神、竞争意识与勇敢顽强的意志品质	1. 组织校园接力定向比赛 2. 裁判，结果评定
七	培养学生的组织能力、欣赏能力、评价能力；培养学生的团队协作精神、竞争意识与勇敢顽强的意志品质	1. 组织校园拓展比赛（2） 2. 裁判，结果评定
八	培养学生善于总结与发言的能力；检查学生在本学期的体能状况	1. 赛事组织总结 2. 800/1 000米（女/男）
九	培养学生的组织能力、欣赏能力、评价能力；培养学生的团队协作精神、竞争意识与勇敢顽强的意志品质	1. 组织校园积分（时间）定向比赛 2. 裁判，结果评定
十	培养学生的组织能力、欣赏能力、评价能力；培养学生的团队协作精神、竞争意识与勇敢顽强的意志品质	1. 组织校园拓展比赛（3） 2. 裁判，结果评定
十一	培养学生的组织能力、欣赏能力、评价能力；培养学生的团队协作精神、竞争意识与勇敢顽强的意志品质	1. 组织校园团队定向比赛（4） 2. 裁判，结果评定

续表

课次	学习目标	教学内容
十二	使学生了解和基本掌握制作定向地图的方法;培养学生耐心、细心的学习态度,使学生形成良好的行为习惯	实地制作风雨操场周围定向图
十三	培养学生耐心、细心、认真、实事求是的学习态度,使学生形成良好的行为习惯	实地制作图书馆周边定向图
十四	培养学生耐心、细心、认真、实事求是的学习态度,使学生形成良好的行为习惯	实地制作图书馆周边定向图
十五	使学生了解并初步掌握野外生存的基本常识与实际意义;培养学生基本的野外生存技能	理论课 1. 绳索的打结 2. 营地选择和建设 3. 野外灶台、篝火、厕所的搭建
十六	使学生了解并初步掌握野外涉水、渡河与扎筏技术;培养学生安全意识;培养学生善于总结与自我分析的能力	理论课 1. 野外涉水与渡河技术 2. 定向课程总结与探讨

备注:第二、第三学期中的校内定向比赛是指把 2 至 3 周的上课时间集中起来,在周末进行集中的定向比赛,正常的上课时间与地点取消,比赛所需彩图费、饮水费、车费、参赛费由学生自付。

第三节　定向运动课程评价体系

根据课程的教学目标、教学内容设计,目前本课程的评价内容与标准是每学期的考试成绩每学期考试分数总分为 100 分,分别为平时 20 分,自评互评 10 分,800/1 000 米跑 20 分,第一、三学期立定跳远跑 20 分,第二、四学期 50 米跑 20 分,其余为专项技术和专项素质考核,因此专项考核成绩四个学期都为 30 分,专项考核内容、方法及标准如下文所述。

一、考核内容与方法

考核内容与方法如表 3-5 所示。

表 3-5　考核内容与方法

学期	考核内容
第一学期	校园单人定向(衣锦校区)
第二学期	校园单人定向(东湖校区)
第三学期	单人积分定向与实践总积分
第四学期	定向赛事组织与实践总积分

二、专项技术考核方法与标准

(一)专项技术考核方法

专项技术考核方法如表 3-6 所示。

表3-6 专项技术考核方法

学期	考核内容	考核方法
第一学期	校园单人定向	教师事先在衣锦校区内设置多个点标，制作好地图和打孔卡片，并在地图上标明点标的所在位置。考核时学生以个人为单位，间隔1分钟或2分钟出发，根据地图上的点标位置找点以找点正确个数为专项技术成绩
第二学期	校园单人定向	教师事先在东湖校区北部设置多个点标，制作好地图和打孔卡片，并在地图上标明点标的所在位置。考核时学生以个人为单位，间隔1分钟或2分钟出发，根据地图上的点标位置找点，以找点时间为专项技术成绩
第三学期	实践总积分	教师根据教学大纲，组织4~5场定向运动拓展赛事，最后以每个人参加定向运动赛事的2~3场的总积分分值为专项技术成绩
第四学期	定向赛事组织	教师把每一个班的学生以10~15人为一组进行分配，每一个小组进行一个定向拓展内容的赛事组织，并实施一堂课的赛事组织与裁判，赛事组织情况与裁判情况为专项技术成绩

(二)专项技术考核标准

第一学期专项技术考核标准如表3-7所示，占总分的20%。

表3-7 专项技术考核标准

校园单人定向	
点标(男、女)	分值
10	20
9	17
8	14
7	10
6	7
5	4
4	1

第二学期专项技术考核标准如表3-8所示，占总分的20%。

表3-8 第二学期专项技术考核标准

校园单人百米定向	
找点时间(男、女)	分值
前10%	20
11%~20%	18
21%~30%	16
31%~40%	14
41%~60%	12

续表

校园单人百米定向	
找点时间(男、女)	分值
61% ~80%	10
81% ~100%	8

第三学期专项技术考核标准如表 3-9 所示,占总分的 20%。

表 3-9　第三学期专项技术考核标准

定向比赛总积分排名		定向比赛总积分排名	
男生或女生人数超过 10 人(包括 10 人)	分值	男生或女生人数不超过 10 人	分值
前 15%	20	前 10%	19
16% ~40%	17	11% ~30%	17
41% ~60%	14	31% ~60%	14
61% ~80%	11	61% ~80%	11
81% ~100%	8	81% ~100%	8

第四学期专项技术考核标准如表 3-10 所示,占总分的 20%。

表 3-10　第四学期专项技术考核标准

定向赛事组织与裁判具体情况	级别	分值
分工明确,准备工作井然有序、能相互协作和互助,有凝聚力,各个裁判具体工作能很好地完成	好	18 ~ 20
分工较明确,准备工作较井然有序、能相互协作和互助,有一定的凝聚力,各个裁判具体工作能较好地完成	较好	15 ~ 17
分工较明确,完成工作较井然有序,有一定的协作和互助,凝聚力一般,裁判具体工作中出现小差错	一般	12 ~ 14
有一定的分工,但准备工作较凌乱,有一定的协作和互助,凝聚力一般,裁判具体工作中出现较多小差错	较差	8 ~ 11
分工不明确,准备工作较凌乱、时间较长,协作和互助不明显,裁判具体工作中出现大差错	很差	0 ~ 7

三、专项素质考核方法与标准

(一)专项素质考核方法

专项素质考核方法见表 3-11。

表 3-11 专项素质考核方法

学期	考核内容	考核方法
第一学期	校园单人定向	教师事先在衣锦校区内设置多个点标,制作好地图和打孔卡片,并在地图上标明点标的所在位置。考核时学生以个人为单位,间隔 1 分钟或 2 分钟出发,根据地图上的点标位置找点,以找点时间为专项素质成绩
第二学期	校园单人定向	教师事先在东湖校区北部设置多个点标,制作好地图和打孔卡片,并在地图上标明点标的所在位置。考核时学生以个人为单位,间隔 1 分钟或 2 分钟出发,根据地图上的点标位,以找点正确个数为专项素质成绩
第三学期	单人积分定向	教师事先在整个校园内设置多个不同分值的点标,制作好地图和打孔卡片,并在地图上标明点标的所在位置,规定积分分值。考核时学生以个人为单位,间隔 1 分钟或 2 分钟出发,根据地图上的点标位置找点,达到规定的积分分值后即可回终点,以找点时间和最后的积分分值为专项素质成绩
第四学期	实践总积分	教师把每一个班的学生以 10 ~ 15 人为一组进行分配,每一个小组进行一个定向拓展内容的赛事组织,并实施一堂课的赛事组织与裁判,每个人参加定向拓展赛事的 2 ~ 3 场的总积分分值为素质成绩

(二)专项素质考核标准

第一学期专项素质考核标准见表 3-12,占总分的 10%。

表 3-12 第一学期专项素质考核标准

校园单人定向	
找点时间(男、女)	分值
前 5%	10
6% ~15%	8
16% ~30%	7
31% ~60%	6
61% ~90%	5
91% ~100%	4

第二学期专项素质考核标准见表 3-13,占总分的 10%。

表 3-13 第二学期专项素质考核标准

校园单人定向	
点标(男)	分值
10	10
9	9
8	8
7	7
6	6

续表

校园单人定向	
点标(男)	分值
5	5
4	4
3	3
2	2
1	1
0	0

第三学期专项素质考核标准见表3-14,占总分的10%。

表3-14　第三学期专项素质考核标准

校园单人积分定向	
找点时间(积分正好,男生24分、女生20分)	分值
前5%	10
6%～15%	8
16%～30%	7
31%～60%	6
61%～90%	5
91%～100%	4

备注:多分的学生以积分正好的学生时间为基准,再减去(多的分值×2)分,少分的学生以积分正好的学生时间为基准,再减去(少的分值×3)分,比如3个男生的跑动时间都为10分钟,积分为24分、26分、22分,那么24分的学生考核分数为10分的话,积分为26分的学生的考核分数就为10－(2×2)＝6分,积分为22分的学生的考核分数就为10－(2×3)＝4分。

第四学期专项素质考核标准见表3-15,占总分的10%。

表3-15　第四学期专项素质考核标准

定向比赛总积分排名		定向比赛总积分排名	
男生或女生人数超过10人(包括10人)	分值	男生或女生人数不超过10人	分值
前15%	10	前10%	9
16%～40%	8	11%～30%	8
41%～60%	7	31%～60%	7
61%～80%	6	61%～80%	6
81%～100%	4	81%～100%	4

四、男子1 000米跑、女子800米跑考核成绩标准

男子1 000米跑、女子800米跑考核成绩标准如表3-16所示。

表 3-16 体育班学生(800/1 000 米)考核评分表

分数＼学期	第一学期/分钟		第二学期/分钟		第三学期/分钟		第四学期/分钟	
	女	男	女	男	女	男	女	男
100	3	3.27	3.22	3.24	3.20	3.22	3.18	3.20
95	3.26	3.28	3.23	3.25	3.21	3.23	3.19	3.21
90	3.28	3.30	3.25	3.27	3.23	3.25	3.21	3.23
85	3.31	3.33	3.28	3.30	3.26	3.28	3.24	3.26
80	3.35	3.37	3.32	3.34	3.30	3.32	3.28	3.30
75	3.40	3.42	3.37	3.39	3.35	3.37	3.33	3.35
70	3.47	3.49	3.44	3.46	3.42	3.44	3.40	3.41
65	3.57	3.59	3.54	3.56	3.52	3.54	3.50	3.50
60	4.15	4.15	4.10	4.10	4.05	4.05	4.00	4.00
55	4.20	4.20	4.15	4.15	4.10	4.10	4.05	4.05
50	4.25	4.25	4.20	4.20	4.15	4.15	4.10	4.10
45	4.30	4.30	4.25	4.25	4.20	4.20	4.15	4.15
40	4.35	4.35	4.30	4.30	4.25	4.25	4.20	4.20
35	4.40	4.40	4.35	4.35	4.30	4.30	4.25	4.25
30	4.45	4.45	4.40	4.40	4.35	4.35	4.30	4.30
25	4.50	4.50	4.45	4.45	4.40	4.40	4.35	4.35
20	4.55	4.55	4.50	4.50	4.45	4.45	4.40	4.40
15	5.00	5.00	4.55	4.55	4.50	4.50	4.45	4.45
10	5.05	5.05	5.00	5.00	4.55	4.55	4.50	4.50
5	5.10	5.10	5.05	5.05	5.00	5.00	4.55	4.55

备注:在定向运动课程中,对于长跑测试有一个优惠政策,允许同学们测试 2 次,在进步幅度在 10 ~ 15 秒的情况,加倍奖励进步幅度,比如第一次为 4 分 10 秒,第二次为 4 分,那么最后的体育测试成绩为 3 分 50 秒。

五、立定跳远考核成绩标准

立定跳远考核成绩标准如表 3-17 所示。

表 3-17 体育班学生(立定跳远)考核评分表

分值	第一学期/m		第三学期/m	
	女	男	女	男
100	2.07	2.66	2.09	2.68
95	2.03	2.62	2.05	2.64
90	1.99	2.58	2.01	2.60

续表

分值	第一学期/m		第三学期/m	
	女	男	女	男
85	1.94	2.53	1.96	2.55
80	1.88	2.47	1.90	2.49
75	1.82	2.40	1.84	2.42
70	1.75	2.32	1.77	2.34
65	1.67	2.23	1.69	2.25
60	1.58	2.14	1.60	2.16
50	1.56	2.12	1.56	2.12
40	1.53	2.09	1.53	2.09
30	1.50	2.06	1.50	2.06
20	1.46	2.03	1.46	2.03
10	1.42	1.99	1.42	1.99

六、50 米跑考核成绩标准

50 米跑考核成绩标准如表 3-18 所示。

表 3-18　体育班学生(50 米)考核评分表

标准(分数)	女/s	男/s
100	7.8	6.6
95	8.0	6.7
90	8.1	6.9
85	8.3	7.1
80	8.5	7.3
75	8.7	7.5
70	8.8	7.7
65	9.0	8.0
60	9.2	8.2
55	9.4	8.4
50	9.5	8.5
45	9.6	8.6
40	9.7	8.7
35	9.8	8.8
30	10.0	8.9

七、自评互评成绩

学生自评的内容包括评定小组内成员本学期体能与运动技术进步状况，对体育课的认知水平、上课的学习态度与行为表现，上课时同伴之间交往与合作精神等。

学生自互评成绩 =（自评分数 ×0.2）+（∑互评分数/参加评分人数 ×0.8）

教师要严格掌握、控制学生自评互评操作程序，根据班级教学情况，提出相应要求，防止学生自评、互评走过场或是学生之间送分情况发生，若同组分数一样则乘系数0.6为该组学生的最终成绩。

八、平时成绩

教师对学生平时成绩的评价应包括：学生的学习态度（上课出勤、课堂表现）、体能和技能提高程度、参与学习的积极程度、人际交往、相互协作、个人教养等。

学生旷课一次，该生平时成绩扣5分（按20分计扣5分，如按100分计则扣25分。以下括号内的扣分为按100分计）；学生迟到、早退一次，该生平时成绩扣2分（10分）；学生因病因事请假一次，该生平时成绩扣1分（5分）。若学生平时成绩20分（100分）被扣完，则按不及格处理或重修。

九、成绩计算

将某学生体育课评定内容中的所有项目得分（每项内容不论得分多少，只要在评分表上能查到得分，都算作有效分数）乘以相应的百分比后汇总即为该学生学期体育课成绩。

经过申请同意缓考的学生，其成绩单上注明缓考字样。

根据学校有关规定，学生每学期体育课旷课、缺课累计达10学时（本学期总学时的1/3），不准参加期末考试，应按规定重修。

十、课堂管理

（一）上课时间

严格按照教务部门规定的上课时间上下课。对上午3、4节以及下午7、8节课并且是在衣锦和东湖两个校区之间上课的学生，其上课时间可以适当推迟（具体根据场地远近由任课教师确定，一般为5～10分钟），但教师必须补上因赶路而耽误的教学时间。学生迟到15分钟以上者按缺勤处理；未经教师许可早退者按旷课处理。

（二）上课地点

浙江农林大学开设各种体育课的上课地点均由体育军训部指定，不按规定地点从事教学活动或上课的教师、学生责任自负。

（三）着装要求

学生必须穿运动服和运动鞋上课，不得穿便装和皮鞋、凉鞋（上游泳课时按照游泳课规范执行），不得携带有碍活动及安全的物品，加强安全意识。课内不准抽烟及打手机。

(四)请假规定

(1)事假:凡因故在体育课上课期间请事假的学生,必须持有所在学院学生办公室盖章并有请假学生所属辅导员亲笔签名的请假条,无请假条或是请假条手续与本款要求不符,任课教师对请假学生均按旷课处理。

(2)病假:学生请病假必须有书面请假条,同时附有学校健康保健中心医务人员签名的病假证明或就诊医院病历和医生开具的病假证明,如有特殊原因不能当堂递交请假条和证明的,可以请同班同学代交或在下次课递交。无请假条和医务人员证明而不来上课者,任课教师按旷课处理。

(3)公假:凡学院一级演出排练、迎新或学校派出参加各级别竞赛等需要在体育课期间请假的均属于公假,请公假的学生必须持有辅导员亲笔签名的请假条,否则按旷课处理。

(五)缓考规定

学生因病住院、意外伤残(必须凭县级以上医院证明),不能按时参加考试的,应事先由本人提出书面缓考申请,经所在学院主管教学院长审核,报教务处审批后方为有效。事后补办无效(急病除外)。经过申请得到缓考许可的学生,其成绩单上应注明缓考字样。

(六)补考规定

学期体育课程考核不及格者,在下学期开学二周内给予一次补考机会。补考不及格、缓考不及格或者放弃补考机会者必须重修。

第四节 定向运动课程教案

教案是教师为顺利而有效地开展教学活动,根据教学大纲和教科书要求及学生的实际情况,以课时为单位,对教学内容、教学步骤、教学方法等进行的具体设计和安排的一种实用性教学文书。在这里,根据教学反馈和实际需求,特意选择部分教案,期望学生了解课程,从而有效融入课程。

一、第一学期教案

第一学期教案如表3-19至表3-27所示。

表3-19 第二次教案

教学内容	一、安全提示 二、介绍教学常规、考核项目及标准 三、拓展项目
教学目标	一、了解安全在定向运动课程中的重要性以及如何做到运动安全 二、通过介绍使学生了解和明确本学期定向运动选项课的基本要求、学习目标等 三、通过介绍和练习,培养学生树立正确的学习态度、养成自觉锻炼的习惯和终身体育的思想 四、通过拓展项目,培养大家的熟悉程度和创新思维

续表

<table>
<tr><th rowspan="2">课的部分</th><th rowspan="2">课的内容</th><th colspan="2">组织教法</th><th rowspan="2">时间安排</th></tr>
<tr><th>教师活动</th><th>学生活动</th></tr>
<tr><td>准备部分
10分钟</td><td>一、选项组班
二、师生同好
三、提出本次课的教学目标、教学内容及要求</td><td>一、组织
要求声音洪亮、精神饱满
二、要求
要求每位学生亲自登记姓名、专业班级、联系方法</td><td>教师按两列横队整队
要求:快、静、齐
集合队形:
×××××××
×××××××
△</td><td>10分钟</td></tr>
<tr><td rowspan="2">基本部分
80分钟</td><td>一、安全提示
1. 身体因素
2. 环境因素
3. 人为因素
4. 贯彻始终
二、介绍教学常规、考核项目及标准</td><td>一、组织
全班成两路横队集体进行听讲
二、教法与步骤
1. 介绍定向运动
2. 安全提示
3. 介绍教学常规
4. 介绍考核项目及标准</td><td>一、讲解队形
×××××××
×××××××
△
二、学练法与步骤
认真听讲,理解和明确本学期的学习任务</td><td>60分钟</td></tr>
<tr><td>三、拓展训练
项目(争分夺秒):大家站成一圈,用自己的左脚抵住左边人的右脚,用自己的右脚抵住左边人的左脚。要求学生尽可能用较短的时间完成整个过程,寻求方法的改变和创新</td><td>一、组织
全班在教师的安排下集体进行练习
二、教法与步骤
1. 项目的内容、方法要讲解清楚
2. 提出项目的重点和难点
3. 进行练习时,教师可以加以指导
4. 学生练习时辅导,并纠正错误
5. 进行评价</td><td>一、练习队形
×××××
×××××
二、学练法与步骤
1. 认真听老师所讲的内容与方法
2. 对教师提出的重点与难点要尽量领会
3. 尽量自己独立完成,但可适当听取教师的意见
4. 在教师评价时认真听讲,认真思考
三、要求
1. 全班同学要认真、积极地参与
2. 要对整个过程和结果都要进行认真的思考</td><td>20分钟</td></tr>
<tr><td>结束部分
10分钟</td><td>一、整队
二、放松操
三、课后小结
四、布置收回器材
五、师生告别</td><td>一、组织
全班集体进行练习
二、教法与步骤
1. 讲解和示范放松操
2. 指挥学生练习
3. 小结和布置收回器材</td><td>一、练习队形
与集合队形相同
二、学练法和步骤
1. 认真观察示范和听口令做放松操
2. 认真听小结</td><td>10分钟</td></tr>
</table>

表3-20 第四次教案

教学内容	一、定向地图的要素 二、拓展项目
教学目标	一、通过学习认识和初步掌握定向地图上的符号、颜色等 二、通过拓展项目,培养学生交流、沟通技巧和团队精神,养成自觉锻炼的习惯和终身体育的思想

续表

<table>
<tr><th rowspan="2">课的
部分</th><th rowspan="2">课的内容</th><th colspan="2">组织教法</th><th rowspan="2">时间
安排</th></tr>
<tr><th>教师活动</th><th>学生活动</th></tr>
<tr><td>准备部分
5 分钟</td><td>一、集合、整队
二、师生问好
三、提出本次课的教学目标、教学内容及要求</td><td>组织：
要求声音洪亮、精神饱满</td><td>教师按两列横队整队
要求：快、静、齐</td><td>5 分钟</td></tr>
<tr><td rowspan="2">基本部分
85 分钟</td><td>一、地图的五大要素
（一）地图比例尺
（二）地物符号
黑色、棕色、蓝色、绿色、黄色或黄绿色、白色、红色或紫色
（三）地貌符号
（四）指北方向线
（五）图例说明
重点：地物符号和颜色
难点：地貌符号</td><td>一、组织
全班同学集体听讲
二、教法与步骤
1. 发放有关地图资料
2. 依次进行讲解
3. 举例说明
4. 提出问题
5. 回答疑问
6. 小组学习
7. 当场测试</td><td>一、讲解队形
×××××××
×××××××
△
二、学练法和步骤
1. 认真听讲，积极理解
2. 思考教师提出的问题
3. 回答教师提出的问题
4. 提出疑问
5. 小组学习</td><td>50 分钟</td></tr>
<tr><td>二、拓展训练
项目（驿站传书）：以 6～7 人为一组，每一组以纵队的形式排好队伍，要求在整组练习中，不准说话、不许回头、后面人的身体不能超过前面队友的横截面，听教师安排闭眼和睁眼</td><td>一、组织
全班在教师的安排下以 6～7 人为一组进行练习
二、教法与步骤
1. 项目的内容、方法要讲解清楚
2. 提出项目的注意事项
3. 进行练习时，教师不可以加以指导
4. 进行评价
5. 教师记录名次</td><td>一、练习队形
×××××
×××××
二、学练法与步骤
1. 认真听教师所讲的内容与方法
2. 对教师提出的注意事项要尽量领会
3. 自己独立完成
4. 在教师评价时认真听讲，认真思考
三、要求
1. 全班同学要认真、积极地参与
2. 要对整个过程和结果都要进行认真的思考</td><td>35 分钟</td></tr>
<tr><td>结束部分
10 分钟</td><td>一、整队
二、放松操
三、课后小结
四、布置收回器材
五、师生告别</td><td>一、组织
全班集体进行练习
二、教法与步骤
1. 讲解和示范放松操
2. 指挥学生练习
3. 小结和布置收回器材</td><td>一、练习队形
与集合队形相同
二、学练法和步骤
认真观察示范和听口令做放松操</td><td>10 分钟</td></tr>
</table>

表 3-21 第五次教案

<table>
<tr><td>教学内容</td><td colspan="4">一、复习定向找点方法和程序
二、标定地图与折图技术
三、拓展项目</td></tr>
<tr><td>教学目标</td><td colspan="4">一、通过复习使学生基本掌握定向找点方法和程序
二、通过讲解使学生了解和基本掌握标定地图与折图技术
三、通过项目,培养学生的交流和沟通能力</td></tr>
<tr><td rowspan="2">课的部分</td><td rowspan="2">课的内容</td><td colspan="2">组织教法</td><td rowspan="2">时间安排</td></tr>
<tr><td>教师活动</td><td>学生活动</td></tr>
<tr><td>准备部分
10 分钟</td><td>一、选项组班
二、师生问好
三、提出本次课的教学目标、教学内容及要求</td><td>组织:
要求声音洪亮、精神饱满</td><td>教师按两列横队整队
要求:快、静、齐</td><td>10 分钟</td></tr>
<tr><td rowspan="2">基本部分
80 分钟</td><td>一、复习定向找点方法和程序
二、标定地图与折图技术
标定地图:
1. 利用周边参照物
2. 精确标定
折图技术要求:
1. 折成矩形
2. 两条边与南北线重合
3. 范围折大一些</td><td>一、组织
全班成两路横队集体进行听讲
二、教法与步骤
1. 复习定向找点方法和程序
2. 讲解标定地图与折图技术
3. 解答学生提出的疑问</td><td>一、讲解队形
××××××××××××××
△
二、学练法与步骤
1. 认真听讲,理解和明确本学期的学习任务
2. 认真听讲,初步了解定向运动
3. 提出疑问</td><td>30 分钟</td></tr>
<tr><td>三、拓展训练
项目(翻树叶):假如我们是一群雨后受困的蚂蚁军团,我们有幸发现了一个大树叶,当我们站上树叶后发现树叶正面有毒,只有在30分钟内将树叶翻个面,我们才能安全,否则每一个人都有生命危险</td><td>一、组织
全班在教师的安排下以10~15 人为一组进行练习。
二、教法与步骤
1. 项目的内容、方法要讲解清楚
2. 提出项目的注意事项
3. 进行练习时,教师不可以加以指导,随时监督犯规情况
4. 进行评价
5. 回顾总结
6. 教师记录名次</td><td>一、练习队形
×××××
×××××
二、学练法与步骤
1. 认真听教师所讲的内容与方法
2. 对教师提出的注意事项要尽量领会
3. 自己独立完成
4. 在教师评价时认真听讲,认真思考
5. 在回顾总结中,大家要积极发言,说出真实的感受</td><td>50 分钟</td></tr>
<tr><td>结束部分
10 分钟</td><td>一、整队
二、放松操
三、课后小结
四、布置收回器材
五、师生告别</td><td>一、组织
全班集体进行练习
二、教法与步骤
1. 讲解和示范放松操
2. 指挥学生练习
3. 小结和布置收回器材</td><td>一、练习队形
与集合队形相同
二、学练法和步骤
1. 认真观察示范和听口令做放松操
2. 认真听小结
3. 收回器材</td><td>10 分钟</td></tr>
</table>

表 3-22　第七次教案

<table>
<tr><td>教学内容</td><td colspan="4">一、拓展项目
二、路线选择、参照物选择、拇指导航技术
三、实地集体找点</td></tr>
<tr><td>教学目标</td><td colspan="4">一、通过拓展项目，恢复学生的体力和提高学生的适应能力
二、通过路线选择等技术的讲解，使学生初步掌握路线选择的三个基本原则
三、通过实地路线选择的练习，基本掌握路线选择的实际判断和操作</td></tr>
<tr><td rowspan="2">课的部分</td><td rowspan="2">课的内容</td><td colspan="2">组织教法</td><td rowspan="2">时间安排</td></tr>
<tr><td>教师活动</td><td>学生活动</td></tr>
<tr><td>准备部分
5 分钟</td><td>一、体育委员整队，报告人数，点名入册
二、师生问好
三、提出本次课的教学目标、教学内容及要求</td><td>要求：声音洪亮、精神饱满</td><td>体育委员按两列横队整队
要求：快、静、齐</td><td>5 分钟</td></tr>
<tr><td rowspan="3">基本部分
85 分钟</td><td>一、拓展项目(网鱼)
方法：以男女分组，选定一块区域，首先一个人去捉，捉到一个后，两人去捉，依此类推，直至全部捉完</td><td>一、组织
以男女分组
二、教法与步骤
1. 讲解游戏方法
2. 监督学生练习</td><td>一、讲解队形
×××××××
×××××××
二、学练法和步骤
认真听讲，积极练习</td><td>20 分钟</td></tr>
<tr><td>二、路线选择、参照物选择、拇指导航技术</td><td>一、组织
全班集体进行听讲
二、教法与步骤
1. 依次讲解定义
2. 举例说明</td><td>讲解队形：
×××××××
×××××××
△</td><td>20 分钟</td></tr>
<tr><td>三、实地集体找点
方法：放置 8 ~ 10 个点标，大家一起走着找点</td><td>一、组织
全班集体进行练习，以二个人为一组，每一组拿一张 B 校区地图
二、教法与步骤
1. 教师认真讲解要求与注意事项
2. 按时出发</td><td>一、练习队形
两列纵队，在教师的带领下，在校园内做活动
二、学练法和步骤
认真听讲，理解练习方法和要求</td><td>45 分钟</td></tr>
<tr><td>结束部分
10 分钟</td><td>一、整队
二、放松操
三、布置收回器材
四、师生告别</td><td>一、组织
全班集体进行练习
二、教法与步骤
1. 讲解和示范放松操
2. 指挥学生练习
3. 小结和布置收回器材</td><td>一、练习队形
与集合队形相同
二、学练法和步骤
1. 认真观察示范和听口令做放松操
2. 认真听小结</td><td>10 分钟</td></tr>
</table>

表 3-23 第八次教案

课的部分	课的内容	组织教法		时间安排
		教师活动	学生活动	
教学内容	一、找点的十大步骤 二、2～3 人分组找点			
教学目标	一、通过讲解,使学生基本了解和初步掌握找点的步骤,明确各要点 二、通过分组找点,让学生们对找点有一定的感性认识与培养学生互助协作的精神			
准备部分 5 分钟	一、集合、整队 二、师生问好 三、提出本次课的教学目标、教学内容及要求 四、清点人数、检查服装、安排见习生	要求:声音洪亮、精神饱满	体育委员按两列横队整队 要求:快、静、齐 集合队形: ××××××× ××××××× △	5 分钟
基本部分 90 分钟	一、找点的十大步骤 1. 判定方向 2. 标定地图 3. 确立站立点 4. 面向目标点 5. 浏览地图 6. 路线选择 7. 确定行进方法 8. 检查点的捕捉 9. 检查点的确定并打卡 10. 快速离开检查点,并重复各个步骤	一、组织 全班同学集体进行 二、教法与步骤: 1. 依次讲解 2. 举例说明 3. 提出问题 4. 总结	一、练习队形 ××××××× ××××××× △ 二、学练法与步骤 1. 认真听讲 2. 认真思考,回答问题 3. 认真总结	20 分钟
	二、分组两人定向 练习方法:教师事先在校园里设置 6～8 个点标,全班同学两人一组分别进行练习,练习时每一组间隔 120 s	一、组织 全班同学分成两人一组同时出发,进行练习 二、教法与步骤 1. 带领学生做准备活动 2. 讲解练习的方法和要求 3. 分组 4. 发图和指北针 5. 场外巡视 6. 分析和评价 三、要求 1. 分组要恰当 2. 组织要有序	一、练习队形 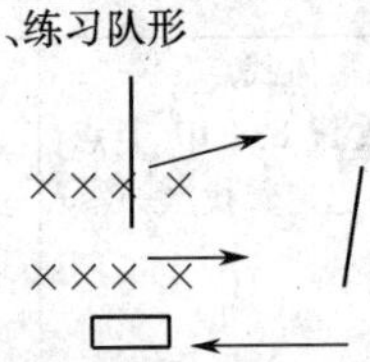 二、学练法与步骤 1. 认真、积极地做准备活动 2. 认真听讲,理解练习的方法和要求 3. 配合教师进行分组 4. 取图和指北针 5. 在教师的指挥下进行练习 6. 交地图和检查卡片 7. 总结和学会评价	70 分钟
结束部分 5 分钟	一、整队 二、课后小结 三、布置收回器材 四、师生告别	一、组织 全班集体进行练习 二、教法与步骤 1. 小结 2. 布置收回器材	一、练习队形 与集合队形相同 二、学练法与步骤 1. 认真听小结 2. 收回器材	5 分钟

表 3-24　第九次教案

<table>
<tr><td>教学内容</td><td colspan="4">一、拓展项目
二、立定跳远考试</td></tr>
<tr><td>教学目标</td><td colspan="4">一、通过拓展项目，提高学生的熟悉度和自信心
二、通过考试，测试学生的弹跳素质，让学生了解自己的不足之处。</td></tr>
<tr><td rowspan="2">课的部分</td><td rowspan="2">课的内容</td><td colspan="2">组织教法</td><td rowspan="2">时间安排</td></tr>
<tr><td>教师活动</td><td>学生活动</td></tr>
<tr><td>准备部分
5 分钟</td><td>一、集合、整队
二、师生问好
三、提出本次课的教学目标、教学内容及要求</td><td>要求：声音洪亮、精神饱满</td><td>体育委员按两列横队整队
要求：快、静、齐
一、集合队形
×××××××
×××××××
△</td><td>5 分钟</td></tr>
<tr><td rowspan="2">基本部分
90 分钟</td><td>一、拓展项目（松鼠和大树）
方法：每三人成一棵大树和一只松鼠，多余的 1 ~ 2 人为自由人员，当教师报大树的时候，成大树的人必须换位置，当教师报松鼠的时候，成松鼠的人必须换位置，当教师报地震的时候，所有的人必须换位置，在这其中，多余的人要去抢占位置，最后多出来的人要表演节目</td><td>一、组织
全班在教师的安排下以 3 人为一组进行练习
二、教法与步骤
1. 项目的内容、方法要讲解清楚。
2. 提出项目的注意事项
3. 进行练习时，教师可以加以指导
4. 进行评价
5. 回顾总结</td><td>一、练习队形
成圆形队列
二、学练法与步骤：
1. 认真听教师所讲的内容与方法
2. 对教师提出的注意事项要尽量领会
3. 在教师评价时认真听讲，认真思考
4. 在回顾总结中，大家要积极发言，说出自己的真实感受</td><td>50 分钟</td></tr>
<tr><td>二、立定跳远考试
考试方法：按点名册顺序进行测试，每人跳 1 ~ 3 次，记录最好的成绩，不能超线，不能有小跳</td><td>一、组织
全班同分别进行考试
二、教法与步骤
1. 讲解考试的方法和要求
2. 组织学生进行考试
3. 督促和检查学生考试</td><td>一、学练法和步骤
1. 认真听讲，理解考试的方法和要求
2. 在教师的指挥下进行考试
二、要求
合理分配体力完成考试</td><td>40 分钟</td></tr>
<tr><td>结束部分
5 分钟</td><td>一、整队
二、课后小结
三、布置收回器材
四、师生告别</td><td>一、组织
全班集体进行练习
二、教法与步骤
1. 小结
2. 布置收回器材</td><td>一、练习队形
与集合队形相同
二、学练法和步骤
1. 认真听小结
2. 收回器材</td><td>5 分钟</td></tr>
</table>

表 3-25 第十次教案

教学内容	一、讲解体质测试内容及要点 二、800 米/1 000 米测试			
教学目标	一、通过讲解,使学生基本了解体质测试内容及要点 二、通过测试,培养学生积极乐观的态度和顽强的意志品质			
课的部分	课的内容	组织教法		时间安排
		教师活动	学生活动	
准备部分 20 分钟	一、集合、整队 二、师生问好 三、提出本次课的教学目标、教学内容及要求 四、清点人数、检查服装、安排见习生 五、慢跑 800 米 六、徒手操(各 4×8 拍) 1. 手腕、脚踝运动 2. 膝关节运动 3. 弓步压腿 4. 侧压腿 5. 腰部运动 6. 体转运动 7. 扩胸运动 8. 肩部运动 9. 头部运动 10. 加速跑 30 米	要求:声音洪亮、精神饱满 一、组织 全班同学集体进行练习 二、教法与步骤 1. 边讲解、边示范 2. 用口令指挥学生练习 3. 学生练习时巡回辅导,并纠正错误动作	体育委员按两列横队整队 要求:快、静、齐 集合队形 ××××××× ××××××× △ 一、练习队形 ××××× ××××× △ 二、学练法和步骤 1. 认真听讲,注意观察示范动作 2. 听口令进行练习 3. 及时纠正错误动作	20 分钟
基本部分 70 分钟	一、体质测试 1. 握力 2. 坐位体前屈 3. 台阶试验 4. 肺活量 5. 立定跳远 方法:用仪器进行测试	一、组织 两列横队 二、教法与步骤 1. 讲清每一个测试的方法与要点 2. 举例说明 3. 现场试练	一、测试队形 按顺序一个个测试,其余的学生在周围休息 二、学练法与步骤 1. 认真地听讲每一个测试的方法与要点 2. 积极地参加试练	35 分钟
	二、800/1 000 米(女/男) 考试方法:男同学一组,女同学一组,男同学先开始,女同学等男同学结束后再开始。到达终点后,每个同学必须记住自己的名次,待女同学全部结束后登记成绩	一、组织 全班同学分成男、女两组分别进行考试 二、教法与步骤 讲解考试的方法和要求	一、学练法和步骤 1. 认真听讲,理解考试的方法和要求 2. 在教师的指挥下进行考试 二、要求 合理分配体力,在跑道上完成考试	35 分钟
结束部分 10 分钟	一、整队 二、放松操 三、课后小结 四、布置收回器材 五、师生告别	一、组织 全班集体进行练习 二、教法与步骤 1. 讲解和示范放松操 2. 指挥学生练习 3. 小结和布置收回器材	一、练习队形 与集合队形相同 二、学练法和步骤 1. 认真观察示范和听口令做放松操 2. 认真听小结 3. 收回器材	10 分钟

表 3-26　第十一次教案

教学内容	一、单人校园定向 二、个人路线回访			
教学目标	一、通过单人校园定向，培养学生独立找点的能力 二、通过回访，使学生学会总结自己的找点过程			
课的部分	课的内容	组织教法		时间安排
		教师活动	学生活动	
准备部分 20 分钟	一、集合、整队 二、师生问好 三、提出本次课的教学目标、教学内容及要求 四、清点人数、检查服装、安排见习生 五、慢跑 800 m 六、徒手操(各 4×8 拍) 1. 手腕、脚踝运动 2. 膝关节运动 3. 弓步压腿 4. 侧压腿 5. 腰部运动 6. 体转运动 7. 扩胸运动 8. 肩部运动 9. 头部运动 10. 加速跑 30 m	要求：声音洪亮、精神饱满 一、组织 全班同学集体进行练习 二、教法与步骤 1. 边讲解、边示范 2. 用口令指挥学生练习 3. 学生练习时巡回辅导，并纠正错误动作	体育委员按两列横队整队 要求：快、静、齐 集合队形 ××××××× ××××××× △ 一、练习队形 ××××× ××××× △ 二、学练法和步骤 1. 认真听讲，注意观察示范动作 2. 听口令进行练习 3. 及时纠正错误动作	20 分钟
基本部分 70 分钟	一、单人校园定向 练习方法：教师事先在校园里设置好 9 个点标，并设计好练习路线图把 9 个点标在地图上进行标绘。路线图有两条男子图和女子图。在练习前做好地图与点标设置位置的保密工作。练习时，把全班同学分成男、女各一组，分别采用不同的地图	一、组织 全班同学按教师排定的顺序依次进行练习 二、教法与步骤 1. 讲解练习的方法和要求 2. 指定排序 3. 组织学生进行练习	一、练习队形 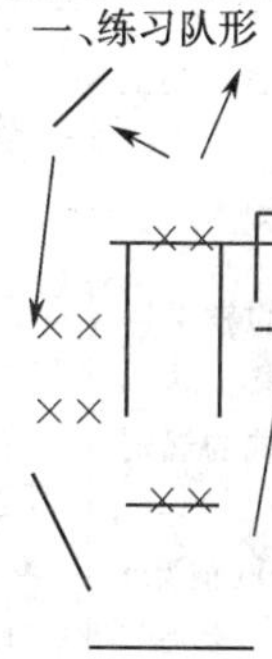 二、学练法和步骤 1. 认真听讲，理解练习的方法、要求和纪律等 2. 指定出发顺序	50 分钟

续表

课的部分	课的内容	组织教法		时间安排
		教师活动	学生活动	
基本部分 70 分钟	二、路线回访 练习方法：单人定向全部结束后，根据学生检查卡片上的情况和学生的反应，综合地进行分析，对学生出现错误较多或在找点过程中存在疑惑的点或路线，教师带领学生到实地进行分析和讲解	一、组织 全班同学在教师的带领下集体进行练习 二、教法与步骤 1. 对检查卡片进行观察 2. 听取学生的反应情况	学练法和步骤 1. 自我总结和分析 2. 提出找点过程中存在的问题 3. 在教师的带领下到实地练习	20 分钟
结束部分 10 分钟	一、整队 二、放松操 三、课后小结 四、布置收回器材 五、师生告别	一、组织 全班集体进行练习 二、教法与步骤 讲解和示范放松操	练习队形与集合队形相同	10 分钟

表 3-27　第十二次教案

教学内容	一、讲解期末考试的规则和注意事项 二、记录考试的出发时间和组别			
教学目标	一、通过理论课的讲解，使学生基本了解考试的规则和注意事项 二、牢记自己的出发时间和组别			
课的部分	课的内容	组织教法		时间安排
		教师活动	学生活动	
准备部分 5 分钟	一、集合 二、师生问好 三、清点人数 四、提出本次课的教学目标、教学内容及要求	要求：声音洪亮、精神饱满	按时到达指定的教室	5 分钟
基本部分 90 分钟	一、讲解期末考试的规则和注意事项 1. 取消考试资格的情况 2. 违例的情况 3. 考试中要注意的问题 4. 定向设备的使用方法和注意事项 二、记录考试的出发时间和组别	一、组织 全班同学集体进行听讲 二、教法与步骤 1. 依次进行讲解 2. 提出问题 3. 与学生进行讨论	学练法和步骤 1. 认真听讲，能理解教师讲解的内容 2. 积极思考，回答教师提出的问题 3. 提出疑问 4. 与教师进行讨论	90 分钟
结束部分 5 分钟	一、课后小结 二、师生告别	一、组织 全班集体进行听讲 二、教法与步骤 1. 小结 2. 布置课外作业	学练法和步骤 1. 认真听小结 2. 整理笔记 3. 师生告别	5 分钟

二、第二学期教案

第二学期教案如表 3-28 至表 3-34 所示。

表 3-28　第二次教案

教学内容	一、指北针的使用 二、拓展项目			
教学目标	一、通过学习学会指北针的使用和指北针行进法，掌握实地运用指北针的方法 二、通过拓展项目，培养学生良好的反应能力和团队培养能力			
课的部分	课的内容	组织教法		时间安排
		教师活动	学生活动	
准备部分 5 分钟	一、集合、整队 二、师生问好 三、提出本次课的教学目标、教学内容及要求 四、清点人数、检查服装、安排见习生	组织 要求：声音洪亮、精神饱满	教师按两列横队整队 要求：快、静、齐 集合队形 ××××××× ××××××× △	5 分钟
基本部分 85 分钟	一、指北针的使用 （一）结构 1. 直尺：毫米 2. 透明基板 3. 指针（红色指北） 4. 充液磁针盒 5. 前进方向箭头 （二）使用原则 1. 必须水平放置 2. 红色指针永远指北 （三）方向判定 “红对红”即“北对北”	一、组织 全班同学集体进行听讲，每人一个指北针 二、教法与步骤 1. 发放指北针 2. 依次进行讲解 3. 举例说明 4. 提出问题 5. 回答疑问 6. 当场测试	一、讲解队形 ××××××× ××××××× △ 二、学练法和步骤 1. 认真听讲，积极理解 2. 思考教师提出的问题 3. 回答教师提出的问题 4. 提出疑问 5. 积极测试	20 分钟
	二、指北针行进法 练习方法： 1. 在给地图定向好的基础上，把指北针上的蓝色箭头从所在位置指向要行进的位置 2. 转动身体，使指北针的红色指针与地图上的指北方向线保持水平 3. 这时指北针上的蓝色箭头所指的方向就是要行进的方向	一、组织 全班同学集体进行练习 二、教法与步骤 1. 边讲解边示范 2. 举例说明 3. 组织学生进行练习 4. 指导学生进行练习 5. 巡回辅导，纠正错误 6. 学生示范，讲评	一、组织 全班同学集体进行练习 二、教法与步骤 1. 边讲解边示范 2. 举例说明 3. 组织学生进行练习 4. 指导学生进行练习 5. 巡回辅导，纠正错误 6. 学生示范，讲评	25 分钟
	三、数字排列 给每个班的同学一个数字，每个数字只有本人才知道，要求全班同学在不能说话的情况下按数字的大小排列，还可以要求都闭上眼睛排列来提高难度	一、组织 以班级为单位进行练习 二、教法与步骤 1. 讲解练习的方法和要求 2. 组织学生进行练习	一、练习队形 以班级为单位一起进行 二、学练法和步骤 认真听讲，理解练习方法和要求	40 分钟

续表

课的部分	课的内容	组织教法		时间安排
		教师活动	学生活动	
结束部分 10 分钟	一、整队 二、放松操 三、课后小结 四、布置收回器材 五、师生告别	一、组织 全班集体进行练习 二、教法与步骤 1. 讲解和示范放松操 2. 指挥学生练习 3. 小结和布置收回器材	一、练习队形 与集合队形相同 二、学练法和步骤 1. 认真观察示范和听口令做放松操 2. 认真听小结	10 分钟

表 3-29　第三次教案

教学内容	一、定向找点运动中的动作 二、校园单人定向			
教学目标	一、使学生了解并初步掌握定向找点中的操作和要点 二、培养学生在双重压力下果断决定的能力			
课的部分	课的内容	组织教法		时间安排
		教师活动	学生活动	
准备部分 5 分钟	一、集合、整队 二、师生问好 三、提出本次课的教学目标、教学内容及要求	要求：声音洪亮、精神饱满	体育委员按两列横队整队 要求：快、静、齐	5 分钟
基本部分 85 分钟	一、运动中的动作 1. 随时标定地图 2. 随时明确站立点在图上的位置	组织：全班同学集体进行听讲	练习队形 ××××××× ××××××× △	10 分钟
	二、单人校园定向 练习方法：教师事先在校园里设置好 8 个点标，并设计相应地图。路线图有两条男子图和女子图。在练习前做好地图与点标设置位置的保密工作。通过教师排定练习的出发顺序，每次两个同时出发，每组间隔 1～2 分钟出发，根据自己的地图进行独立找点，起点和终点设在一起	一、组织 全班同学按教师排定的顺序依次进行练习 二、教法与步骤 1. 讲解练习的方法和要求 2. 指定排序 3. 组织学生进行准备活动和练习 4. 发图 5. 出发 6. 计时	一、练习队形 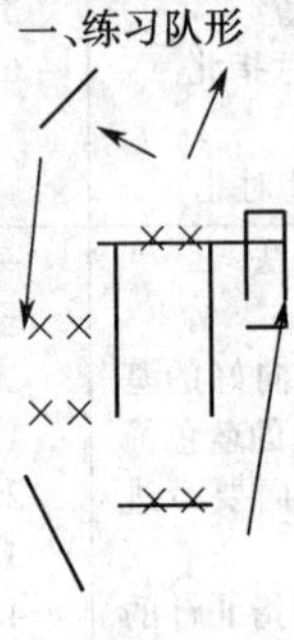 二、学练法和步骤 1. 认真听讲，理解练习的方法、要求和纪律等 2. 指定出发顺序 3. 在教师的指挥下进行准备活动和练习	75 分钟

表 3-30　第四次教案

<table>
<tr><td>教学内容</td><td colspan="4">拓展项目(电网)</td></tr>
<tr><td>教学目标</td><td colspan="4">通过拓展项目的练习,培养学生的团队协作能力和提高心理承受能力</td></tr>
<tr><td rowspan="2">课的部分</td><td rowspan="2">课的内容</td><td colspan="2">组织教法</td><td rowspan="2">时间安排</td></tr>
<tr><td>教师活动</td><td>学生活动</td></tr>
<tr><td>准备部分
5 分钟</td><td>一、集合、整队
二、师生问好
三、提出本次课的教学目标、教学内容及要求</td><td>要求:声音洪亮、精神饱满</td><td>体育委员按两列横队整队
要求:快、静、齐</td><td>5 分钟</td></tr>
<tr><td>基本部分
85 分钟</td><td>拓展训练
项目一(电网):我们是一支盟军小分队,在行军途中,突然遇到敌人设置的电网,军情紧急我们必须要在 20 分钟内安全通过
注意事项:要注意抬人的安全方法;每一网洞只能用一次,如人多,可有 2 ~ 3 个网洞重复一次;教师事先准备好笔和画有电网形状的纸,学生穿一个洞,要做记录
项目二(默契排列):两个小组每个学生抽取一张扑克牌,在不能说话的情况下,按花色和大小各组进行排列</td><td>一、组织
全班在教师的安排下以 10 ~ 15 人为一组,分别进行练习
二、教法与步骤
1. 项目的内容、方法要讲解清楚
2. 提出项目的注意事项
3. 先给每个小组 10 分钟的讨论与练习时间
4. 教师要随时注意安全问题</td><td>一、练习队形
× × × × ×
× × × × ×
二、学练法与步骤
1. 认真听讲教师的内容与方法
2. 对教师提出的注意事项要认真贯彻实行
3. 积极参与,共同完成
4. 在教师评价时认真听讲,认真思考
5. 在回顾总结中,大家要积极发言,说出真实的感受</td><td>80 分钟</td></tr>
</table>

表 3-31　第五次教案

<table>
<tr><td>教学内容</td><td colspan="4">拓展项目(鼓动人心)</td></tr>
<tr><td>教学目标</td><td colspan="4">通过拓展项目的练习,培养学生的团队协作能力和心理承受能力</td></tr>
<tr><td rowspan="2">课的部分</td><td rowspan="2">课的内容</td><td colspan="2">组织教法</td><td rowspan="2">时间安排</td></tr>
<tr><td>教师活动</td><td>学生活动</td></tr>
<tr><td>准备部分
5 分钟</td><td>一、集合、整队
二、师生问好
三、提出本次课的教学目标、教学内容及要求</td><td>要求:声音洪亮、精神饱满</td><td>体育委员按两列横队整队
要求:快、静、齐</td><td>5 分钟</td></tr>
</table>

表 3-30　第四次教案　　续表

课的部分	课的内容	组织教法		时间安排
		教师活动	学生活动	
基本部分 85 分钟	拓展训练 项目一（鼓动人心）：每人拿一根绳头，只能绕手掌一圈，按击打排球的个数决定胜负 注意事项：练习区域要尽可能大且空旷，如到危险区域，教师要及时提醒 项目二（跳绳练习）：6 m 的长绳，按 8 字形一个一个跳，按个数多少决定胜负	一、组织 全班在教师的安排下 13～15 人为一组，两组分别进行练习 二、教法与步骤 1. 项目的内容、方法要讲解清楚 2. 提出项目的注意事项 3. 进行练习时，教师可以加以指导 4. 先给第一组练习 10 分钟，第二组在场外进行讨论、准备活动、跳绳练习，10 分钟后交换	一、练习队形 ××××× ××××× 二、学练法与步骤 1. 认真听讲教师的内容与方法 2. 对教师提出的注意事项要尽量领会 3. 积极参与，共同完成 4. 在教师评价时认真听讲，认真思考 5. 在回顾总结中，大家要积极发言，说出真实的感受	85 分钟

表 3-32　第六次教案

教学内容	拓展项目（盲人方阵）			
教学目标	通过拓展项目的练习，培养学生的团队协作能力和提高心理承受能力			
课的部分	课的内容	组织教法		时间安排
		教师活动	学生活动	
准备部分 5 分钟	一、集合、整队 二、师生问好 三、提出本次课的教学目标、教学内容及要求 四、清点人数、检查服装、安排见习生	要求：声音洪亮、精神饱满	体育委员按两列横队整队 要求：快、静、齐 集合队形 ××××××× ××××××× △	5 分钟
基本部分 85 分钟	一、拓展训练 项目一（盲人方阵）： 注意事项：教师要时刻注意学生的安全 项目二（跳绳练习）：6 m 的长绳，分两组分别一起在绳内跳，按个数多少决定胜负	一、组织 全班在教师的安排下按顺序进行练习 二、教法与步骤 1. 项目的内容、方法要讲解清楚 2. 提出项目的注意事项 3. 进行练习时，教师可以加以指导 4. 先给第一组练习 10 分钟，第二组在场外进行讨论、准备活动、跳绳练习，10 分钟后交换	一、练习队形 ××××× ××××× 二、学练法与步骤 1. 认真听讲教师的内容与方法 2. 对教师提出的注意事项要尽量领会 3. 积极参与，共同完成 4. 在教师评价时认真听讲，认真思考 5. 在回顾总结中，大家要积极发言，说出真实的感受	85 分钟

表 3-33 第七次教案

教学内容	一、定向运动中的注意事项 二、校园单人定向			
教学目标	一、使学生了解与初步掌握定向运动中的几个注意事项，以便在今后的练习中逐步掌握起来 二、通过单人校园定向，培养学生独立找点的能力与积极地参与精神和独立操作的良好心态			
课的部分	课的内容	组织教法		时间安排
		教师活动	学生活动	
准备部分 5 分钟	一、体育委员整队，报告人数，点名入册 二、师生问好 三、提出本次课的教学目标、教学内容及要求	要求：声音洪亮、精神饱满	按教师要求时间到达上课地点，体育委员按两列横队整队 要求：快	5 分钟
基本部分 95 分钟	一、注意事项 1. 尽量按选择的最佳路线行进 2. 有路不越野 3. 宁慢少停 4. 走错了怎么办	一、组织 全班集体听讲 二、教法与步骤 1. 分步讲解 2. 结合实例讲解 3. 提出问题	一、练习队形 两列横队 二、学练法与步骤 1. 认真地听讲解 2. 积极地思考老师提出的问题 3. 认真地听老师的分析	10 分钟
	二、单人校园定向 练习方法：教师事先在校园里设置好 10 个点标，并设计好练习路线图把 10 个点标在地图上进行标绘。路线图有两条男子图和女子图	一、组织 全班同学按教师排定的顺序依次进行练习 二、教法与步骤 1. 讲解练习的方法和要求 2. 指定排序 3. 进行准备活动和练习，发图、出发	一、练习队形 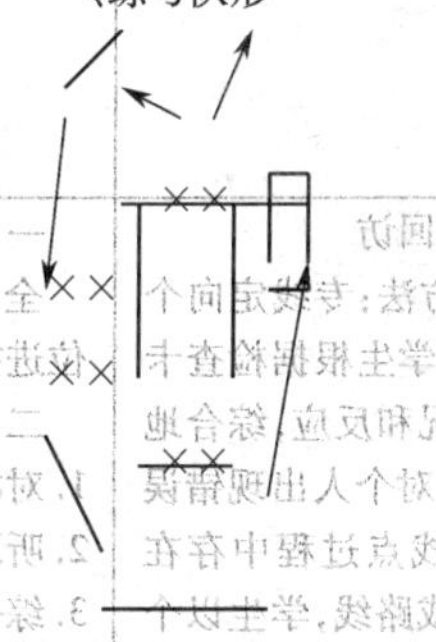	85 分钟

表 3-34 第十一次教案

教学内容	一、校园专线定向 二、个人路线回访			
教学目标	一、通过校园专线定向的练习，使学生了解和初步掌握专线定向的形式与注意事项 二、通过路线回访，加深学生对定向运动技能的认识、掌握和运用 三、通过练习，培养学生认真仔细的学习态度			
课的部分	课的内容	组织教法		时间安排
		教师活动	学生活动	
准备部分 5 分钟	一、集合、整队 二、清点人数、检查服装、 三、提出本次课的教学目标、教学内容及要求	要求：声音洪亮、精神饱满	教师按两列横队整队 要求：快、静、齐	5 分钟

续表

课的部分	课的内容	组织教法		时间安排
		教师活动	学生活动	
基本部分 90分钟	一、校园专线定向 概念:专线定向是定向越野比赛的项目之一。专线定向以点标标绘的正确性和找点的时间来进行评定	一、组织 将学生分成四组,男同学两组,女同学两组,依次分别进行练习 二、教法与步骤 1. 慢跑400 m 2. 徒手操 3. 讲解专线定向的概念与比赛程序 4. 讲解练习方法和要求、分组和排序 5. 组织学生练习	一、练习队形 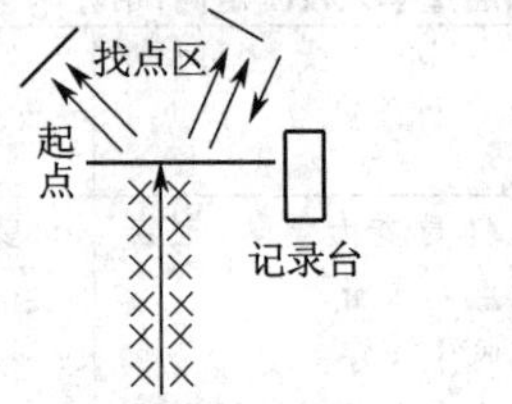 二、学练法和步骤 1. 在教师的指挥下做准备活动 2. 理解专线定向的概念与练习程序以及练习方法和要求。按规则和要求进行找点 3. 到达终点后交检查卡片和地图 4. 统计成绩与结果分析 三、要求 必须要在地图规定路线上运动和找点,在地图上标绘点标必须标在地图与实地相一致的位置,允许不按顺序找点	70 分钟
	二、路线回访 练习的方法:专线定向个人结束后,学生根据检查卡片上的情况和反应,综合地进行分析,对个人出现错误较多或在找点过程中存在疑惑的点或路线,学生以个人或前后五人为一组到实地进行分析和总结	一、组织 全班同学以个人或组为单位进行练习 二、教法与步骤 1. 对检查卡片进行批改 2. 听取学生的反应情况 3. 综合进行分析 4. 实地进行分析和讲解	一、学练法和步骤 1. 自我总结和分析 2. 提出找点过程中存在的问题 3. 以个人或组为单位进行实地练习 4. 有问题要及时请教老师	20 分钟
结束部分 5分钟	一、整队 二、放松操 三、课后小结 四、布置收回器材 五、师生告别	一、组织 全班集体进行练习 二、教法与步骤 1. 讲解和示范放松操 2. 指挥学生练习 3. 小结和布置收回器材	一、练习队形 与集合队形相同 二、学练法和步骤 1. 认真观察示范和听口令做放松操 2. 认真听小结 3. 收回器材	5 分钟

三、第三学期教案

第三学期教案如表 3-35 至 3-38 所示。

表 3-35　第五次教案

教学内容	拓展（天黑请闭眼）			
教学目标	通过拓展项目的练习，培养学习的团队协作意识、交流与沟通能力			
课的部分	课的内容	组织教法		时间安排
		教师活动	学生活动	
准备部分 5 分钟	一、集合、整队 二、师生问好 三、提出本次课的教学目标、教学内容及要求	要求：声音洪亮、精神饱满	体育委员按两列横队整队 要求：快、静、齐	5 分钟
基本部分 90 分钟	拓展项目 天黑请闭眼：全组进行抽牌，决定项目中的身份（法官、警察、杀手、平民），由法官进行各个步骤的指示，最终杀手全部被杀死以平民和警察为胜，警察全部被杀死或者是平民全部被杀死以杀手为胜	一、组织 全班在教师的安排下以10～15 人为一组进行练习。 二、教法与步骤 1. 项目的内容、方法要讲解清楚 2. 提出项目的注意事项 3. 进行练习时，教师加以指导 4. 进行评价 5. 回顾与总结	一、练习队形 ××××× ××××× 二、学练法与步骤 1. 认真听教师所讲的内容与方法 2. 对教师提出的注意事项要尽量领会 3. 自己独立完成 4. 在教师评价时认真听讲，认真思考	90 分钟

表 3-36　第六次教案

教学内容	拓展（交通堵塞）			
教学目标	通过拓展项目的练习，培养学习的团队协作意识、交流与沟通能力			
课的部分	课的内容	组织教法		时间安排
		教师活动	学生活动	
准备部分 5 分钟	一、集合、整队 二、师生问好 三、提出本次课的教学目标、教学内容及要求 四、清点人数、检查服装、安排见习生	要求：声音洪亮、精神饱满	体育委员按两列横队整队 要求：快、静、齐 集合队形 ××××××× ××××××× △	5 分钟
基本部分 90 分钟	拓展项目 交通堵塞是一个以团队挑战为主的团队智慧型项目，它不仅考验我们的逻辑统筹能力，也考验我们的耐性 注意事项：教师要时刻监督学生不能犯规	一、组织 全班在教师的安排下以 9～10 人为一组进行练习 二、教法与步骤 1. 项目的内容、方法要讲解清楚 2. 提出项目的注意事项 3. 进行练习时，教师加以指导 4. 进行评价 5. 回顾总结	一、练习队形 ××××× ××××× 二、学练法与步骤 1. 认真听教师所讲的内容与方法 2. 对教师提出的注意事项要尽量领会 3. 自己独立完成 4. 在教师评价时认真听讲，认真思考	90 分钟

表 3-37 第七次教案

课的部分	课的内容	组织教法：教师活动	组织教法：学生活动	时间安排
教学内容	拓展（极速 60 秒）			
教学目标	通过拓展项目的练习，培养学习的团队协作意识、交流与沟通能力			
准备部分 5 分钟	一、集合、整队 二、师生问好 三、提出本次课的教学目标、教学内容及要求	要求：声音洪亮、精神饱满	体育委员按两列横队整队 要求：快、静、齐	5 分钟
基本部分 90 分钟	拓展项目 急速 60 秒：在直径为 1 m 的圆圈内放置 30 张卡片，要求圈内只能站一个人，并且只能是圈内的人动圈内的卡片，要求在 60 s 内把卡片按顺序理好交给老师	一、组织 全班在教师的安排下以 5～6 人为一组按顺序进行练习 二、教法与步骤 1. 项目的内容、方法要讲解清楚 2. 提出项目的注意事项进行练习时，教师加以指导 3. 第一轮中，按顺序给每个小组 5 分钟认识、熟悉卡片及程序练习 4. 在第二轮中，按顺序给每个小组 3 分钟的练习时间	一、练习队形 × × × × × × × × × × 二、学练法与步骤 1. 认真听教师所讲的内容与方法 2. 对教师提出的注意事项要尽量领会 3. 自己独立完成 4. 在教师评价时认真听讲，认真思考 三、要求 1. 全班同学要认真、积极地参与 2. 要对整个过程和结果进行认真的思考	90 分钟

表 3-38 第十四次教案

课的部分	课的内容	组织教法：教师活动	组织教法：学生活动	时间安排
教学内容	理论课 一、体育运动健身原理与方法 二、大学生体质健康评价方法			
教学目标	一、通过理论课的讲解，使学生了解并初步掌握体育运动的健身方法 二、通过理论课的讲解，使学生了解并初步掌握体质健康的评价方法			
准备部分 5 分钟	一、集合 二、师生问好 三、清点人数	要求：声音洪亮、精神饱满	按时到达指定的教室	5 分钟

续表

课的部分	课的内容	组织教法		时间安排
		教师活动	学生活动	
基本部分 90 分钟	一、体育运动健身原理与方法 (一)体育健身原则 明确目的、全面锻炼、循序渐进、适宜负荷、持之以恒、注意营养 (二)体育健身方法 1. 力量素质、速度素质、耐力素质、柔韧素质、协调素质、灵敏素质练习 2. 各项素质练习的注意事项 (三)体育健身计划 根据学习需要按健康状况或兴趣爱好制订计划 (四)体育运动健身的自我医务监督 1. 主观感觉(一般感觉、睡眠、食欲、运动心情、排汗) 2. 客观自身检查(脉搏、体重、运动成绩等)	一、组织 全班同学集体进行听讲 二、教法与步骤 1. 依次进行讲解教学内容 2. 举例说明 3. 提出问题 4. 与学生进行讨论 5. 回答学生提出的疑问	一、练习队形 △ ┌─┐ ———————— × × × × × × × × × × × × × × × × × × 二、学练法和步骤 1. 认真听讲，理解教师讲解的内容 2. 认真做笔记，积极思考，踊跃发言 3. 与教师进行积极的讨论 4. 提出疑问	40 分钟
	二、大学生体质健康评价方法 (一)体质健康评定的内容 1. 身体形态(身高、体重) 2. 机能(肺活量、长跑) 3. 素质(1 分钟仰卧起坐/坐位体前屈) (二)测试方法 (三)评价指标			50 分钟
结束部分 5 分钟	一、整理课堂教学内容 二、课后小结 三、布置课外作业，根据自己的实际情况制订一份体育运动健身的计划书 四、师生告别	一、组织 全班集体进行听讲 二、教法与步骤 1. 小结 2. 布置课外作业	学练法和步骤 1. 认真听小结 2. 记下课外作业 3. 师生告别	5 分钟

四、第四学期教案

第四学期教案如表 3-39 至 3-41 所示。

表 3-39　第十三次教案

教学内容	理论课 一、制作地图的规范 二、实地制作风雨操场一层平面图
教学目标	一、通过理论课的讲解，使学生了解并初步掌握制作地图的方法 二、通过实地制作，使学生了解基本掌握制作地图的方法和技巧

续表

<table>
<tr><th rowspan="2">课的部分</th><th rowspan="2">课的内容</th><th colspan="2">组织教法</th><th rowspan="2">时间安排</th></tr>
<tr><th>教师活动</th><th>学生活动</th></tr>
<tr><td>准备部分
5 分钟</td><td>一、集合
二、师生问好
三、点名
四、提出本次课的教学目标、教学内容及要求</td><td>要求:声音洪亮、精神饱满</td><td>按时到达上课教室</td><td>5 分钟</td></tr>
<tr><td>基本部分
85 分钟</td><td>一、制作地图
1. 确定地图的边界线,确定比例尺
2. 测量较大的物体
3. 测量较小的物体
4. 做图例、说明表
5. 标明正北
二、实地制作风雨操场一层平面图</td><td>一、组织
全班集体进行听讲、讨论和个人制作地图
二、教法与步骤
1. 分类依次进行讲解
2. 综合讲解、举例说明
3. 提出问题、相互讨论、解答疑问
4. 进行实地制作</td><td>学练法和步骤
1. 认真听教师讲解并做好笔记
2. 认真思考教师提出的问题
3. 与教师、同学之间积极讨论
4. 提出疑问</td><td>85 分钟</td></tr>
</table>

表 3-40　第十五次教案

<table>
<tr><td>教学内容</td><td colspan="4">一、绳索的打结
二、营地选择和建设
三、野外灶台、篝火、厕所的搭建</td></tr>
<tr><td>教学目标</td><td colspan="4">一、通过对绳索的打结、营地选择和建设的讲解与练习,使学生明确营地选择的必备条件和初步掌握营地建设的技术
二、通过野外灶台、篝火、厕所搭建的技术讲解和练习,使学生基本掌握其要领
三、通过讲解和练习,培养学生团队协作精神、环保与安全意识</td></tr>
<tr><td rowspan="2">课的部分</td><td rowspan="2">课的内容</td><td colspan="2">组织教法</td><td rowspan="2">时间安排</td></tr>
<tr><td>教师活动</td><td>学生活动</td></tr>
<tr><td>准备部分
5 分钟</td><td>一、集合、整队
二、师生问好
三、提出本次课的教学目标、教学内容及要求</td><td>要求:声音洪亮、精神饱满</td><td>体育委员按两列横队整队
要求:快、静、齐</td><td>5 分钟</td></tr>
</table>

续表

课的部分	课的内容	组织教法		时间安排
		教师活动	学生活动	
基本部分 90分钟	一、绳索的打结 "8"字编结、单套环、担结、鱼人结、双套结、攀踏结 二、营地选择和建设 (一)营地选择 近水、背风、避险、防兽、日照、平整、防雷 (二)营地建设 1.建设帐篷露营区 2.建设用火就餐区 3.建设取水用水区 4.建设卫生区 5.建设娱乐区	一、组织 全班同学集体进行练习 二、教法与步骤 1.边讲解,边示范,要特别讲清细节 2.组织学生进行练习,学生相互学习 3.指导学生反复进行练习,并纠正错误,并选出几个学生常犯的错误进行讲解	一、练习队形 ××××××× ××××××× △ 二、学练法和步骤 1.认真听讲,理解讲解的内容 2.积极与教师和同学进行讨论 3.认真、仔细地观察教师的操作 4.积极思考,回答问题 5.提出疑问	70分钟
	三、野炊技能 1.野外灶台的搭建:石灶、土灶、木灶、吊灶 2.篝火的搭建:框架式篝火、窝棚式篝火、放射性篝火 3.厕所的搭建	一、组织 全班同学集体听讲 二、教法与步骤 1.边讲解,边示范 2.举例 3.认真解答学生的提问	一、练习队形 ×××××××× △ ×××××××× 二、学练法和步骤 1.认真听讲,注意观察示范,理解练习的方法和要求 2.有问题及时提出	20分钟
结束部分 5分钟	一、整队 二、课后小结 三、师生再见	一、组织 全班集体进行练习 二、教法与步骤 小结	一、练习队形 与集合队形相同 二、学练法和步骤 认真听小结	5分钟

表3-41　第十六次教案

教学内容	一、野外涉水与渡河技术 二、定向课程总结与探讨			
教学目标	一、通过涉水、渡河的练习,使学生初步掌握野外行走和涉水、渡河的方法与技术要领 二、通过定向课程总结与探讨,使学生对定向有一个更深层次的理解			
课的部分	课的内容	组织教法		时间安排
		教师活动	学生活动	
准备部分 5分钟	一、集合、整队 二、师生问好 三、提出本次课的教学目标、教学内容及要求 四、清点人数、检查服装、安排见习生	要求:声音洪亮、精神饱满	体育委员按两列横队整队 要求:快、静、齐 集合队形 ××××××× ××××××× △	5分钟

续表

课的部分	课的内容	组织教法		时间安排
		教师活动	学生活动	
基本部分 85分钟	一、涉水、渡河 要点:在野外负重行走的过程中要经过河流,在河流边进行涉水,走到河流较浅和较窄的河段进行渡河。在涉水和渡河时,要保持重心的稳定,当心脚底打滑摔跤,保护背包不要浸水,在渡河时如遇水流较缓可2~3人拉手渡河,如遇水流较急,必须拉绳过河,同时系上安全带,套上铁锁与主绳相连接,避免被冲走。女同学将背包卸下由能力强的男同学背过河	一、组织 全班一起听讲 二、教法与步骤 1. 讲解涉水、渡河的练习方法和要求 2. 边讲解,边示范技术动作和要领	一、练习队形  二、学练法和步骤 认真听讲,注意观察示范,理解练习的方法和动作要领	50分钟
	二、定向课程总结与探讨总结 学生讲述在两年定向课中的心得、对定向课的建议以及解决的办法	一、组织 全班集体进行听讲、讨论 二、教法与步骤 1. 学生讲述自己的总结 2. 讨论 3. 教师进行总体讲评 4. 回答疑问 三、要求 1. 要有重点的讲解 2. 要把各部分结合起来讲解	一、学练法和步骤 1. 认真地讲述自己的总结 2. 认真听其他同学的总结 3. 与教师、同学之间积极展开讨论 4. 提出疑问 二、要求 课堂气氛活跃,对教师讲解中有不理解及时提出,讨论时积极踊跃	35分钟

第五节 定向运动课程案例

在前面的章节中介绍了在定向运动比赛中有接力定向、积分定向、专线定向等比赛项目,这几年又增加了团队赛项目,通过这些比赛项目的练习可以从各个方面来锻炼学生的定向技术运用能力。

但是从最初几年的教学实践来看,如果在定向运动课程中,我们只按照这些项目的比赛方法与形式来进行课程教学,或多或少存在着问题。因此,我们教师根据实践反馈与多年探索,对这些项目进行了适当的改编,既保留了这些项目的精髓,又能很好地适用于教学。

一、积分定向

积分定向是一个正规的比赛项目,原先的比赛规定参与者在限定的时间内尽可能多地获得在地图上标注的点标(图3-1)。组织者不给出具体的路线,参赛者完全根据自己的判断自行设计最佳的路线组合，以便在规定的时间内取得最高的积分。如果超时，将按比赛规则扣除一定的积分。同时，原有的积分比赛中各组别所有选手拿着相同的地图同时出发，无先后顺序和时间间隔，这也比经典的定向更加具有观赏性和挑战性，而且还有易于组织、参与，比赛用时短等优点。

现在根据实际教学的情况，在以下两个方面做了调整：①把规定的时间改为了规定的积分，也就是说教师事先给学生规定一个积分，以完成规定积分回来的时间越早名次也就越好，这是因为对于学生来说不可能每个人都有电子手表；②把男生或女生一起出发改为了间隔 1 ~2 分钟出发 2 个人，这是因为学生的特点不适合同组别的男生或女生拿着相同的

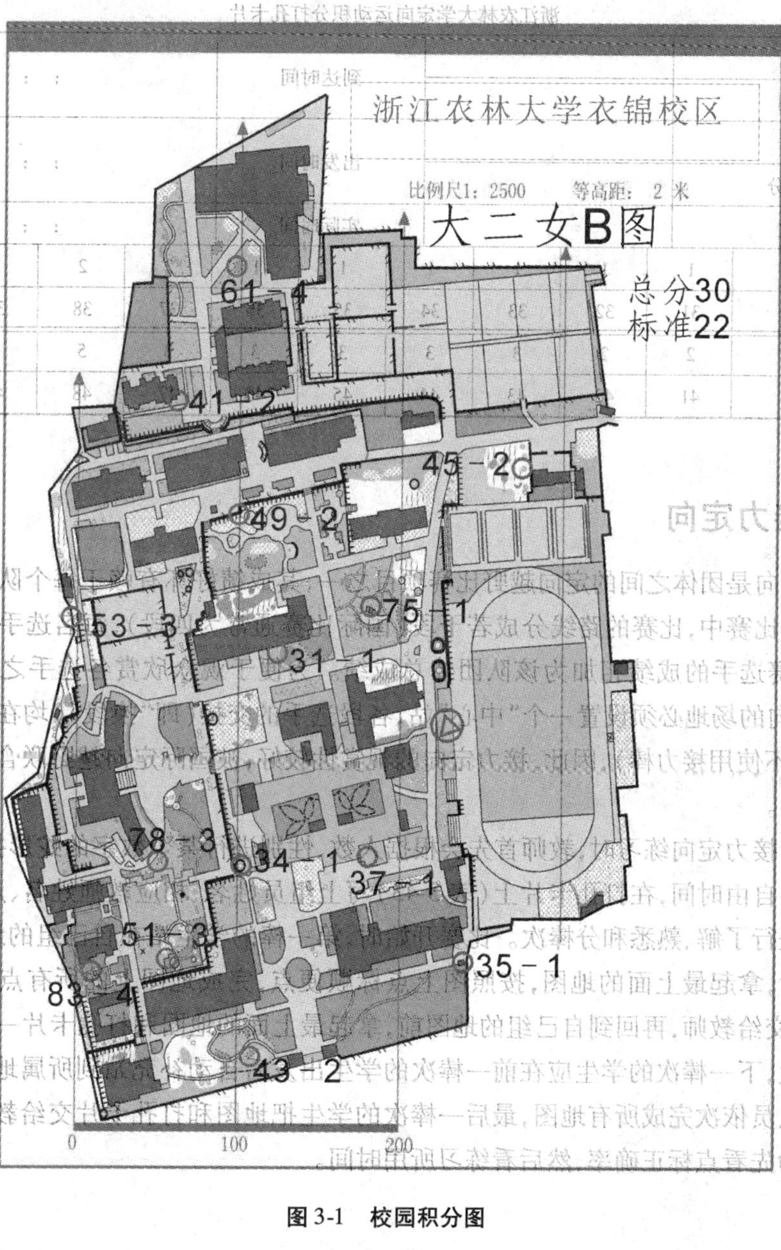

图 3-1 校园积分图

地图同时出发，这样势必有不少学生会始终跑在一起。

最后，积分定向需要更高的智慧、技能和应变能力，特别是对统筹能力和逻辑分析能力有较高的要求。在积分赛的比赛中选手要注意不要重复打点和漏点，积分赛地图上点多而无序，选手很可能会在巨大的压力下把握不好自己的路线问题，从而出现重复打点浪费时间或不经意漏点影响积分的情况。所以学生在拿到地图后就要规划好路线，而不能一边跑一边选择路线，打孔卡片如表3-42所示。

表3-42　定向运动积分打孔卡片

<table>
<tr><td colspan="11">浙江农林大学定向运动积分打孔卡片</td></tr>
<tr><td colspan="2">姓名</td><td colspan="3"></td><td colspan="3" rowspan="2">到达时间</td><td colspan="3" rowspan="2">：：</td></tr>
<tr><td colspan="2">组别</td><td colspan="3"></td></tr>
<tr><td colspan="2">编号</td><td colspan="3"></td><td colspan="3" rowspan="2">出发时间</td><td colspan="3" rowspan="2">：：</td></tr>
<tr><td colspan="2">总积分</td><td colspan="3"></td></tr>
<tr><td colspan="2">名次</td><td colspan="3"></td><td colspan="3">实际时间</td><td colspan="3">：：</td></tr>
<tr><td>分值</td><td>1</td><td>1</td><td>1</td><td>1</td><td>1</td><td>1</td><td>2</td><td>2</td><td>2</td><td>2</td></tr>
<tr><td>点标</td><td>31</td><td>32</td><td>33</td><td>34</td><td>35</td><td>36</td><td>37</td><td>38</td><td>39</td><td>40</td></tr>
<tr><td>分值</td><td>2</td><td>2</td><td>3</td><td>3</td><td>3</td><td>3</td><td>3</td><td>5</td><td>5</td><td>5</td></tr>
<tr><td>点标</td><td>41</td><td>42</td><td>43</td><td>44</td><td>45</td><td>46</td><td>47</td><td>48</td><td>49</td><td>50</td></tr>
</table>

二、接力定向

接力定向是团体之间的定向越野比赛项目之一，其成绩好坏有赖于每个队员能力的发挥。在接力比赛中，比赛的路线分成若干段（国际比赛通常为四段），每名选手完成其中一段，各段参赛选手的成绩相加为该队团体总成绩。为便于观众欣赏各选手之间的激烈竞争，接力定向的场地必须设置一个“中心”站，各段选手的交接（即“换段”）均在这里以触手方式进行（不使用接力棒），因此，接力定向的观赏性较好，被国际定向越野联合会纳入了正式比赛项目。

在进行接力定向练习时，教师首先会根据人数、性别进行某个数字的蛇形报数，然后给予5分钟的自由时间，在打孔卡片上（表3-43）写上组员姓名、相应教师姓名、点名册编号，组员之间进行了解、熟悉和分棒次。比赛开始时，第一棒的学生站在自己组的地图前，在教师说开始后，拿起最上面的地图，按照图上点标顺便点，完成地图上的所有点标后回到起点，把地图交给教师，再回到自己组的地图前，拿起最上面的地图和打孔卡片一起交给下一棒次的学生，下一棒次的学生应在前一棒次的学生出发后自动补充站到所属地图前。每一组别所有人员依次完成所有地图，最后一棒次的学生把地图和打孔卡片交给教师。最后的名次判定为先看点标正确率，然后看练习所用时间。

表 3-43　接力定向打孔卡片

<table>
<tr><td colspan="11">浙江农林大学定向运动接力定向打孔卡片</td></tr>
<tr><td colspan="2">姓名</td><td colspan="3"></td><td colspan="2" rowspan="2">到达时间</td><td colspan="4" rowspan="2">：：</td></tr>
<tr><td colspan="2">组别</td><td colspan="3"></td></tr>
<tr><td colspan="2">编号</td><td colspan="3"></td><td colspan="2" rowspan="2">出发时间</td><td colspan="4" rowspan="2">：：</td></tr>
<tr><td colspan="2">积分</td><td colspan="3"></td></tr>
<tr><td colspan="2">名次</td><td colspan="3"></td><td colspan="2">实际时间</td><td colspan="4">：：</td></tr>
<tr><td>棒次</td><td>1</td><td>1</td><td>1</td><td>1</td><td>2</td><td>2</td><td>2</td><td>2</td><td>3</td><td>3</td></tr>
<tr><td>点标</td><td>1</td><td>2</td><td>3</td><td>4</td><td>1</td><td>2</td><td>3</td><td>4</td><td>1</td><td>2</td></tr>
<tr><td>棒次</td><td>3</td><td>3</td><td>4</td><td>4</td><td>4</td><td>4</td><td>5</td><td>5</td><td>5</td><td>5</td></tr>
<tr><td>点标</td><td>3</td><td>4</td><td>1</td><td>2</td><td>3</td><td>4</td><td>1</td><td>2</td><td>3</td><td>4</td></tr>
</table>

在定向运动教学中，接力定向毫无疑问是工作量最大的一个。首先要根据参与人数与组数，制定出相应的地图，比如有 60 个学生，假设以 5 人一组，可以组成 12 组，由于接力定向的第一棒是同时出发，因此，就至少要准备 12 张不同的地图，并且在练习时地图的摆放应有一定规律。应按照顺序用夹子夹好，千万不能放错，否则会影响标准答案的批改。同时，为了保证比赛的公平性，这 12 张地图的点标个数、路线长度、难度应尽可能一样。其次，学生的分组要尽可能使各组的水平相近，可以采用每组设立 2 位同学为种子选手，其余自由抽签的方法。最好是采用前面一场单人定向练习的积分，积分就是每个学生在班级里的水平，分组后每个组的积分相近，也就代表着整组学生的定向水平相近。

三、专线定向

专线定向与其他定向运动最大的区别在于地图上明确地标出了比赛的路线（图 3-2），运动员必须按照规定的路线行进，并将途中遇到的检查点位置标绘到图上去。成绩以检查点位置标绘的准确程度和所用时间长短确定。专线定向能够很好地锻炼学生的基本功，比如读图水平、寻找参照物能力、迅速标定站立点能力等。

学生拿到地图后，要先看清楚路线指示的箭头方向，是顺时针还是逆时针跑，然后根据图上的路线进行跑动，在图中把看到的点标打孔打在相应的黑色空格里，并且把实地点标的位置用随身带着的笔在地图上标绘出，标绘的圆圈大小如图标准圆大小，不要太大，也不要用光笔尖点，如跑完一圈没有找到所有的点标，可以继续跑动直到找完为止。最后由教师进行批改，以点标正确率为第一标准，然后以跑动时间为第二标准。

四、团队赛练习

（一）项目概述

团队赛练习是一种以团队为单位借助地图（图 3-3）和指北针按要求完成到访若干必到点和若干自由点并以最短时间完成全赛程的运动。其中必到点是指团队中每个选手必须按照指定顺序到访的检查点，自由点是指团队中至少一名选手到访的检查点。

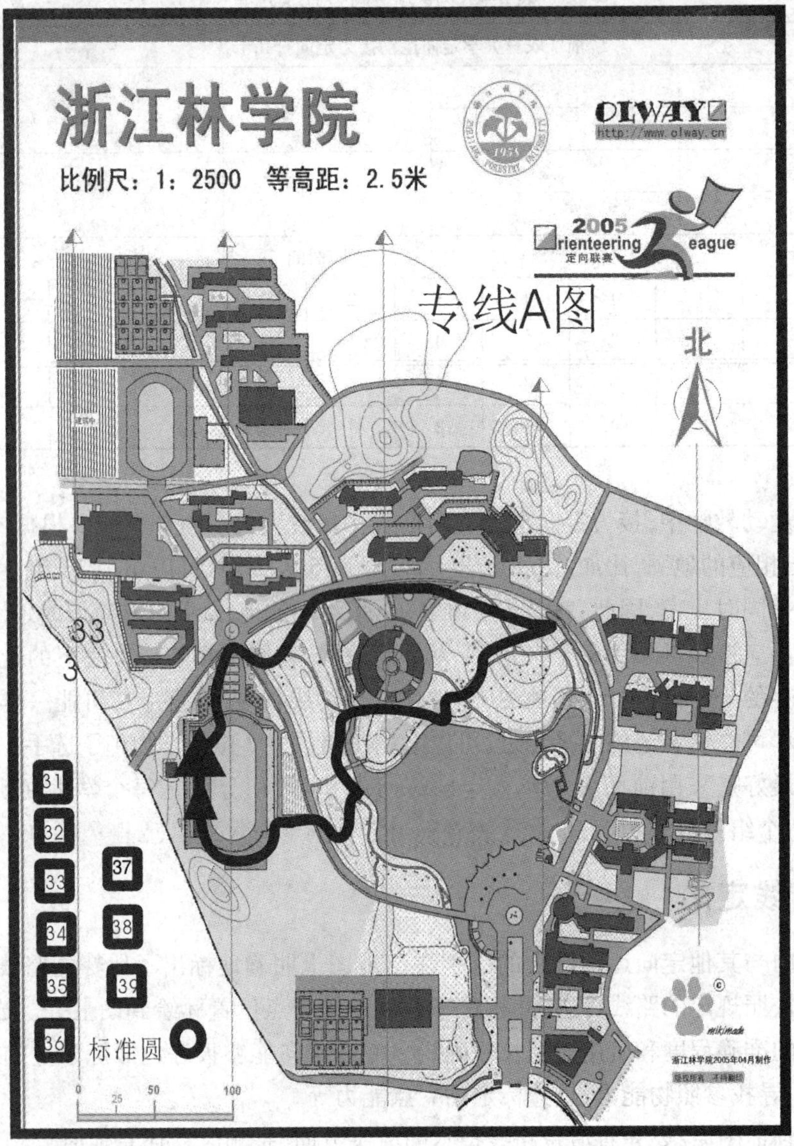

图3-2 专线定向地图

练习形式是每个队的选手一起出发,所有队等间隔出发。团队由3人或3人以上组成(根据组别要求可分为单性别组和混合性别组),每队参照队员的情况选取最佳路线和自由点的分配方法,其中必到的检查点要像通常的路线(指个人赛的路线)一样必须按预定的顺序打卡。其他分散的自由点可以穿插在其中打卡(表3-44),目的是能够使全队在最短的时间内完成比赛,名次以点标完整性、正确性以及必打点顺序为第一标准,以团队中最后一个人到达的时间为第二标准。

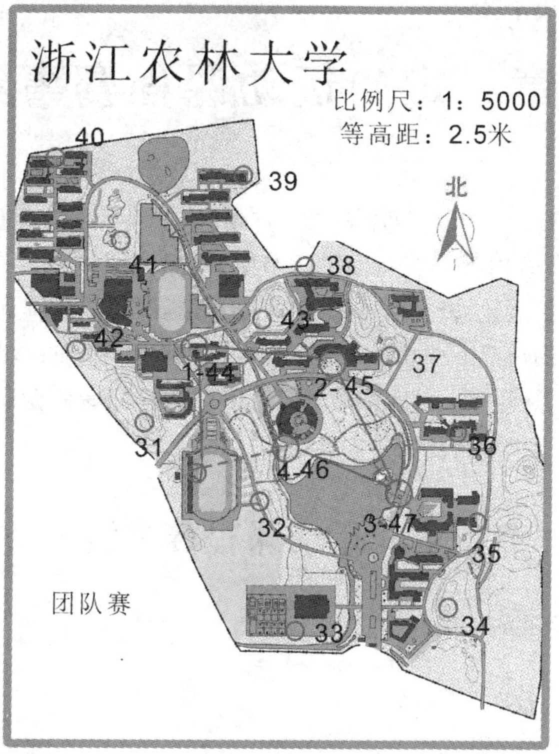

图 3-3　团队赛地图

表 3-44　团体赛打孔卡片

<table>
<tr><td colspan="10">浙江农林大学团队赛打孔卡片</td></tr>
<tr><td colspan="2">姓名</td><td colspan="2"></td><td colspan="2" rowspan="2">到达时间</td><td colspan="4" rowspan="2">：：</td></tr>
<tr><td colspan="2">组数</td><td colspan="2"></td></tr>
<tr><td colspan="2">点标个数</td><td colspan="2"></td><td colspan="2">出发时间</td><td colspan="4">：：</td></tr>
<tr><td colspan="2">名次</td><td colspan="2"></td><td colspan="2">实际时间</td><td colspan="4">：：</td></tr>
<tr><td>31</td><td>32</td><td>33</td><td>34</td><td>35</td><td>36</td><td>37</td><td>38</td><td>39</td><td>40</td></tr>
<tr><td>41</td><td>42</td><td>43</td><td>44</td><td>45</td><td>46</td><td>47</td><td>48</td><td>49</td><td>50</td></tr>
</table>

第四章 定向运动课程赛事组织

为了能够更好地锻炼同学们的创新能力和团队精神,本课程在第四学期设置了6次课的学生自行组织定向赛事内容。在前面的章节中,已经介绍过了定向运动比赛赛事的组织,但在课程中由于受到人数、资金、场地等的限制,很难像正规比赛那么细致,那么同学们如何在缺少人员、资金的情况下成功举办赛事呢?首先我们在第四学期初,就安排了3次理论教学课,其次是将近10年来一些小组成功举办的案例给同学们做借鉴,希望同学们能够认真听讲和查阅,从而组织好自己的定向赛事。

第一节 定向运动课程赛事组织文稿

第四学期3次理论课的文稿内容如下。

一、准备内容

(1)公共邮箱:zjlxydxzl@163.com(浙江林学院定向资料)。密码:1234abcd。内有:新校区地图、天目学院地图等相关电子资料。要求:不要去修改、删除。

(2)分组:自己完成,确定组长,如事先没有分组,则由老师在最后随机安排组别。

(3)定向赛事组织制图软件为CorelDRAW9,可以自己学习,也可以去打印店里制作。

(4)要求尽快准备赛事所需资料,最好能够提前2天提交老师批阅。

(5)赛事组织个人赛积分为第一名0分,第二名2分,第三名3分,以此类推,团队积分为3~4人×2倍,5人以上×4倍。

(6)分组后,组长要进行组员姓名和电话号码的登记,才能解散。

(7)第一组同学留下来。

(8)自己注意数清班里男女生的人数。

(9)最好是在平时提供比赛资料,周末的话请发到zjlxydxzl@163.com。

(10)七场定向赛事组织分别是单人定向、拓展项目(一)、接力赛、拓展项目(二)、时间积分、拓展项目(三)、团队赛,4场定向实践,3场拓展项目,具体哪一个小组组织哪场比赛,是在最后一次课中由每个组的组长抽签决定的。

二、赛事组织

(一)成立比赛机构、确定比赛事项

1.测制组

测制组负责比赛地图的设计、修测、印制和比赛路线的设计、勘察、标绘工作以及打孔

卡片的制作、复印、裁剪(可画到地图上)。

2. 裁判组

裁判组负责提出比赛整体设想并拟订比赛规程、组织抽签、准备器材、临场裁判、成绩统计等,分为起点、终点、场地三种裁判。

(1)起点裁判的职责和工作流程:准备起点器材,集合和带领队员做准备活动(慢跑400 m,原地动作不少于6个、行进间动作不少于4个),说明比赛的规则和注意事项,进行抽签和分组,按时、按顺序、按图组织出发,维持起点秩序。

(2)终点裁判的职责和工作流程:准备终点器材,按时记录,准确、快速计算实际时间(1分30秒,9分18秒),回收地图,批改成绩,成绩登录(积分)和宣布,维持终点秩序。

(3)场地裁判的职责和工作流程:准备器材,上课前领取点标旗,与终点裁判配合打标准答案,快速、准确地设点(地图),及时向起点裁判汇报场地情况,在比赛中看点、注意大家的安全、有无作弊情况,最后正确地回收点标。

(4)会务组:秩序册的编排、接待、保障器材、掌管经费、负责奖品等。

(二)比赛场地、地图、路线的准备

1)比赛场地的选择

比赛场地根据比赛类型而定,一般设在校园内。

2)比赛地图的准备

比赛地图根据比赛类型而定,一般由老师提前准备好。

3)比赛路线的设计

比赛路线有一字形、闭合形、弓形几种,设计过程中需注意以下几点。

(1)起点的设计。

起点的设计相对较轻松,寻找一处视野开阔、空旷的场地即可。

(2)路段中检查点的设计。

在地图上有相应地物(地貌)符号的小地物上;检查点附近可成为该点辅助目标的地物(地貌)点的图上位置同样应该准确;不能提供客观上的帮助;除非细部有明显区分,否则其间隔不得小于50~100 m。

(3)终点的设计。

终点的地形相对比较简单,甚至可以开阔一些、通视度好一些,以便满足设置标志、选手们最后的冲刺、工作人员和观众的观察等需要。

4)路程标记的规范

起点大小为圆圈直径7 mm,检查点大小为直径5 mm,终点大小为直径5 mm或直径7 mm,个人路线的最后一点到终点的连线应是虚线,点标与点标之间的连线不用穿过圆心。

三、制作秩序册

秩序册主要包括以下几类内容。

(1)比赛的名称、主办、协办(体育军训部)、时间、地点、项目介绍、目的。

(2)组织机构。

①总裁判长:缪华、汪洁。

②仲裁委员会:缪华、汪洁、测制组及裁判组组长。

a. 测制组:(人员名单)所有成员。

b. 裁判组:起点(人员名单)终点兼2~3人。

c. 终点(人员名单)起点兼2~3人。

d. 场地监督员(人员名单)兼设点4~5人。

(3)参赛条件:定向班学生。

(4)报名方法:现场报名、网络报名。

(5)比赛方法。

a. 出发顺序一般由抽签决定。

b. 间隔时间根据总人数与组别决定。

c. 组别根据男、女人数决定。

d. 点标个数视比赛类型而定。

e. 路线长度视比赛类型而定。

(6)决定名次的方法。

(7)奖励。

(8)犯规与违例。

(9)其他。

(10)地图,每一份秩序册附一张。

(11)经费清单。

四、器材准备

器材包括点标旗(代码:31~55号)、秒表、打孔器、打孔卡片(存根)、地图、号码布、桌子、凳子、喇叭、引导绳、起终点标志牌等。

五、赛前的工作

设置起点场地、点标旗及终点场地,其中设置点标旗时应点清点标旗、确认代码及采用何种悬挂方式(不高于1.2 m,不得低于0.5 m)。

六、比赛

比赛的主要流程如下。

(1)起点程序:按序号登记、取图、出发、计时。

(2)途中检查:跟跑、检查有无按序号找点、破坏点标等。

(3)终点工作:收回地图、计时、登记、成绩统计。

(4)公布成绩。

(5)抗诉和仲裁。

(6)违例与处罚。

其中,处罚包括成绩无效、降低成绩直至取消比赛资格、直接取消资格几种。成绩无效有以下几种情况。

①检查卡片印记模糊不清。

②丢失或拒交检查卡片。

(7)降低成绩直至取消比赛资格有以下几种情况。

①不按顺序找点。

②蓄意提点他人路线、点标位置或代人使用点签。

③接受他人指点的路线、点标位置或代自己使用点签。

④使用交通工具、通信工具。

⑤提前进入赛区。

(8)直接取消资格有以下几种情况。

①蓄意破坏设施。

②伪造检查卡点签图案。

七、比赛类型

对于整个比赛的时间控制安排为:点标设置、准备活动,20～30 分钟;实践,50～60 分钟;宣布成绩、回收器材,10～20 分钟;实践中每张地图中跑动时间都有规定。

(一)单人定向

单人定向的注意事项有以下几点。

(1)准备活动的内容和过程要准备充分。

(2)地图要准备详细,路线要尽可能一样,保证比赛的合理、公平。

(3)名次的评判要合理、公正,

(4)地图要准确,间隔时间要恰当。

(5)点标的放置要正确,必须捆绑起来。

(二)接力定向

接力定向的注意事项有以下几点。

(1)分组应公平合理,实力均等,按比赛积分来分组,以使每个小组的总积分一样为目标。

1	2	3	4	5	6	7	8
16	15	14	13	12	11	10	9
17	18	19	20	21	22	23	24
32	31	30	29	28	27	26	25

(2)地图。有几个组就至少应该有几份地图,可以按 A、B、C、D 来编排。每一个小组地图的摆放应按事先的预定来进行。

1 2 3

A B C

B C D

C D E

D E F

E F G

F G H

(3)标准答案的打孔。

(4)出发区的设计和安排。

(5)对时间的把握。

(三)时间积分定向

时间积分定向的注意事项有以下几点。

(1)对总积分、男女生所用时间及其与点标个数、练习区域的控制。

(2)打孔卡片的制作。

(3)标准的批改、扣几分的问题。

(4)对作弊的查处和处罚(同时跑的问题)。

(四)团队赛

团队赛的注意事项有以下几点。

(1)定义。总点标的个数、分布范围与组数和人数的控制。

(2)必打点的分布和时间的控制。

(3)打孔卡片的制作、回拿和摆放,准确确定最后一个人的到达时间以及快速准确地对答案。

(4)出发区的安排。

(五)拓展项目

拓展项目的注意事项有以下几点。

(1)安排2~3个拓展内容,时间为50~60分钟。

(2)器材由自己事先准备好,没有的要事先跟老师讲,由老师酌情安排。

(3)在这几个项目中,必须要有一个活动性项目。

(4)要有评价标准,一堂课下来要对学生进行排名。

(5)一定要注意安全问题。

经过3次系统的定向运动赛事组织的讲解,要基本掌握各个赛事的流程、注意事项、重点和要点,从而更好地完成赛事组织,既是为了很好地保证每一位同学的人身安全,也是对近两年定向运动课程学习的总结。

第二节　定向运动课程赛事的组织

浙江农林大学定向运动课程在2003年开始进行定向运动赛事组织的教学，在教师的认真指导和学生的精心准备下，近10年来有不少小组非常成功地组织了各自的定向赛事，留下了许多宝贵的资料，为今后同学们组织赛事提供了很好的借鉴资料。

一、校园积分定向赛事组织的资料

（一）秩序册（图4-1）

秩序册是赛事组织者对于比赛过程的设计，需要提前2～3天提交给教师查看，以免出现较大的错误。

图4-1　秩序册

下面为一份秩序册的样例。

一、活动概况

比赛名称：时间积分定向。

主办：第五小组。

协办：校体训部。

时间：2013年6月。

地点：浙江农林大学东湖校区。

项目介绍：本次时间积分定向是一次计时性的、以积分为基础的综合性定向运动。活动限时20分钟,选手根据地图自行选择路线打点积分,最终以积分进行排名;超出时间的参赛者将相应扣除积分。

活动目的:通过活动考察并锻炼参与者读图、时间控制及积分路线设计能力,增强其定向水平及理性思维。

二、组织机构

(一)总裁判长

缪华、汪洁。

(二)仲裁委员会

缪华、汪洁、耿宇、边凯杰、代金雷、孙佳斌、江策、高天、程云、劳宇宽。

(三)测制组

高天、卓嘉、张振东、沈佳佳、李林、汤阿龙、谢德志、王豪翔、祝鑫建、吴易、饶晓梅、许晓丽、谢严凌霄。

(四)裁判组

1)起点

王豪翔(整队、领操、点到、维持秩序、起点设施放置、起点秒表管理);

吴易(维持秩序、发放打孔卡片、起点文件放置、赛后成绩统计);

谢严凌霄(维持秩序、起点文件放置、发放打孔卡片、赛后排序统计)。

*以上三人均参与比赛后成绩统计工作。

2)终点

祝鑫建(终点设施的放置、准备活动的设计、维持秩序、行进间练习的发号、赛后时间的统计);

李林(机动人员、发放打孔卡片、维持秩序、场地饮水负责人);

饶晓梅(发放打孔卡片、终点秒表管理、地图回收、赛后排序统计);

许晓丽(发放打孔卡片、打孔卡片回收、赛后打孔卡片批改)。

*以上四人均参加赛前秩序维持工作。

3)设点、场地监督

张振东(放点、收点、特殊点趣味问答负责人);

沈佳佳(放点、收点、趣味点问答负责机动人员);

谢德志(放点、收点、场地监督);

汤阿龙(放点、收点、场地监督);

卓嘉(放点、收点、特殊点趣味问答辅助人、标准答案预先打孔)。

*以上五人每人管理四个点标及打孔器。

三、参赛条件

周二的第三、四节定向课程所有同学均可参与。

四、报名方法

现场报名。

五、比赛方法

（一）出发顺序

随机发放已分好组别序号的打孔卡片确定分组及出发顺序，按该顺序排队依次出发。

（二）间隔时间

每一分钟出发4人，男A、女A、男B、女B。

（三）组别划分

男A、女A。

男B、女B。

（四）点标个数

共20个点标、图一涉及15个点、图二涉及15个点，图一、二中有10个相同点、5个不同点。

（五）路线长度

路线由选手自行设计，点标分布于以图书馆为中心半径500 m左右的圆周范围内。

六、成绩排名规则

对选手打点有效积分进行顺序排列确定成绩以及排名（包括总积分、错误打点记0分、超时扣分等的计算）。

*超时扣分计算方法为：超出时间在1分钟内（包括1分钟）的，扣1分，超出时间在2分钟内（包括2分钟）的，扣3分，超出时间在2分钟以上的，一律扣5分（以上扣分不逐级重复）。

完成比赛的参赛者按照总积分高低进行排名，若出现相同积分则再以用时长短加以排序（用时少的排名在前），打错点则积分无效（记0分）。

七、奖励

本次活动共设置一等奖2名（男女各1名）、二等奖4名（男女各2名）、三等奖6名（男女各3名）。

一等奖奖品为浙江农林大学笔记本1本（男）、卡通折叠纸镜1面（女）；二等奖奖品为100开线圈本1本（男）、长方形文具盒1只（女）；三等奖奖品为卡通折叠扇1把（男、女）；参与奖奖品为纸质明信片1张。

八、犯规与处罚

如在比赛前及过程中发现同学有作弊、跟跑、代跑、贿赂裁判等违规行为则取消比赛资格，成绩无效。

九、特别项目

本次时间积分定向将设置特别点，该点设有一位工作人员，跑至该点的同学可回答工作人员随机给出的问答题（每位参与者有15秒答题时间，超时即使答对也不给分），答对则将由工作人员在其打点卡片上标记特殊记号，该记号可等同于3分的积分值，将在最后结分时计入有效积分；若答错或不答不影响积分成绩。

*该特别点以“★”形标注于地图上，随机题目难度系数为中等，选手可自行选择是否赴该点答题。

十、附件

分组地图、总点图、打点卡、打分表、器材清单、赛前准备、比赛流程、经费清单。

(二)积分定向赛的出发形式(图 4-2)

积分赛的出发形式按照常规是男生或者是女生一起出发的,但是在教学中这种出发形式由于学生特点和场地特点并不是很好,因此,在学生赛事组织中,我们还是采取的是每隔 1～2 分钟出发一组的形式。一般是分成 4～6 组,准备 2～3 份地图。

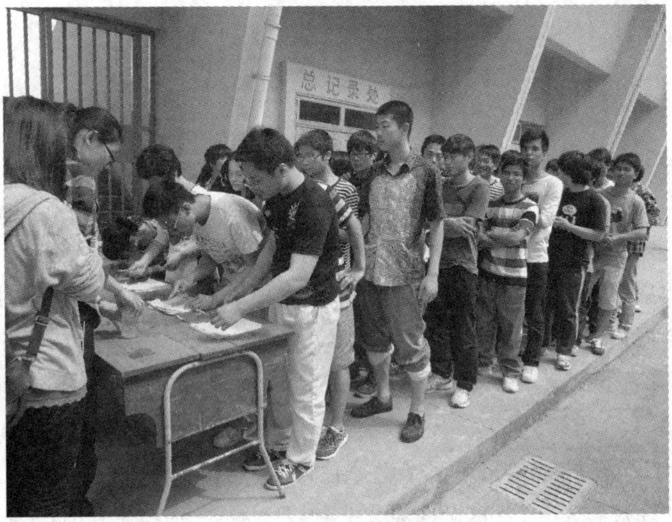

图 4-2 积分定向赛出发

(三)赛事组织者的标志(图 4-3)

在这几年的学生赛事组织中,有越来越多的组织者都佩戴上了小组标志,可以让参加比赛的同学们快速地找到组织者,从而及时解决问题。

图 4-3 赛事组织者的标志

(四)终点裁判的工作(图4-4)

地图摆放整齐,分支明确,成绩计算快速准确。

图4-4　终点裁判工作

二、校园团队赛赛事组织的资料

(一)准备活动(图4-5)

由于定向比赛的组织是两个班合在一起进行的,因此人数较多,在做准备活动时,一定要注意对于位置的把握:一是不要把进出田径场的大门给堵住了,可以向北边转移;二是不要把操场的1和2跑道占住了,因为其他班级的慢跑要用的;三是带领大家做准备活动的组织者动作要规范,口令要响亮和清晰,事先要有所练习。

图4-5　准备活动

（二）比赛的讲解与分组

在讲解（图4-6）前，要把队伍安排好，尽可能靠近讲解人。讲解的目的是让参加比赛的同学们听到以及听懂比赛规程、注意事项和评分标准，因此讲解者要十分了解所讲内容，能够大声地进行讲解。最不应该的就是照念比赛秩序册，且除了自己其余人都几乎听不到。

图4-6 赛事讲解

（三）学生自己制作的团队赛地图（图4-7）和打孔卡片

地图的制作与正规的比赛地图略有差异，但可以使用，同时可以把打孔卡片直接制作在地图上，因为赛事组织中地图被学生用过一次后就直接作废了，跟教师组织的赛事是不同的。

（四）团队赛的出发区域（图4-8）

团队赛的出发是非常有特点的，在每个组到点出发后，在原地有3分钟的画图时间来划分每人的点标和路线，越快画好便可以越快出发，但3分钟到时必须离开出发点。因此，在起点区域要安排3个小出发点，每个小出发点配备3~4支笔，先是第一组的组员在秒表开表后（秒表的开表计时为0）到1号小出发点进行画图分点，在秒表计时为1分钟时，第二组到2号小出发点进行画图分点，在秒表计时为2分钟时，第三组到三号小出发点进行画图分点，在秒表计时为3分钟时，第四组继续回到1号小出发点进行画图分点，以此类推，直至全部出发完毕。需要注意的是，看时间的组织者一定要清楚什么时间哪个组到哪个小出发点进行画图分点。

（五）团队赛的终点（图4-9）与批改

团队赛终点不用回来的每个人都计时，只要让每个小组的同学回来交齐打孔卡片后记一个时间就可以，同一个组的打孔卡片最好用夹子夹好，便于管理和保存。批改答案时，要把同组的卡片一起放开进行批改，有打点错误的组别都作为成绩无效处理。

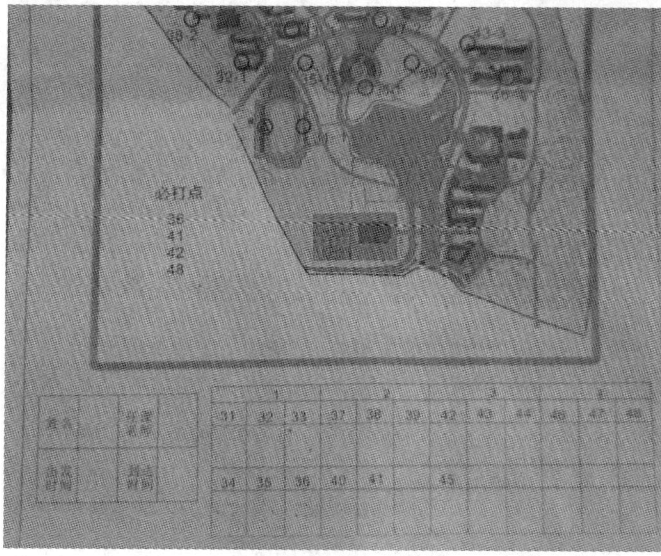

图 4-7　团队赛的地图

图 4-8　团队赛的出发

另外,赛事组织的时间跨度很大,要从 3 至 6 月,天气热时就要准备好饮用水,建议买大桶的矿泉水(图 4-10),10 元钱一桶,需要提前打电话预定,同时,还要准备 50 元的押金。小瓶的由于价格高、人多不实用。最后,要准备一个小垃圾桶,便于扔水杯等垃圾。

(六)奖品的摆放(图 4-11)、名次的宣布和颁奖

比赛的奖品应该事先就整体放在明显的地方,让参加比赛的人都能看到,从而激发他们的比赛积极性,而不要放到角落里藏着,奖品主要是饮料,也可以是水果,另外的还有零食、书本等,只要是健康的、有益的都可以。名次的宣布应从最差的名次开始,第一名留到最后宣布。得到名次的同学最好上台进行领奖,鼓励大家积极参加比赛。

图 4-9 团队赛的终点

图 4-10 饮用水和纸杯

三、校园接力赛事组织的资料

(一)接力赛地图

在前面介绍过常规的接力定向,在多年的学生接力定向赛事组织中,我们发现常规的接力定向组织由于难度较大而经常发生问题,从而严重影响了赛事。因此,近几年在老师与同学们的改编下,我们的接力定向赛事组织有了很大的改变,主要是在地图和接力形式上。

现在的接力定向赛事组织只要准备一份地图(4-12)就可以了,比如5个人一组,每个人

图 4-11　奖品的摆放

3 个点,地图上就画上 15 个点,在每三个点中间设立一下接力点,事先把相关同学带到指定接力点,然后一棒棒接力下去就可以了。

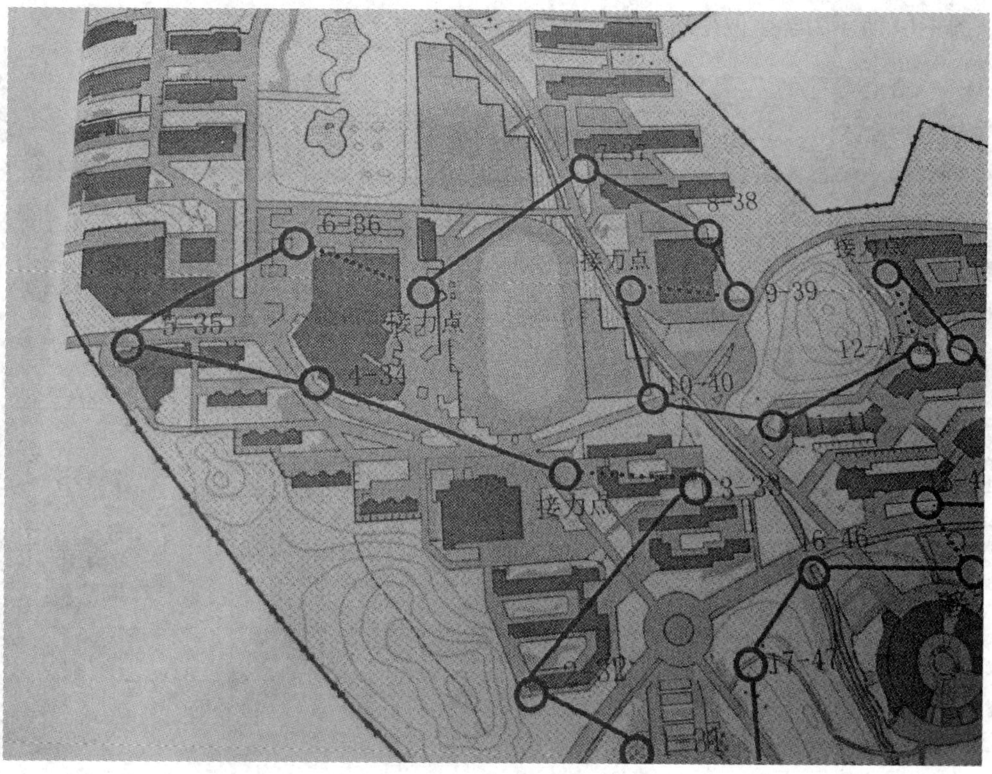

图 4-12　学生组织的接力赛地图

(二)接力定向比赛队员标志

如图 4-13,前面的数字代表组数,后面的是棒次,比如 13 - 1 指的就是第十三组第一棒,有了标志后,极大方便了同组比赛人员相互辨识,也可以帮助赛事组织者进行赛事管理。

图 4-13 接力定向比赛队员标志

(三)接力定向赛事组织的流程表(图 4-14)

图 4-14 所示为学生做得最详细的赛事组织流程表。

序号	项目名称	起始时点	结束时点	高普	康梓杭	蒋琴杰	孙张晗	王辉	王涛	方培红	竺怡婷	傅智颖	李硕	叶家其	兰建婷	刘丹洁
0	事前准备	NA	NA	周四中午把打印件放老师处	周三下午答案制作							周四中午置奖品老师处		周四中午买水、杯放老师处		
1	下课时段	3:30	3:35	取点标41-47	时间控制与统筹	张贴、传阅分组名单			取点标50-54	张贴、传阅分组名单				取点标31-35		
		3:35	3:40	根据布点全点图完成中区布点任务					根据布点全点图完成南区布点任务					根据布点全点图完成北区布点任务		
2	整队集合	3:40	3:45			等待	等待	整队，命令下达、组织准备活动进行等		等待	杂物看管	准备活动的纪律管理	等待		等待	等待
3	领跑一圈	3:45	3:50													
4	准备活动	3:50	3:55	检查北区布点情况					报告高、秦南区布点完成					报告高、秦北区布点完成		
		3:55	4:00						检查北区布点情况					检查中区布点情况		
		4:00	4:05	检查南区布点情况												
5	宣读规则	4:05	4:10		接收布点完成信息命令下达	准备贴牌举板	操场纪律管理	宣读规则与总分组名单	报告高检查完	准备贴牌举板	准备贴牌举板		操场纪律管理	报告高检查完	准备贴牌举板	准备贴牌举板
6	宣读分组	4:10	4:15	报告布点完成		带第2棒集合、贴牌、去驻点				带第4棒集合、贴牌、去驻点	带第1棒集合、贴牌、去驻点				带第3棒集合、贴牌、去驻点	带第5棒集合、贴牌、去驻点
7	前往驻点	4:15	4:20													
8	比赛开始	4:20	4:25	比赛过程中作为场地裁判进行巡查	比赛进度统筹、突发情况处理	驻点纪律维持与驻点打点管理	终点管理，填写到达时间，答案核对，成绩统计		比赛过程中作为场地裁判进行巡查	驻点纪律维持与驻点打点管理	杂物看管	起点纪律管理	终点管理，填写到达时间，答案核对，成绩统计	比赛过程中作为场地裁判进行巡查	驻点纪律维持与驻点打点管理	驻点纪律维持与驻点打点管理
		4:25	4:30													
9	比赛中期	4:30	4:35													
		4:35	4:40													
		4:40	4:45													
10	比赛尾声	4:45	4:50	成绩统计核对		把驻点选手领回操场				把驻点选手领回操场		终点纪律管理			把驻点选手领回操场	把驻点选手领回操场
		4:50	4:55													
11	成绩统计	4:55	5:00					宣布结果	回收南区点标					回收北区点标		
12	奖品发放	5:00	5:05	回收中区点标												
	总结下课	5:05	5:10													
13	收尾工作	5:10	5:15	检查点标是否全部回收												
	联系电话			591972	592163	591237	592279	592350	592190	592023	591995	592081	592532	592013	[illegible]	[illegible]

图 4-14 接力定向赛事组织流程表

(四)接力赛人员名单和宣布

接力赛队员的名单需要事先分配好，到上课时再进行宣布，由于人多，宣布后组队的过程和结果都不理想。为此，我们可以事先准备好 3 份名单，先在我们上课集合区域张贴两张，通知大家上课前就去看清楚，自己在哪个组。在上课时，就直接报组数，让学生自己去相应的组里就可以了。

四、校园拓展赛事组织资料

为了提高同学们赛事组织的积极性以及提高上课的趣味性，我们在 2010 年正式增加了 3 次拓展赛事的组织，经过 4 年的实践，取得了非常好的效果，尤其是许多小组开创了非常独特和有趣的新项目，给同学们带来了很多的欢乐。

下面为大家列举了校园拓展赛事相关的组织资料。

（一）拓展赛事组织秩序册

拓展赛事组织秩序册如图 4-15 所示。

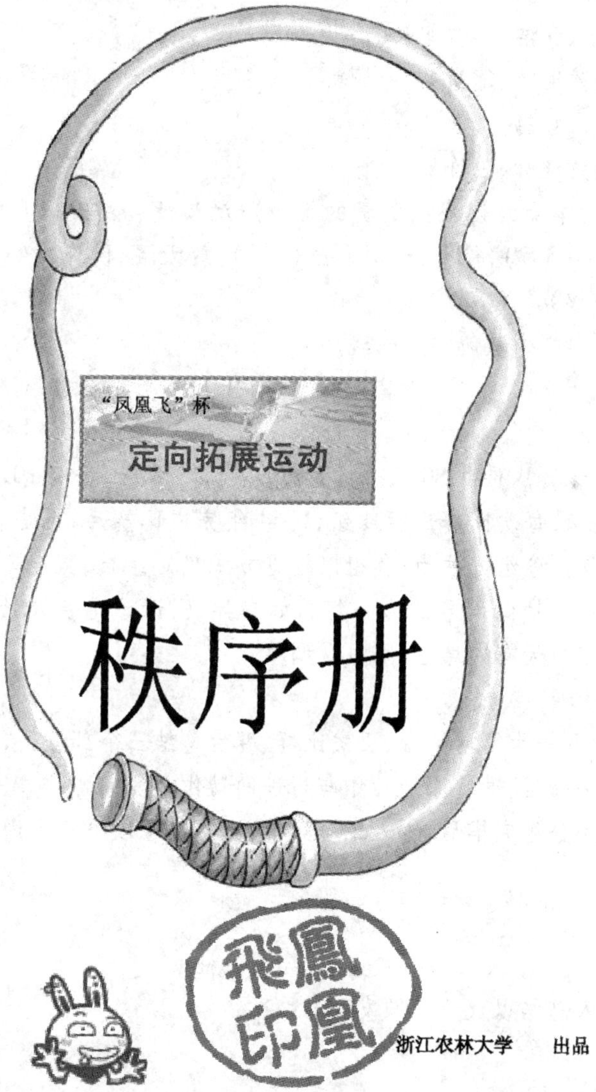

图 4-15　秩序册

下面为拓展赛事组织秩序册内文。

一、比赛概况

比赛名称:定向拓展运动。

主办单位:体育军训部。

承办单位:经济管理学院定向班“炫彩青春”小组(严汝清、郭倍玮、韩青青、黄璐叶、林基伟、邬惠虹、徐丹丹、殷颖虹、於天瀛、段许丽、施宗柱、周梦琳、朱敏鸽)。

比赛时间:2011 年 3 月 22 日(如下大雨或其他不可抗力,则延迟)。

比赛地点:浙江农林大学东湖校区操场。

参赛人员:周二下午 5、6 节定向班全体同学。

二、裁判机构

总裁判长:缪华、汪洁。

仲裁委员会:缪华、汪洁、各位组长。

企划组:段许丽、黄璐叶、邬惠虹、殷颖虹。

测制组:於天瀛、朱敏鸽。

会务组:周梦琳、黄璐叶、段许丽。

裁判组(姓名后的编号为该裁判负责的组别):严汝清、郭倍玮(1,5),韩青青、黄璐叶(2,6),林基伟、邬惠虹(3,7),徐丹丹、殷颖虹(4,8),於天瀛、段许丽(计时),施宗柱、周梦琳、朱敏鸽(记录与审核)。

场地监督员:周梦琳,朱敏鸽、徐丹丹。

三、比赛

(一)分组

本次比赛将所有参赛成员共 80 人分成 8 组,编为 1 ~ 8 号,每组 10 人,每组自主选出一名组长。由于场地关系,每次比赛进行 4 组,1 ~ 4 组完成比赛后,再进行 5 ~ 8 组比赛。尽量做到公平、公正。具体分组方法为:各组以抽签方式确定组员,男生与女生分开抽取以便各小组男女生比例相仿,抽到同号的为一组。如有异议,请于比赛开始前与仲裁委员会协商,否则视为同意。若当天有缺席者,则另做调整。

(二)比赛流程

本次定向拓展比赛分为赛前热身、正式比赛、赛后总结三个部分,依次进行。

赛前热身:慢跑一圈后,进行原地动作与行进间动作。

正式比赛:热身且分组完毕后,进入比赛环节,比赛包含以下三个内容。

(1)能量传输。

(2)蟹行天下。

(3)凤凰飞。

赛后总结:主持人总结以及奖品颁发。

(三)游戏规则

1. 链接加速(20 分钟)

比赛规则:10 人一小组,后边的人用左手抬起前边的人的左腿,右手搭在前边的人的右肩形成小火车,最后一名同学也要单脚跳步前进,不能双脚着地。场地上画好起跑线和终点线,其距离为 30 m(跑道的两根黄线之间)。不按照比赛规则的行为皆算犯规行为。

比赛方式:因为受场地限制,总共分 4 场比赛,每场比赛有 2 组进行比赛。正式比赛前进行抽签,决定每场比赛的两组。

成绩计算:计算各小组所花费的时间。若有犯规的话,犯规一次时间增加 2 s。增加的秒数无上限。最后得出的时间最少的为第一名。

注意事项:每组的负责人应该事先准备好秒表或者手表手机等计时工具。在轮到你所在组比赛的时候做好监督工作和计时工作。

比赛具体进程如下。

(1)负责人介绍规则,分发印有规则的纸张并且担任起点裁判。时间 2 分钟。

(2)示范组进行示范,示范组成员为:严汝清、郭倍玮、韩青青、黄璐叶、林基伟、邬惠虹、徐丹丹、殷颖虹、於天瀛、段许丽、施宗柱,时间 1 分钟。

(3)事先制作好号签,8 个小组进行抽签、决定场次。时间 2 分钟。

(4)每个小组进行自由练习,时间 5 分钟。

(5)进行第一场比赛,时间 1 分钟。

(6)进行第二场比赛,时间 1 分钟。

(7)进行第三场比赛,时间 1 分钟。

(8)进行第四场比赛,时间 1 分钟。

(9)休息,并且统计成绩(各小组组长统一将每组的最后时间(包括犯规后加的时间)汇总到林龙处)时间 5 分钟。

(10)负责人公布成绩时间 1 分钟。

2. 协力运球(50 分钟)

比赛规则:利用乒乓板在 20 m 的路程内,通过障碍运送 10 个乒乓球,乒乓球每次运的个数不限。8 个小组,每组人按顺序运球。一个人运完了,就换另外一个人,保证每组所有人至少运过一次球。若在运球过程中乒乓球掉了,捡起来之后在原来掉的地方继续进行比赛。介绍规则并且分发印有规则的纸张(负责人:王扩)总共有 3 个障碍。每 5 m 设置一个障碍在上个游戏公布成绩的时候,就可以开始设置障碍了。

起点裁判:(负责人主要负责喊开始,记录每组出发的时间并提醒下一组做准备)障碍一:跨栏(运球者必须钻过跨栏)。障碍二:绕椅子(事先在离起点 10 米处放一张椅子。运球者必须绕椅子顺时针两圈,逆时针两圈)。障碍三:走独木桥(事先在离起点 15 m 处放一把长的椅子)。终点裁判:主要负责记录每组到达的时间。

休息 5 分钟,在这段时间内,赛务组进行两轮比赛时间的汇总和成绩的排名,最后定出整场比赛的前三名。公布成绩并且颁奖(负责人),时间 1 分钟。

两个活动时间相加最少的前三名有奖。每组时间尽量控制在 6 分钟内,8 组总共 48 分钟。

3. 百米送信(预备活动)

分为八个组,按报数分,八个人分成两列,一列有四个人,两人之间的距离为25 m,第一个人记住一串数字然后跑 25 m 告诉第二个人,第二人记住再跑 25 m,传给第三个人,依此类推,到最后一个人时,把这个数写在一张纸上,最后把所用时间记录下来。注:到时数字临时想,数字要做记录。

(四)晋级规则

按游戏流程下来,每场游戏记录各组所用时间,两次游戏总时间最短者获胜,依次排出名次,不设淘汰组。

(五)成绩计算

由记录裁判将每组比赛用时记录下来,两场比赛时间加总即为总成绩。总时间越短成绩越高。

(六)名次排定

比赛结束后,计算两场比赛的最终成绩,用时最少的组获第一名,依次类推,设定前三名。

(七)奖项设定

(1)本次比赛设"大赢家""挑战者"和"优胜奖"三个奖项,由用时最少的三个组获得。"大赢家"为第一名获得者,"挑战者"为第二名获得者,"优胜奖"为第三名获得者。若有成绩并列现象,则并列获奖。第一名获得棒棒糖一根、彩笔一支、精美笔筒一个;第二名获得棒棒糖一根、彩笔一支、卡通圆珠笔一支;第三名获得棒棒糖一根、彩笔一支。所有参与者均将获得棒棒糖一根,以资鼓励。

(2)奖品由承办方提供,奖品不在贵重,重在鼓励。

四、比赛纪律

(一)成绩无效

出现以下情况,按成绩无效处理。

(1)未听裁判口令,抢先出发者。

(2)提前进入赛区。

(3)蓄意破坏设施者。

(4)裁判认定应该按成绩无效处理的情况。

(二)作弊

出现以下情况,按作弊处理。

(1)以提高成绩为目的,故意不按规则比赛。

(2)蓄意扰乱他组比赛秩序,使他人不能正常发挥的。

(3)裁判认定的应该按作弊处理的情况。

(三)申诉

(1)如对裁判的判罚有异议或对成绩有异议,可以在比赛成绩正式公布前向仲裁委员会申诉(免费),过期则视为放弃申诉权利;

(2)如无确凿证据证明仲裁委员会之仲裁结果不合理,仲裁委员会之仲裁为最终结果,不得再次提起申诉。

五、经费明细

本次比赛共有经费130元,使用详情如表4-1所示。

表 4-1　经费明细单

用途	单价×数量/元×个	总价/元
笔筒	3×10	30
彩色笔	2×10	20
圆珠笔	1×30	30
棒棒糖	0.4×100	40
装订秩序册,准备道具等费用		10
合计		130

(二)拓展赛事组织的名次表

表 4-2 为学生自己编排的,便于登记组员、统计成绩、录取名次和登记积分。

表 4-2　第____组成绩登记表

序号	姓名	任课老师(打√)
1		缪　汪
2		缪　汪
3		缪　汪
4		缪　汪
5		缪　汪
6		缪　汪
7		缪　汪
8		缪　汪
9		缪　汪
10		缪　汪
链接加速		
协力运球		
总成绩		
排名		

负责人______

2011 年 3 月

(三)学生创新的拓展项目

1. 信任之旅

组织者用栏架、绳子等组成各种障碍(图 4-16),每个比赛小组成员根据各自情况两两配对,其中一个蒙上眼睛,另一个人进行指挥,完成任务图(4-17),以时间短者为胜,图中碰到障碍物要加上时间。

图 4-16　障碍区

图 4-17　蒙眼过障碍区

2. 甩拖鞋(图 4-18)

把 3 个塑料凳倒放,形成 3 个小凹槽,每一个组的组员依次站在 3 m 远的线上,用右脚或者是左脚的脚尖把拖鞋甩到小凹槽里,每扔进去一次得一分,在 3 分钟里哪个组的得分越高积分名次越好。

3. 蒙眼过障碍踢球(图 4-19)

每一组中两两配对。一人蒙眼在另外一人的指挥下,带足球以 8 字形绕过两个塑料凳,把球踢过栏架中间,然后到点球点附近,把球踢进球门得一分,哪个组的总得分越高成绩就越好。通过实践,发现能够踢进球门的人非常少,建议以后的赛事组织者可以多准备几个足球,提前让同学们好好练练。

图 4-18　自制用拖鞋场地

图 4-19　蒙眼踢球区

4. 自行车慢骑(图 4-20)

事先准备好 5 ~ 6 辆相同的小型自行车,以每个组为单位,进行骑车比赛,每个人骑行 15 ~ 20 m,总时间越少名次越好。需要注意的是确实有同学不会骑车该怎么处理。在骑车途中,要安排裁判随身保护。

图4-20 骑慢车比赛

5. 背后撕纸(图4-21)

以小组为单位,每人背后贴上一张纸,然后两组之间进行撕纸比赛,只有最前面的同学才能去撕另一组最后一个同学背后的纸,背后的纸被撕的同学要及时退场。最后以撕的纸张个数和时间决定名次。

图4-21 撕纸比赛

6. 10人9足(图4-22)

以每一组为单位,准备好带子,缠在脚踝处,大家齐心协力完成一定距离的比赛,以时间短者为胜。经过多年的实践证明,用来缠脚的带子以横幅布料最好,可以去找已经用过的横幅进行处理,长宽可以自行决定。另外,在比赛中,要强调安全问题。

图 4-22　10 人 9 足

7. 抢椅子比赛(图 4-23)

每组派出两个代表,先是两个组进行比赛,从 4 张凳子一直比赛到一张凳子,最终获胜的组进入下一轮次的比赛,以此类推,决出所有的名次。用来比赛的凳子最好是大塑料凳,比较安全且容易坐。

图 4-23　抢椅子比赛

8. 扔球入桶(图 4-24)

准备好相应个数的网球和相同的桶,以小组为单位,每人扔 5 个球,整个小组的总个数越多名次越好。

图 4-24 扔球入桶

9. 接力运球(图 4-25)

用纸板或者是塑料做出 7 ~8 段各长 40 cm 左右的弧形器材,刚好一个乒乓球可以滚过,每个组的成员每人拿一段,然后大家配合好,把一个乒乓球运送 10 m 的距离。完成的时间越短名次越好。

图 4-25 接力运球

10. 麻袋接力赛(图 4-26)

准备 5 ~6 个麻袋,以小组为单位,两两配对用一个麻袋,来回进行接力比赛,以时间短者为胜。在实践中发现,麻袋底较容易跳破,因此最好用两个麻袋叠在一起用,比赛场地应安排在草地上,比较安全。

11. 转呼啦圈比赛(图 4-27)

以小组为单位,每人手拉手,在手不能松开和故意帮助、呼啦圈不能碰地的情况下,进行呼啦圈的转移,最终以完成的时间决定名次。

图 4-26　麻袋接力赛

图 4-27　转呼啦圈比赛

12. 跳长绳比赛(图 4-28)

以小组为单位,进行跳长绳的比赛,两个人甩绳,其余的按顺序依次跳绳,在 3 ~ 5 分钟里,小组最终完成的个数越多名次越好。跳绳的形式还可以换成其余人在绳下站好一起跳,不过由于这个方式难度较大,时间上不能超过 3 分钟。

图 4-28　跳长绳比赛

13. 夹弹珠接力赛(图 4-29、4-30)

准备相同的脸盆与筷子,以小组为进行比赛,在起点把弹珠夹起来后,跑到 30 m 外的终点,把弹珠放到碗里,在 5 分钟时间里,以整个小组的弹珠总数为取决名次的依据。中间掉落的弹珠可以夹起来继续进行。

图 4-29 夹弹珠接力赛 1

图 4-30 夹弹珠接力赛 2

14. 猜词谜比赛(图 4-31)

以小组为单位,1 号同学与 2 号同学面对面站立,裁判给 2 号同学看一个词后,2 号同学不能说话,但可以做动作,让 1 号同学猜是什么词。以此类推,在 3 分钟里,哪个组猜对的词越多,名次越好。需要注意的是,各个组所猜的词要相似,同时要严格控制组里其他的同学,不能进行提示。

15. 驿站传书(图 4-32)

以小组为单位,排成一列纵队,前面的同学不能头向后转,大家也都不能说话。比赛时,赛事中组织会交给排尾一组数字或者是汉字,每个小组以事先商量好的方法把信息从排尾传递到排头,然后让排头写出来,先看正确率,再看时间,进而决定名次。

图4-31　猜词谜比赛

图4-32　驿站传书

第五章　定向运动课程安全问题

定向运动是一种以个人为主的体能类运动项目,而现在大学生的体能水平下降非常明显,学生又缺乏自我保护和相互保护意识,同时,定向运动又很容易受到天气、场地的影响,因此,即使是在校园中进行练习,也很容易造成运动伤害。因此,安全问题一直是定向运动课程实施中最重要的问题。

第一节　定向运动课程中的安全问题与案例

在2012年的定向运动课程教学中,发生了一些严重或者是较为严重的突发事件,给同学们的身体和心理造成了伤害,同时也给同学们的学习、生活带来了极大影响。因此,下面介绍一下这些事件发生的经过、原因和预防措施,从而避免突发事件再次发生,同时再次强调定向运动课程的安全。

一、案例1

2002年5月,某男生在浙江农林大学衣锦校区进行定向练习时,从西面行政楼后的石墙上跳下,手撑地时碰到碎玻璃,被割开一个口子,缝了8针。

原因:没有树立安全意识、没有适当的处理方法。

预防措施:树立安全意识、掌握适当的处理方法。

二、案例2

2003年5月,某女生在钱王陵园进行定向练习时,掉入干枯的水池中,导致脚骨头轻微错位,进行了手术治疗。

原因:准备工作不充分(没及时更换合适的眼镜)。

预防措施:认真对待准备工作,及时消除所有的隐患。

三、案例3

2004年5月,某男生在浙江农林大学校区进行定向练习时,从风雨操场东侧溪间的石头路滑下,导致整个人掉入水中,左眼眉角处被眼镜划伤,缝了3针。

原因:准备工作不充分(鞋带没系紧)、没有适当的处理方法。

预防措施:认真对待准备工作、掌握适当的处理方法(如何过石头桥)。

四、案例4

2004年11月,某男生在浙江农林大学校区进行期末定向专项考试时,从A7～A8间的石墙上跳下，导致脚韧带严重扭伤，不能继续考试。

原因：准备活动不充分、平时练习不到位（体力、技术欠缺）、考试时心急、没有树立安全意识、没有适当的处理方法。

预防措施：认真对待准备活动，认真、积极地进行练习，考试时调整好心态，树立安全意识，掌握适当的处理方法。

五、案例 5

2005 年 6 月，某男生在浙江农林大学校区进行期末定向专项考试时，从第二教学楼后面的石墙上跳下，导致脚骨头轻微骨裂。

原因：准备活动不充分、平时练习不到位（体力、技术欠缺）、考试时心急、没有树立安全意识、没有适当的处理方法。

预防措施：认真对待准备活动，认真、积极地进行练习，考试时调整好心态，树立安全意识，掌握适当的处理方法。

六、案例 6

2007 年 4 月，07 级某女生在浙江农林大学校区进行定向练习时，不小心踩到行人道与公路的结合处（行人道比公路高 20 公分），滑落摔跤，导致左脚跟腱处韧带严重扭伤，虽不至于动手术，但需静养 3 个月，半年内不能参加运动。

原因：准备活动不充分、平时练习不到位（体力、技术欠缺）。

预防措施：认真对待准备活动，认真、积极地进行练习，考试时调整好心态，课后进行体能的练习。

七、案例 7

2007 年 10 月，06 级某女生在钱王陵园进行课后收点时，遭到坏人的袭击，由于该女生较为强悍，同时周边有人经过，所以能安全返回。

原因：没有安全意识、教师麻痹大意。

预防措施：树立正确的安全意识、教师要始终注意安全问题。

八、案例 8

2007 年 11 月，06 级某女生在浙江农林大学校区进行期末定向专项考试中，掉入了学 12 后的泥坑中，淤泥没至胸口，后该生虽自行爬出，但其手机被水泡坏（说明：该危险区域与考试没有任何联系）。

原因：上课不认真听讲、平时练习不到位（能力不够）、考试时心急、没有安全意识。

预防措施：认真对待体育课（按时上下课），认真、积极地进行练习，考试时调整好心态，树立正确的安全意识。

九、案例 9

2008 年 12 月 7 日,07 级某女生在浙江农林大学衣锦校区进行期末定向专项考试中,右脚被地面上的钢丝绊住,右脚踝关节附近小骨头碎裂,进行了手术。

原因:准备活动不充分、平时练习不到位(体力、技术欠缺)、考试时心急。

预防措施:认真对待准备活动,认真、积极地进行练习,考试时调整好心态,课后进行体能的练习。

通过事件回顾,我们可以看到很多突发事件发生的原因主要由于同学们没有树立良好的安全意识。以上事件有四个发生在考试当中,因此每一个同学在进行体育运动时都要有安全意识,同时一定要注重平时定向运动实践练习,积极提高自己的技战术能力。

第二节 定向运动课程中的避险与自救

定向运动大多是在户外进行的,即使是浙江农林大学校区也是地形比较复杂;当突发事故发生时,我们只有极短的反应时间。我们只要运用所掌握的科学知识和自救技能,在短短的几分钟甚至使几秒钟内做出正确的反应,采取应急的安全措施,就可以将危害降至最低,保证自己的人身安全。

一、中暑的防治

夏季湿热无风的山区中开展体育活动时,由于身体无法靠汗液蒸发来控制体温,人就会中暑。

中暑的主要症状为:头痛、晕眩、烦躁不安、脉搏强而有力,呼吸有杂音,体温可能上升至 40 ℃以上,皮肤干燥泛红。如果不及时救治,中暑的人可能很快会失去意识,如果程度很深,则有可能导致意外的发生。因此在夏季进行体育活动前一定要准备好预防和治疗中暑的药物,如十滴水、清凉油、仁丹等。另外,还应该准备一些清凉饮料和太阳镜、遮阳帽等防暑装备。中暑的急救方式为立即带病人至阴凉地休息,解开其衣服领子通风,并及时联系其他同学和老师,严重者马上打 120 急救电话。

二、抽筋的防治

抽筋发生的原因是体育活动时过度的运动或姿势不佳,而引起肌肉的协调不良,或因体育运动时或运动会后受寒,体内的盐分大量流失,因而致使肌肉突然产生非自主性的收缩。抽筋的症状有患处疼痛,肌肉有紧张或抽搐的感觉,患者无法使收缩的肌肉放松。急救的方式为拉引患处肌肉,使患处打直,轻轻按摩患处肌肉。补充水分及盐分,休息直到患处感觉舒适为止。

三、如何应付蛇咬

参加定向练习时,经过蛇类栖息的草丛、石缝、枯木、竹林、溪畔或其他比较阴暗潮湿处时，如果不慎被蛇咬伤，不要吓得不知所措。首先应判断是否为毒蛇咬伤。通常观察伤口上有两个较大和较深的牙痕，才可判断为毒蛇咬伤。若无牙痕，并在20分钟内没有局部疼痛、肿胀、麻木和无力等症状，则为无毒蛇咬伤。只需要对伤口清洗、止血、包扎。若有条件再送医院注射破伤风针即可。

被毒蛇咬伤的主要症状有以下几种。出血性蛇毒的症状有：伤口灼痛、局部肿胀并扩散，伤口周围有紫斑、淤斑、水泡，有浆状血由伤口渗出，皮肤或者皮下组织坏死、发烧、恶心、呕吐、七窍出血、有血痰、血尿、血压降低，瞳孔缩小、抽筋等。被咬后6～48小时可能导致伤者死亡。如果是神经性蛇毒：伤口疼痛、局部肿胀，嗜睡，运动失调，眼睑下垂、瞳孔散大，局部无力，吞咽麻痹，口吃、流口水、恶心、呕吐、昏迷、呼吸困难，甚至呼吸衰竭。伤者可能在8～72小时内死亡。

一般而言，被毒蛇咬伤后10～20分钟后，其症状才会逐渐呈现。被咬伤后，争取时间是最重要的。首先需要找一根布带或长鞋带在伤口靠近心脏端5～10 cm扎紧，缓解毒素扩散。但为防止肢体坏死，每隔10分钟左右，放松2～3分钟。应用冷水反复冲洗伤口表面的蛇毒。然后以牙痕为中心，用消过毒的小刀将伤口的皮肤切成十字形，再用两手用力挤压，拔火罐，或在伤口上覆盖4～5层纱布，用嘴隔纱布用力吸吮（口内不能有伤口），尽量将伤口内的毒液吸出。

四、如何应付蜂蜇

对于蜂蜇来说，首先要注意预防，离草丛和灌木丛远些，因为那里往往是蜂类的家园。发现蜂巢应绕行，一定不要做出过于“亲近”的表现。最好穿戴浅色光滑的衣物，因为蜂类的视觉系统对深色物体在浅色背景下的移动非常敏感。如果有人误惹了蜂群而招致攻击，唯一的办法是用衣物保护好自己的头颈，反向逃跑或原地趴下。千万不要试图反击，否则只会招致更多的攻击。如果不幸已被蜂蛰，可用针或镊子挑出蜂刺，但不要挤压，以免剩余的毒素进入体内。然后用氨水、苏打水甚至尿液涂抹被蜇伤处，中和毒性。可用冷水浸透毛巾敷在伤处，减轻肿痛。最后，直奔医院吧！

五、水泡的防治

长时间的运动后脚被磨破，长出水泡，每走一步都疼痛难耐。现在让这种痛苦的感觉彻底离开你。预防：最好穿着一双合脚的鞋和一双吸汗的棉或线袜子。在容易磨出水泡的地方事先贴一块“创可贴”。如有条件，可以到商店里买一瓶防止起泡的喷雾剂（主要减轻摩擦作用）。一旦磨出了水泡，首先要将泡内的液体排出。用消毒过的缝衣针在水泡表面刺个洞，挤出水泡内的液体，然后用碘酒、酒精等消毒药水涂抹创口及周围，最后用干净的纱布包好。千万不能把水泡的皮给撕了，会很容易感染。

六、昆虫叮咬的防治

在野外为了防止昆虫的叮咬，参赛人员应穿长袖衣和裤，扎紧袖口、领口，皮肤暴露部位涂搽防蚊药。不要在潮湿的树荫和草地上坐卧。宿营时，烧点艾叶、青蒿、柏树叶、野菊花等驱赶昆虫。被昆虫叮咬后,可用氨水、肥皂水、盐水、小苏打水、氧化锌软膏涂抹患处止痒消毒。

七、遇到坏人的应急措施

遇到坏人可以用以下五个方法进行处理。

(1)喊:有道是“做贼心虚”,别小看喊声带来的威慑力量,它就有可能阻止犯罪嫌疑人的恶性动机继续加深。假如犯罪分子正处于犯罪初始阶段,女性应当大声呼救,以求救助。

(2)撒:可以就地取材,抓一把泥沙撒向犯罪分子面部,这样做可以抢时间,逃脱后再去找人帮忙。

(3)抓:猛抓犯罪嫌疑人的面部、要害。抓时要抓得狠、抓得死,将其抓破以达到制服犯罪分子的目的。

(4)踢:可以拼命踢犯罪分子的下身,这样可以削弱他继续侵害的能力。

(5)咬:犯罪分子施暴时常常先将女性的双臂缚住,此时在不得已中应抓住时机咬住其身体不松口,迫其松手。

第三节 运动损伤的处理原则与方法

在进行体育运动中,运动损伤是经常会发生的事情,但是绝大多数同学却因为不懂如何处理,而造成二次损伤,不仅使身体受到了巨大伤害,同时极大影响了学习和生活。因此,我们必须掌握常见运动损伤的处理原则与方法。

一、运动损伤的急救

运动损伤的急救是指对运动现场的意外或者是突发伤害事故进行紧急、临时性的处理。迅速而正确的急救,不仅能抢救伤员的生命、减轻痛苦和预防并发症,而且可为下一步治疗创造良好条件。

现场急救遵循的原则首先是要以挽救生命为第一目的,如因骨折疼痛而引起休克,应先处理危及生命的休克而后做骨折的固定。其次,进行急救要有时间概念,即要争分夺秒地进行抢救。再次,抢救人员要有高度的责任心、正确的急救技术、沉着冷静的头脑。

(一)心跳、呼吸骤停的急救

心跳、呼吸骤停是指心脏突然衰竭,不能搏出足够的血液保证大脑及其他重要器官的需要;呼吸突然停止,机体不能进行有效的气体交换。一般在心跳呼吸停止5至8分钟内称临床死亡期,处于此期的患者是有可能被抢救过来的。但如果超过8分钟,则进入生物学死亡期,患者无法被抢救过来。因此,抢救必须争分夺秒。

1. 呼吸骤停症状

(1)神志完全消失。

(2)颈动脉和股动脉搏动消失。

(3)呼吸停止。

(4)心音听不到。

(5)瞳孔散大、各种生理反射消失。

2. 现场抢救步骤

(1)通畅呼吸道:抢救者一手使患者头后仰,另一手把患者下颏向前提起或使颈抬升、舌根上移而不影响呼吸道通畅,并用手或器具去除口腔内的异物。如果异物在气管内,则可用腹部按压法,即使患者仰卧,抢救者一手掌根部放在患者上腹部剑突下方,另一手重叠在前一手掌背上,双手用力向胸部方向推压,使腹压剧增,把气管内异物迫出。

(2)口对口(或口对鼻)人工呼吸:患者仰卧于硬地或硬床板上,抢救者一手使患者头后仰、口张开,另一手拇指和食指紧捏患者鼻孔,抢救者深吸气后对患者口内猛吹气至患者胸部抬起;随后开放鼻孔,使患者被动呼气,这时可见胸部回缩。吹气频率为每分钟 14 ~ 16 次。

(3)胸外心脏按压:患者仰卧在硬地或硬床板上,双腿稍抬高以利静脉血回流。抢救者位于患者一侧,把一手掌根部置于患者胸骨中、下 1/3 交界处(手掌与患者胸骨纵轴一致),另一手掌根部重叠于该掌背,双肘关节伸直,借助双上肢和自身体重垂直下压,使患者胸骨下沉 3 ~ 4 cm,然后迅速放松,使胸骨弹起(这时抢救者手掌要始终轻贴患者胸壁),如此反复。按压频率为每分钟 60 次。

3. 抢救注意事项

(1)人工呼吸和心脏按压应交替进行。

(2)操作次序:如两人同时进行抢救,每按压心脏 5 次,吹气 1 次;如果仅一人抢救,则按压心脏 15 次,吹气 2 次。

(3)胸外心脏按压的有效指标:出现颈动脉和股动脉搏动;如能测到血压和发现散大的瞳孔缩小、发绀消失、皮肤转红,则表明大脑血流灌注已经建立。

(4)胸外心脏按压常见的并发症有肋骨骨折,偶可致肝、脾破裂。故抢救者应根据患者年龄和胸廓弹性灵活按压,对胸部损伤者则不可施术。

(5)心跳呼吸骤停恢复后的处理:抢救者要尽快向附近医院求援,或火速将患者送往有条件的医院继续抢救。

(二)休克的急救

休克是指人体遭受体内外强烈刺激后发生的一种严重的病理状态或全身综合征。由于人体有效循环血量锐减、组织血液灌流量不足引起机体代谢障碍和细胞受损,是临床常见的危重状态之一。

1. 休克的症状

(1)皮肤冷而黏湿。同时皮肤可能会显得惨白或者灰沉。

(2)脉搏乏力而急促。患者的呼吸可能缓慢而微弱,或者出现强力呼吸(不正常的快呼吸或深呼吸,其结果是血液中损失二氧化碳,从而导致血压降低,手脚颤动,有时还会晕倒),其血压也会低于正常值。

(3)眼神无光且凝滞。有时甚至瞳孔也会扩大。

(4)休克的人也可能有所知觉。这时患者可能感到晕眩甚至非常虚弱或者神志恍惚。休克有时还会使人过度兴奋或者焦躁。

2. 急救措施

如果有人疑似休克或者受伤以后表面上仍然正常,请根据以下急救步骤进行急救。

(1)拨打120急救电话。

(2)使病者仰卧平躺,如果在搬动其腿部时不会引起疼痛或引起其他损伤,请将其双腿抬起并高过头部。

(3)检查患者的生理循环功能(呼吸、咳嗽或者胸部起伏)。如果循环功能消失,请赶紧为其做心肺复苏急救。

(4)使患者保持温暖与舒适。请解开患者的腰带,脱去比较紧身的衣物并给他盖上一块毯子保暖。即使患者抱怨饥渴,也不要给他进食饮水。

(5)如果患者呕吐或者口中咯血,请让他保持侧卧的姿势以避免噎塞。

(6)如果患者流血或者骨折,请立即采取相应的急救措施。

二、运动损伤的常规处理原则与方法

(一)运动损伤处理原则

运动损伤由于其本身特点和发病规律,故在损伤的处理过程中需要遵循以下原则。

(1)急性期。抑制肿胀,减轻疼痛。

(2)中期。消除肿胀,加速组织的愈合,恢复功能。

(3)晚期。恢复功能为主。

(二)运动损伤处理方法

运动损伤有多种有效的处理方法,比较理想的是将各种处理方法有机地组合,以期获得最佳治疗效果。目前采用的处理方法可分为以下几类:初期处理、运动或固定、药物治疗、冷疗、热疗、电疗、手法治疗等。

1. 初期处理

伤后24小时是急性软组织损伤处理最关键的时期。损伤早期应尽量减少损伤部位的出血。适当的处理方法可概括为:保护、休息、冰疗、加压包扎和抬高患肢。

2. 运动和固定

对大多数中、重度软组织损伤的传统处理方法是固定,时间一般不超过6天。完全固定主要用于骨骼损伤,尤其是急性骨折。但长时间固定会带来一系列的组织损害,如关节僵硬、关节软骨变形,肌肉萎缩、无力、僵硬等。故需要做一些保护性的运动,即运动时使用保护支持带,以防止损伤肢体,避免使损伤组织承受过大的应力刺激。

3. 冷热疗法

冷热疗法是运用低于或高于人体温度进行治疗的一种物理疗法。

(1)冷敷法(Cold Compress)能降低局部组织温度,使血管收缩,减轻局部充血,抑制神经的感觉,具有止血、镇痛、防止或减轻肿胀的作用。常用于急性闭合性软组织损伤的早期,伤后立即使用,冷敷后应加压包扎并抬高伤肢。

冷敷时一般使用冰袋或寒冷气雾剂。冰袋或用冰块装入塑料袋内做伤部冷敷约 20 分钟;若用寒冷气雾剂做局部喷布冷敷时(面部不宜采用),喷射出的细流应与皮肤垂直,瓶口距皮肤 20 ~ 30 cm,每次约 10 s,不可喷射过多,以防发生冻伤。如条件,也可用冷水毛巾置于伤部,2 ~ 3 分钟更换一次。

(2)热疗热疗包括热敷(Heat Compress)、红外线照射等,它能扩张局部血管,增强血液和淋巴循环,提高组织的新陈代谢,解除肌肉痉挛,加速淤血和渗出液的吸收,促进损伤组织的修复,具有消肿、解痉、减少粘连和促进愈合的作用。常用于急性闭合性软组织损伤的中、后期和慢性损伤的治疗。

热敷时一般采用热水袋或热水毛巾,每天 1 ~ 2 次,每次 20 ~ 30 分钟。毛巾无热感时要立即更换,热敷的温度要适当,以防发生烫伤。红外线照射治疗时,先把红外线灯预热 2 ~ 5 分钟,然后把红外线灯移向伤部的上方或侧方,灯距一般为 30 ~ 50 cm,照射剂量以伤员有舒适热感、皮肤出现桃红色均匀红斑为度。如伤员自觉温度过高时要适当增大灯距,汗液应擦去。每天 1 ~ 2 次,每次 15 ~ 30 分钟。

第四节　运动中的常见损伤与疾病

一、踝关节扭伤

踝关节是人体在运动中首先与地面接触的主要负重关节,也是日常生活和体育运动中较易受损伤的关节之一。踝关节周围韧带(包括内侧韧带、外侧韧带、下胫腓韧带等)在保持踝关节的稳定性中发挥了重要的作用,因而也较易受到损伤。踝关节扭伤的发生约占所有运动损伤的 40%。据估计踝关节扭伤的发病率可高达急诊室就诊的 10%,每天每 3 万人中就有 1 例踝关节内翻损伤发生,每年约 200 万人发生内翻伤。

(一)病因

踝关节的外侧韧带较为薄弱,外踝比内踝长,距骨前宽后窄,踝关节跖屈时距骨最窄的部分位于踝穴内,致使骨性稳定性降低,且踝关节内翻的肌肉力量大于外翻肌肉力量,上述解剖及生理因素决定了踝关节容易在跖屈内翻位发生扭伤,因而外侧韧带的受损最为常见。少数情况下踝关节于外翻位发生内踝三角韧带的损伤。严重情况下可合并下胫腓联合的损伤。

踝关节韧带损伤根据严重程度可以分为三度:Ⅰ度,轻微韧带拉伤,轻微肿胀和压痛,无不稳定,几乎无功能丧失;Ⅱ度,韧带部分撕裂,肿胀和压痛明显,轻到中度不稳定;Ⅲ度,韧带完全断裂,严重肿胀和压痛,功能丧失,显著不稳定。

(二)症状

患者于扭伤后迅即出现扭伤部位的疼痛,随后出现肿胀及皮肤淤斑。严重者患足因为疼痛肿胀而不能活动。外踝扭伤时,患者在尝试行足内翻时疼痛症状加剧。内侧三角韧带损伤时,患者在尝试行足外翻时疼痛症状加剧。受累部位出现典型的疼痛、肿胀、淤斑表现。触诊可及明确的压痛点。查体抽屉试验阳性可提示外侧距腓前韧带损伤,内翻应力试验阳性提示合并外侧跟腓韧带损伤,外翻应力损伤提示内侧三角韧带损伤。上述试验评价时均需与对侧未受累踝关节进行对比,且在扭伤急性期尤其是踝关节肿痛明显时,这些查体往往难以完成。行踝关节正位、侧位、踝穴位 X 光片可有助于排除骨折。应力位 X 光片可有助于间接判断踝关节韧带损伤,但往往因加剧患者症状或加重损伤而在急性期难以实现。当扭伤严重怀疑有关节软骨损伤时可进行 CT 或 MRI 检查,以除外骨软骨损伤。

(三)治疗

急性踝关节扭伤通常采用保守治疗,原则为 RICE(Rest,休息;Ice,冰敷;Compression,加压包扎;Elevation,抬高患肢)。于损伤初期严格遵守这一原则,并辅以理疗以促进消肿。3 周内采用支具或护具进行相对制动和保护,尽量避免负重,可在非负重情况下积极活动足趾及行小腿肌肉的等长收缩,以促进消肿。急性期过去后,可逐步开始主动全范围活动度锻炼、负重,在斜行板上锻炼本体感觉,加强腓骨肌力量,以增强踝关节的稳定性,避免日后再次发生扭伤。关于Ⅲ度损伤的治疗存在一些争议,目前仍推荐采用保持治疗。虽然一些专家强调一期修复撕裂的韧带可以获得更好的效果,但针对手术和保守治疗效果的大量比较研究表明,手术治疗效果不比保守治疗更好。

(四)预防

预防措施包括下肢柔韧性、平衡能力、本体感觉和肌肉力量的练习,以增强稳定性和灵敏度。同时运动前要做好充分的热身准备活动,运动时可佩戴护具限制关节的过度活动。踝关节不稳者平日行走于不平路面或参加运动时可穿高帮鞋,以提供对踝关节的保护。

二、急性腰扭伤

急性腰扭伤是腰部肌肉、筋膜、韧带等软组织因外力作用突然受到过度牵拉而引起的急性撕裂伤,常发生于搬抬重物、腰部肌肉强力收缩时。急性腰扭伤可使腰骶部肌肉的附着点、骨膜、筋膜和韧带等组织撕裂。

(一)病因

本病主要有以下两种原因引起腰部软组织损伤。

1. 腰扭伤

腰扭伤多因行走滑倒、跳跃、闪扭身躯、跑步而引起,多为肌肉、韧带遭受牵制所致,故损伤较轻。

2. 腰挫裂伤

腰挫裂伤是较为严重的损伤,如攀高,提拉、扛抬重物的过程中用力过猛或姿势不正、配合不当,造成腰部的肌肉筋膜、韧带、椎间小关节与关节囊的损伤和撕裂。

(二)症状

患者伤后立即出现腰部疼痛,呈持续性剧痛,次日可因局部出血、肿胀、腰痛更为严重;

也有的只是轻微扭转一下腰部，当时并无明显痛感，但休息后次日感到腰部疼痛。腰部活动受限，不能挺直，俯、仰、扭转感困难，咳嗽、喷嚏、大小便时可使疼痛加剧。腰肌扭伤后一侧或两侧当即发生疼痛；有时可以受伤后半天或隔夜才出现疼痛、腰部活动受阻，静止时疼痛稍轻、活动或咳嗽时疼痛较甚。检查时局部肌肉紧张、压痛及牵引痛明显，但无淤血现象。

（三）治疗

急性期应卧床休息。压痛点明显者可用1%普鲁卡因（或加入醋酸氢化可的松1毫升）做痛点封闭，并辅以物理治疗。也可局部敷贴活血、散瘀、止痛膏药。症状减轻后，逐渐开始腰背肌锻炼。

（四）预防

预防急性腰扭伤主要有以下几点种方法。

（1）掌握正确的体育运动姿势，如背杠铃时要尽量挺胸、腰部挺直，起身应以下肢用力为主，站稳后再迈步。搬、提重物时应采取半蹲位，使物体尽量贴近身体。

（2）若在寒冷潮湿环境中工作后，应洗热水澡以祛除寒湿，消除疲劳。尽量避免弯腰性强迫姿势工作时间过长。

三、肌肉痉挛

肌肉痉挛是指肌肉突然、不自主的强直收缩的现象，会造成肌肉僵硬、难忍。肌肉痉挛的真正原因目前尚未被确知，大多数的研究结果认为，肌肉抽筋起因于神经或神经肌应激阈值的降低，使得肌肉的神经行动频率突然增加，造成肌肉强直收缩。

（一）病因

痉挛即肌肉抽筋。腿常抽筋大多是缺钙、受凉、局部神经血管受压引起的。平时可适量补钙，多晒太阳，注意局部保暖，也要注意体位的变化，如坐姿睡姿，避免神经血管受压，也可做局部肌肉的热敷、按摩，加强局部的血液循环，如果仍无改善，就应到医院检查治疗。

（二）分类

（1）夜间肌肉痉挛（Night Cramp），包括在任何静态的情况下所发生的抽筋，如睡觉时或静坐时。

（2）不动时发生的抽筋。此种抽筋常发生的部位为腓肠肌和足部的一些小肌肉。此种抽筋有些是因为神经肌的自主性活动使患者的脚产生活动。

（3）中暑性肌肉痉挛（Heat Cramp），此种类型的抽筋与脱水和体内电解质的平衡失调有关。此种抽筋最常发生在运动员的身上，尤其是在炎热的天气下运动最易发生。典型的中暑性痉挛是于炎热的环境下工作一或两小时后发生；中暑性痉挛甚至在活动结束后的18小时之内皆可能发生，且可能在持续几天内肌肉皆有不正常的现象。中暑性痉挛多发生在手掌、手臂及腿部的大肌肉上，有时一些女性短跑选手也会在腹壁发生中暑性痉挛。

（三）症状

（1）全身强直性抽筋：全身肌肉强直，一阵阵抽动，呈角弓反张（头后仰，全身向后弯呈弓形)，双眼上翻或凝视，神志不清。

(2)局限性抽筋:仅局部肌肉抽动，如仅一侧肢体抽动，或面肌抽动，或手指、脚趾抽动，或眼球转动，眼球震颤、眨眼动作、凝视等。大多神志不清。以上抽风的时间可为几秒钟或数分钟，严重者达数分钟或反复发作，抽风发作持续30分钟以上者称惊厥的持续状态。

(四)应急办法

(1)防止患者在剧烈抽搐时与周围硬物碰撞致伤，但绝不可用强力把抽搐的肢体压住，以免引起骨折。

(2)腓肠肌抽筋的处理有以下几种方法。

①急剧运动时腓肠肌突然觉得疼痛、抽筋时，要马上抓紧拇趾，慢慢地伸直腿部，待疼痛消失时进行按摩。

②游泳时抽筋的处理方法有以下几种。

a. 手指、手掌抽筋:将手握成拳头，然后用力张开，又迅速握拳，如此反复进行，并用力向手背侧摆动手掌。

b. 上臂抽筋:将手握成拳头并尽量屈肘，然后再用力伸开，如此反复进行。

c. 小腿或脚趾抽筋:用抽筋小腿对侧的手，握住抽筋腿的脚趾，用力向上拉，同时用同侧的手掌压在抽筋小腿的膝盖上，帮助小腿伸直。

d. 大腿抽筋:弯曲抽筋的大腿，与身体成直角，并弯曲膝关节，然后用两手抱着小腿，用力使它贴在大腿上，并做震荡动作，随即向前伸直，如此反复进行。

(3)如果半夜出现腓肠肌抽筋时，可以利用墙壁压挡脚趾，将腿部用力伸直，直到疼痛、抽筋缓解，然后进行按摩。

四、延迟性肌肉酸痛

一般在锻炼后24小时后出现的肌肉酸痛在运动医学上称为“延迟性肌肉酸痛症”。

(一)原因

多数人认为，肌肉的过度使用可造成肌肉酸痛症，其原因有以下几点。

(1)肌肉的张力和弹性的急剧增加，可引起肌肉结构成分的物理性损伤。

(2)新陈代谢的增加，代谢废物对组织的毒性增加。

(3)肌肉的神经调节发生改变，使肌肉发生痉挛而致疼。

(二)症状

锻炼后24~72小时酸痛达到顶点，5~7天后的疼痛基本消失。除酸痛外，还有肌肉僵硬，轻者仅有压疼，重者肌肉肿胀，妨碍活动。任何骨骼肌在激烈运动后均可发生延迟性肌肉酸痛，尤其长距离跑后更易出现。长跑者可出现髋部、大腿部和小腿部前侧伸肌和后侧屈肌的疼痛，在肌肉远端和肌腱连接处症状更显。在炎热夏天进行极量运动后，除肌肉疼痛外，还可出现脱水、低钙、低蛋白等症状。

(三)处理方法

营养疗法，因为此病伴有糖原的消耗及磷酸肌酸无机磷酸值的减少，维生素C能改善此病的症状，另外，超声波处理有一定的效果。

（四）预防

（1）锻炼安排要合理。经过一段时间锻炼后，原先出现的肌肉酸痛症的运动量，就较少出现症状，并且表现有特异性。例如下坡运动锻炼一段时间后能减轻下坡锻炼带来的肌肉酸痛症。

（2）局部温热和涂搽药物。锻炼后用温热水泡洗可减轻肌肉酸痛。局部涂搽油剂、糊剂或按摩擦剂也可减轻疼痛。

（3）牵伸肌肉的运动可减轻酸疼。牵伸肌肉可加速肌肉的放松和拮抗肌的缓解，有助于紧张肌肉的恢复。这种肌肉牵伸练习也为预防锻炼时的拉伤打下基础。

（4）做好准备活动和整理活动。准备活动做得充分和整理运动做得合理有助于防止或减轻肌肉酸痛。

五、肌肉拉伤

肌肉拉伤，是肌肉在运动中急剧收缩或过度牵拉引起的损伤。这在引体向上和仰卧起坐练习时容易发生。

（一）原因

在体育运动中，由于准备活动不当，某部肌肉的生理机能尚未达到适应运动所需的状态；训练水平不够，肌肉的弹性和力量较差；疲劳或超负荷运动，使肌肉的机能下降，力量减弱，协调性降低；错误的技术动作或运动时注意力不集中，动作过猛或粗暴；气温过低，湿度太大，场地或器械的质量不良等都可以引起肌肉拉伤。

在完成各种动作时，肌肉主动猛烈地收缩超过了肌肉本身的负担能力，或突然被动地过度拉长，超过了它的伸展性，都可发生拉伤。如举重运动弯腰抓提杠铃时，竖脊肌由于强烈收缩而拉伤。在做前压腿、纵劈叉等练习时，突然用力过猛，可使大腿后群肌肉过度被动拉长而发生损伤；横劈叉练习可使大腿内侧群肉过度被动拉长而发生拉伤。在体育运动中，大腿后群肌肉的拉伤最为常见，大腿内收肌、腰背肌、腹直肌、小腿三头肌、上臂肌等都是肌肉拉伤的易发部位。

（二）症状

局部疼痛、压痛；肿胀、肌肉紧张、发硬、痉挛；功能障碍。当受伤肌肉主动收缩或被动拉长时疼痛加重，肌肉收缩抗阻力试验阳性，即疼痛加剧或有断裂的凹陷出现。有些伤员伤时有撕裂样感，肿胀明显及皮下淤血严重，触摸局部有凹陷或见一端异常隆起者，可能为肌肉断裂。

（三）处理

用一块布包着冰块或是用一个冰袋对伤处冰敷，以防进一步肿胀，并减少疼痛。设法在几天内不要使用受伤的肌肉，或者是在疼痛消失之前，不要使用受伤的肌肉，用绷带或布条将受伤区包扎起来，给它支撑力量，但是要注意的是不要扎得太紧。如果扎得太紧，肌肉会进一步肿胀,妨碍血液循环。治疗的方式要视损伤严重程度而定,医生可能会给你服用止痛剂或肌肉松弛药物,或是两者一起使用。当然也可以外敷膏药,膏药功效全面,适用范围广,既可用于肢体外伤及伤筋的后期,也可用于肢体明显肿胀或新伤初期,对受损皮下组织可起到消肿止痛、祛腐生肌的作用。如果是腿肌受伤,医生可能会建议你使用拐杖,如果是手臂受伤,他会叫你使用吊带,他甚至会叫你卧床静养三四天。医生还会建议做理疗,当急性疼痛及肿胀消退时,医生会给你拟订一个循序渐进的运动计划让你开始实施,以便恢复活动及力量。

体育课有时会出现肌肉拉伤的情况,但同学们对于肌肉拉伤时的最佳处理方法却不一定十分清楚。下面就慢性肌腱炎和滑囊炎(两种影响肌肉的疼痛状态)的区分以及处理技巧做一简单的介绍。慢性肌腱炎和滑囊炎是两种常见的发生在肌肉和骨骼之间的疾病。慢性肌腱炎是一种肌腱的炎症,肌腱位于肌肉的末端,连接着骨骼。如果肌腱发炎了,随着肌肉或关节的运动就会伴有急性或慢性的疼痛。滑囊炎是黏液囊的炎症,滑囊中充满了液体,它环绕着关节或肌腱,引导和润滑着肌肉和关节。滑囊炎症的特征为剧烈的疼痛,运动时更为突出,关节活动受限,如果慢性肌腱炎或滑囊炎不很严重,痊愈后不会有后遗症。根据受伤的严重程度,痊愈的时间为2~6周,休息或正确的关节运动,恢复性的伸展运动和关节康复锻炼以及物理治疗都是非常有效的。这些治疗方法可减轻疼痛,避免组织结疤,并尽可能地使受伤处恢复原来的功能。

肌肉拉伤分主动拉伤和被动拉伤两种。主动拉伤是肌肉做主动的猛烈收缩时,其力量超过了肌肉本身所能承担的能力而引发的;被动拉伤主要是肌肉用力牵伸时超过了肌肉本身特有的伸展程度,从而引起拉伤。

(四)预防

肌肉拉伤预防,主要是针对发生原因进行预防。如剧烈运动前做好准备活动,尤其是易拉伤部位的准备活动;体质较弱、训练水平不高的,运动时要量力而行,防止过度疲劳和负荷太重;要提高运动技术及动作的协调性,不要用力过猛,改善训练条件,注意运动场所的温度。冬季在野外运动时要注意保暖,不可穿得太薄,要注意观察肌肉的反应,如肌肉的硬度、韧性、弹力、疲劳程度。肌肉拉伤后重新参加训练时要循序渐进,勿操之过急,并要加强局部保护,防止再度拉伤。

六、运动性猝死

对运动性猝死(SCD)的定义是在运动中或运动后即刻出现症状,6小时内发生的非创伤性死亡。

(一)案例

人类历史上第一例有据可查的运动性猝死可追溯到公元前490年。那一年,希腊军队在雅典附近的军事重镇——马拉松与入侵的波斯军队展开了一场决定希腊命运的激战。希腊军队大获全胜后,青年士兵菲迪皮德斯奉命跑回雅典报告胜利的喜讯。但是,当他跑到雅典时,他只喊了一声"我们胜利了",便倒地死去。为纪念菲迪皮德斯,"马拉松"运动诞生。

历史上在运动中猝死的运动员屡见不鲜，近年来就有一些曾在运动场上创造过辉煌的运动员的运动性猝死引起过轰动，例如吉姆·菲克斯（1984 年，马拉松，美国）、弗乐·海曼（1988 年，排球，美国）、谢尔盖·格林科夫（1995 年，花样滑冰，俄罗斯）以及中国排球国手朱刚（2001 年）。据推测，这些运动员均死于心源性猝死。

相信许多人对几年前的那场悲剧都还记忆犹新：2004 年 10 月 17 日，在 2004 年北京国际马拉松赛暨第 5 届首都高校马拉松挑战赛过程中，两名业余选手——北京某大学学生（男，20 岁）和某长跑俱乐部联队队员（男，64 岁）猝死。一年后的 10 月 16 日，在 2005 年北京国际马拉松赛上，又发生了相似的一幕：一名业余选手（男，26 岁）猝死。如此雷同的猝死事件，再加上以往时有耳闻的运动员猝死事件，带给人们的除了震惊，还有疑问：对于运动员（无论其为专业还是业余）这样一组一向被认为是最健康的人群，是什么导致了他们的不幸猝死？

（二）病理

1. 总述

对于年轻运动员来说，其潜在的心脏病多为与动脉粥样硬化无关的结构性心脏病：最常见的为肥厚型心肌病，占所有 SCD 的 36%；其次为先天性冠状动脉畸形，占 17% ~19%；再次为特发性左心室肥厚，占 9% ~10%；其他比较少见的病因包括主动脉破裂、致心律失常性右室心肌病、主动脉瓣狭窄、长 QT 综合征、二尖瓣脱垂、心脏震荡、预激综征和冠心病等。而在年龄大于 35 岁的较年长运动员中，冠心病是 SCD 的最常见原因，所占比例高达 73% ~95%。

2. 分述

1）肥厚型心肌病

如前所述，肥厚型心肌病（HCM）是年轻运动员 SCD 的主要原因，占 1/3 以上。据估计，一般人群的 HCM 患病率为 1/500，但许多 HCM 患者终身都未被诊断。

（1）HCM 的主要诊断依据为：无其他引起左心室肥大的心脏病或全身性疾病的左心室肥厚且无扩张。这种病理性肥厚可导致心室顺应性减低和舒张充盈功能受损。左室流出道梗阻和可能存在的心肌壁内小血管可导致心肌缺血。心肌细胞的破坏、替代性纤维变性或心肌缺血可造成心肌电节律的不稳定，从而引发心律失常。

（2）HCM 病因未明。目前认为遗传因素是其主要病因。家族性病例以常染色体显性遗传方式传递，表现形式多样，很多病例到青春期或成人早期才发病。如果已经证实有 HCM 家族史的存在，则所有一级亲属皆应接受超声心动图检查。但是，要非常明确地对轻症 HCM 和受过高强度训练的运动员的正常心脏肥厚相区分，也并非易事。

（3）HCM 经常以猝死为首发症状。这对于该病的预防和治疗都非常不利。Maron 等对一组运动时发生 SCD 的 HCM 运动员的分析显示，其中仅 35. 7% 曾对包括晕厥、家族史、心脏杂音、乏力或运动试验时发生室性心动过速等危险因素进行过评估。Maron 等的另一项研究也显示，发生 SCD 的 HCM 运动员中 21% 死前曾出现过心血管病症状，包括胸痛、劳力性呼吸困难、头晕或晕厥。

(4)对于任何在心脏听诊时可闻及粗糙的收缩期杂音的患者,都应考虑到HCM。该特征性杂音在做某些减少静脉回流的动作(如Valsalva动作)时可增强。如果临床上怀疑患者患上HCM,则应进行超声心动图检查以确诊之。如果是在急诊室怀疑患者患上HCM,则患者在接受超声心动图查和接受心脏科会诊前均应避免劳累或运动。

2)动脉畸形

(1)先天性冠状动脉畸形。

先天性冠状动脉畸形是年轻运动员SCD的第二位原因。与HCM一样,这种先天性畸形的漏诊率也很高。在运动员中,与SCD相关的最常见冠状动脉畸形是左主干起源于右Valsalva窦。从理论上来说,在运动时,冠状动脉畸形可导致心肌灌注不足,但其确切机制却不甚清楚,可能原因包括因运动时主动脉扩张而造成左主干狭窄,左主干起始部位为锐角,主动脉和肺动脉干对运行于两者之间的左主干造成压迫等。其他冠状动脉畸形还包括右冠状动脉起源于左Valsalva窦或肺动脉、单支冠状动脉和冠状动脉瘤。

一些冠状动脉畸形患者在发生猝死之前可表现出晕厥或心绞痛等症状。Maron等报告,在死于该原因的运动员中,31%死前曾表现出相关症状。由于大多数冠状动脉畸形可以借手术来矫正,因此在患者出现临床可疑症状时,尽早进行超声心动图检查和血管造影检查以确诊,这将非常有益于患者的预后。近来的研究还显示,影像学(MRI和CT)冠状动脉血管造影也被证实可以有效检出冠状动脉畸形。

(2)特发性左心室肥厚。

特发性左心室肥厚(ILVH)约占年轻运动员SCD的10%。ILVH是一种匀称的向心型肥厚。与HCM不同的是,ILVH与遗传无关,且无细胞排列紊乱的病理学表现。但是,现在还不确定,是否有些ILVH病例实际上就是下列几种疾病:①形态学表现较轻微的HCM,②罕见的转归较差的运动诱导的心脏肥厚(即所谓"运动员心脏综合征"),③伴左心室肥厚的右室心肌病。至于ILVH致死的确切机制,目前还所知甚少,估计与HCM相似。

3)其他少见病因

(1)心肌炎。

在心肌炎的急性期和康复期皆可发生SCD,因此罹患心肌炎的运动员需至少康复6个月以上方能重新返回运动场。

(2)二尖瓣脱垂。

特发性二尖瓣脱垂(MVP)在普通人群中的发病率高达5%左右。虽然已有MVP导致猝死的报告,但这非常少见,大多数存在MVP的运动员可以完全没有症状。MVP患者心脏听诊时可有收缩中期喀喇音和收缩晚期杂音。已知罹患MVP的运动员如果出现晕厥、劳力性胸痛或中重度二尖瓣返流,应限制其运动。

(3)主动脉破裂。

主动脉破裂占年轻运动员SCD的5%~7%,其中一半发生在马方综合征运动员中。马方综合征是一种常染色体显性单基因遗传性结缔组织病,其诊断依赖于临床表现(骨、眼及心血管系统)和家族史。

(4)致心律失常性右室心肌病。

致心律失常性右室心肌病是意大利北部威内托大区年轻运动员的最常见猝死原因。但其在美国的发病率要低得多,约占年轻运动员 SCD 的 3%。右室心肌病是一种常染色体显性遗传病,以右心室的纤维化和脂肪浸润为特征,可导致右心室壁的变薄和扩张,从而引发复发性和难治性室性快速型心律失常。该病的诊断比较困难,若超声心动图检查未能证实右心室扩张和功能障碍,则磁共振成像所示心肌层脂肪浸润具有诊断价值。

(5)预激综合征。

预激综合征(WPW 综合征)在普通人群中的发病率仅为 0.15% ~0.2%,其导致猝死的危险也很小(<0.1%)。WPW 综合征患者可出现包括心悸、晕厥和头晕在内的各种症状。其引发 SCD 的机制为,旁路途径所介导的快速房室传导引起房颤,再引起快速心室应答,最终引起室颤。

(6)长 QT 综合征。

长 QT 综合征以心室复极延长为特征,因此有导致 SCD 的危险。长 QT 综合征可为先天性、药物性或代谢性。其引起 SCD 的机制为发生尖端扭转型室性心动过速。尖端扭转型室性心动过速可以由运动相关性心动过速所诱发,因此长 QT 综合征患者应被限制进行竞技性体育运动。

(7)心脏震荡。

心脏震荡是指无结构性心脏病的个体因心前区受到撞击而引起的电生理事件。其引起 SCD 的机制为心前区撞击落在心动周期的“易损期”而产生室颤。若心肺复苏和除颤及时,这类患者有生还的可能。美国心脏震荡登记处的一项研究显示,这类患者的生存率和完全康复率分别为 10% 和 2.8%。

(8)Brugada 综合征。

Brugada 综合征发生在结构正常且无冠心病的个体,可反复发作不可预测的室性心动过速或猝死,其心电图表现为完全或不完全性右束支传导阻滞伴 V1 ~ V3 导联的 ST 段抬高。目前抗心律失常药物尚未获得可靠证据,置入式心脏复律除颤器(ICD)是治疗该综合征的最佳选择。冠心病仅占年轻运动员 SCD 的 2%,但却是绝大多数 35 岁以上运动员 SCD 的绝对主要原因。

总之,SCD 很少发生在心脏结构正常的运动员身上,因此,在对出现心脏症状或体征的运动员进行评估时,判断结构性心脏病的有无具有非常重要的意义。由于某些 SCD 患者死前可以不表现出任何心脏症状,体检时也可以没有任何异常体征,因此要想检出所有具有潜在 SCD 危险的患者是不可能的。但是,通过对上述 SCD 病因的了解,学会如何去询问病史和进行体检,就可以借助潜在性的诊断线索来检出大多数 SCD 高危患者。

第六章 体质测试与身体素质

体质健康的国民是国家的最大资产,国民体质健康是国力的具体象征,也是国家竞争力的关键因素与衡量国家现代化的指标之一。同时,体质健康还可以降低死亡率,减少冠状动脉心脏病、糖尿病、大肠癌、高血压、高血脂、骨质疏松和抑郁症的患病率。但是,2013年中国慢性病检测显示,我国18岁以上居民83.8%从不参加业余锻炼,仅有11.9%的居民经常锻炼,他们每周锻炼三次以上,每次至少10分钟。那么,我们的大学生锻炼次数和身体素质如何呢?根据2004年的问卷调查表明,31.3%的大学生每周参加三次以上体育锻炼,37.7%的大学生每周参加1~2次体育锻炼,30.2%的大学生是偶尔参加体育锻炼,0.9%的大学生完全不参加体育锻炼,于是,高校出现了一群由于体质健康方面的问题,例如营养不良、肥胖和高血压等而严重影响其人体形态结构、生理功能、运动能力、心理素质和对内外环境适应能力的"体质健康问题突出大学生"。

体质的定义可视为身体适应生活、运动与环境(例如,温度、气候变化或病毒等因素)的综合能力。体质与健康息息相关,而健康程度又直接影响人们的工作效率和休闲生活的品质,因此促进体质水平,已被各发达国家的医疗体系列为预防医学的重要领域之一。有研究发现,体质较佳者,患高血压的概率比较差者低;而习惯坐着的人,其死亡的危险大约是常活动者的两倍,体质水平低的人的相对危险是高水平体质个体的7~8倍,而经常运动并保持较佳体质的人,除了较健康外,也不易受疾病的侵袭,其患病率和死亡率都较低。

因此,好的体质可以带来健康,而规律运动对降低心血管疾病的患病率、高血压的防治、血脂成分的改善、预防与控制糖尿病都有实质性的功效。同时,运动后常给人带来愉悦的感觉,乃因运动能减缓心理压力,降低沮丧,使人具有自信心等心理效果。为此,每一个大学生可以通过每年一次的体质测试来评估自己的体质水平,了解自己的身体健康状况,然后针对个人的特殊性,知道自己要如何来从事运动,哪种运动方式才适合自己,然后拟订具体有效的运动计划,才能达到增强体质,促进健康的目的。

第一节 学生体质健康测试内容

伴随着中国社会经济的快速发展,学生体质健康问题日益受到社会的关注。从1985至2014年间共实施了5次全国范围的学生体质测试健康调查,建立了较完善的中国学生体质健康调研制度。最后一次是2010年进行的全国学生体质与健康调研,此次调研覆盖31个省区市,调研人数为348 495,测试项目包括身体形态、生理机能、身体素质、健康状况等4个方面的22项指标(身高、体重、胸围、脉搏、血压、肺活量、50米跑、立定跳远、引体向上、斜身引体向上、仰卧起坐、握力、50米×8往返跑、800米跑、1 000米跑、立体体前屈、视力、智齿、血红蛋白、粪蛔虫卵、月经初潮、首次遗精等)。通过调研,可以及时了解新学期学生的健康状况,发现学生体质健康存在的问题，据此进行干预和制定促进学生体质健康的政策与措施。

根据教育部和浙江省教育厅的有关规定，目前浙江农林大学进行学生体质与健康测试项目为身高、体重、肺活量、50 米跑、立定跳远、引体向上、仰卧起坐、800 米跑、1 000 米跑、立体体前屈、视力 11 个项目。身高、体重评分标准可见表 6-1、表 6-2，其余可查阅附录 3。

表 6-1　大学一至四年级男生身高标准体重(体重单位:kg)

身高段/cm	营养不良	较低体重	正常体重	超重	肥胖
	50 分	60 分	100 分	60 分	50 分
144.0～144.9	<41.5	41.5～46.3	46.4～51.9	52.0～53.7	≥53.8
145.0～145.9	<41.8	41.8～46.7	46.8～52.6	52.7～54.5	≥54.6
146.0～146.9	<42.1	42.1～47.1	47.2～53.1	53.2～55.1	≥55.2
147.0～147.9	<42.4	42.4～47.5	47.6～53.7	53.8～55.7	≥55.8
148.0～148.9	<42.6	42.6～47.9	48.0～54.2	54.3～56.3	≥56.4
149.0～149.9	<42.9	42.9～48.3	48.4～54.8	54.9～56.6	≥56.7
150.0～150.9	<43.2	43.2～48.8	48.9～55.4	55.5～57.6	≥57.7
151.0～151.9	<43.5	43.5～49.2	49.3～56.0	56.1～58.2	≥58.3
152.0～152.9	<43.9	43.9～49.7	49.8～56.5	56.6～58.7	≥58.8
153.0～153.9	<44.2	44.2～50.1	50.2～57.0	57.1～59.3	≥59.4
154.0～154.9	<44.7	44.7～50.6	50.7～57.5	57.6～59.8	≥59.9
155.0～155.9	<45.2	45.2～51.1	51.2～58.0	58.1～60.7	≥60.8
156.0～156.9	<45.6	45.6～51.6	51.7～58.7	58.8～61.0	≥61.1
157.0～157.9	<46.1	46.1～52.1	52.2～59.2	59.3～61.5	≥61.6
158.0～158.9	<46.6	46.6～52.6	52.7～59.8	59.9～62.2	≥62.3
159.0～159.9	<46.9	46.9～53.1	53.2～60.3	60.4～62.7	≥62.8
160.0～160.9	<47.4	47.4～53.6	53.7～60.9	61.0～63.4	≥63.5
161.0～161.9	<48.1	48.1～54.3	54.4～61.6	61.7～64.1	≥64.2
162.0～162.9	<48.5	48.5～54.8	54.9～62.2	62.3～64.8	≥64.9
163.0～163.9	<49.0	49.0～55.3	55.4～62.8	62.9～65.3	≥65.4
164.0～164.9	<49.5	49.5～55.9	56.0～63.4	63.5～65.9	≥66.0
165.0～165.9	<49.9	49.9～56.4	56.5～64.1	64.2～66.6	≥66.7
166.0～166.9	<50.4	50.4～56.9	57.0～64.6	64.7～67.0	≥67.1
167.0～167.9	<50.8	50.8～57.3	57.4～65.0	65.1～67.5	≥67.6
168.0～168.9	<51.1	51.1～57.7	57.8～65.5	65.6～68.1	≥68.2
169.0～169.9	<51.6	51.6～58.2	58.3～66.0	66.1～68.6	≥68.7
170.0～170.9	<52.1	52.1～58.7	58.8～66.5	66.6～69.1	≥69.2
171.0～171.9	<52.5	52.5～59.2	59.3～67.2	67.3～69.8	≥69.9
172.0～172.9	<53.0	53.0～59.8	59.9～67.8	67.9～70.4	≥70.5
173.0～173.9	<53.5	53.5～60.3	60.4～68.4	68.5～71.1	≥71.2

续表

身高段/cm	营养不良	较低体重	正常体重	超重	肥胖
	50分	60分	100分	60分	50分
174.0~174.9	<53.8	53.8~61.0	61.1~69.3	69.4~72.0	≥72.1
175.0~175.9	<54.5	54.5~61.5	61.6~69.9	70.0~72.7	≥72.8
176.0~176.9	<55.3	55.3~62.2	62.3~70.9	71.0~73.8	≥73.9
177.0~177.9	<55.8	55.8~62.7	62.8~71.6	71.7~74.5	≥74.6
178.0~178.9	<56.2	56.2~63.3	63.4~72.3	72.4~75.3	≥75.4
179.0~179.9	<56.7	56.7~63.8	63.9~72.8	72.9~75.8	≥75.9
180.0~180.9	<57.1	57.1~64.3	64.4~73.5	73.6~76.5	≥76.6
181.0~181.9	<57.7	57.7~64.9	65.0~74.2	74.3~77.3	≥77.4
182.0~182.9	<58.2	58.2~65.6	65.7~74.9	75.0~77.8	≥77.9
183.0~183.9	<58.8	58.8~66.2	66.3~75.7	75.8~78.8	≥78.9
184.0~184.9	<59.3	59.3~66.8	66.9~76.3	76.4~79.4	≥79.5
185.0~185.9	<59.9	59.9~67.4	67.5~77.0	77.1~80.2	≥80.3
186.0~186.9	<60.4	60.4~68.1	68.2~77.8	77.9~81.1	≥81.2
187.0~187.9	<60.9	60.9~68.7	68.8~78.6	78.7~81.9	≥82.0
188.0~188.9	<61.4	61.4~69.2	69.3~79.3	79.4~82.6	≥82.7
189.0~189.9	<61.8	61.8~69.8	69.9~79.9	80.0~83.2	≥83.3
190.0~190.9	<62.4	62.4~70.4	70.5~80.5	80.6~83.6	≥83.7

注:身高低于表中所列出的最低身高段的下限值时,每低1 cm,实测体重需加上0.5 kg,实测身高需加上1 cm,再查表确定分值。身高高于表中所列出的最高身高段时,身高每高1 cm,其实测体重需减去0.9 kg,实测身高需减去1 cm,再查表确定分值。

表6-2 大学一至四年级女生身高标准体重(体重单位:kg)

身高段/cm	营养不良	较低体重	正常体重	超重	肥胖
	50分	60分	100分	60分	50分
140.0~140.9	<36.5	36.5~42.4	42.5~50.6	50.7~53.3	≥53.4
141.0~141.9	<36.6	36.6~42.9	43.0~51.3	51.4~54.1	≥54.2
142.0~142.9	<36.8	36.8~43.2	43.3~51.9	52.0~54.7	≥54.8
143.0~143.9	<37.0	37.0~43.5	43.6~52.3	52.4~55.2	≥55.3
144.0~144.9	<37.2	37.2~43.7	43.8~52.7	52.8~55.6	≥55.7
145.0~145.9	<37.5	37.5~44.0	44.1~53.1	53.2~56.1	≥56.2
146.0~146.9	<37.9	37.9~44.4	44.5~53.7	53.8~56.7	≥56.8
147.0~147.9	<38.5	38.5~45.0	45.1~54.3	54.4~57.3	≥57.4
148.0~148.9	<39.1	39.1~45.7	45.8~55.0	55.1~58.0	≥58.1
149.0~149.9	<39.5	39.5~46.2	46.3~55.6	55.7~58.7	≥58.8
150.0~150.9	<39.9	39.9~46.6	46.7~56.2	56.3~59.3	≥59.4
151.0~151.9	<40.3	40.3~47.1	47.2~56.7	56.8~59.8	≥59.9

续表

身高段/cm	营养不良	较低体重	正常体重	超重	肥胖
	50 分	60 分	100 分	60 分	50 分
152.0～152.9	<40.8	40.8～47.6	47.7～57.4	57.5～60.5	≥60.6
153.0～153.9	<41.4	41.4～48.2	48.3～57.9	58.0～61.1	≥61.2
154.0～154.9	<41.9	41.9～48.8	48.9～58.6	58.7～61.9	≥62.0
155.0～155.9	<42.3	42.3～49.1	49.2～59.1	59.2～62.4	≥62.5
156.0～156.9	<42.9	42.9～49.7	49.8～59.7	59.8～63.0	≥63.1
157.0～157.9	<43.5	43.5～50.3	50.4～60.4	60.5～63.6	≥63.7
158.0～158.9	<44.0	44.0～50.8	50.9～61.2	61.3～64.5	≥64.6
159.0～159.9	<44.5	44.5～51.4	51.5～61.7	61.8～65.1	≥65.2
160.0～160.9	<45.0	45.0～52.1	52.2～62.3	62.4～65.6	≥65.7
161.0～161.9	<45.4	45.4～52.5	52.6～62.8	62.9～66.2	≥66.3
162.0～162.9	<45.9	45.9～53.1	53.2～63.4	63.5～66.8	≥66.9
163.0～163.9	<46.4	46.4～53.6	53.7～63.9	64.0～67.3	≥67.4
164.0～164.9	<46.8	46.8～54.2	54.3～64.5	64.6～67.9	≥68.0
165.0～165.9	<47.4	47.4～54.8	54.9～65.0	65.1～68.3	≥68.4
166.0～166.9	<48.0	48.0～55.4	55.5～65.5	65.6～68.9	≥69.0
167.0～167.9	<48.5	48.5～56.0	56.1～66.2	66.3～69.5	≥69.6
168.0～168.9	<49.0	49.0～56.4	56.5～66.7	66.8～70.1	≥70.2
169.0～169.9	<49.4	49.4～56.8	56.9～67.3	67.4～70.7	≥70.8
170.0～170.9	<49.9	49.9～57.3	57.4～67.9	68.0～71.4	≥71.5
171.0～171.9	<50.2	50.2～57.8	57.9～68.5	68.6～72.1	≥72.2
172.0～172.9	<50.7	50.7～58.4	58.5～69.1	69.2～72.7	≥72.8
173.0～173.9	<51.0	51.0～58.8	58.9～69.6	69.7～73.1	≥73.2
174.0～174.9	<51.3	51.3～59.3	59.4～70.2	70.3～73.6	≥73.7
175.0～175.9	<51.9	51.9～59.9	60.0～70.8	70.9～74.4	≥74.5
176.0～176.9	<52.4	52.4～60.4	60.5～71.5	71.6～75.1	≥75.2
177.0～177.9	<52.8	52.8～61.0	61.1～72.1	72.2～75.7	≥75.8
178.0～178.9	<53.2	53.2～61.5	61.6～72.6	72.7～76.2	≥76.3
179.0～179.9	<53.6	53.6～62.0	62.1～73.2	73.3～76.7	≥76.8
180.0～180.9	<54.1	54.1～62.5	62.6～73.7	73.8～77.0	≥77.1
181.0～181.9	<54.5	54.5～63.1	63.2～74.3	74.4～77.8	≥77.9
182.0～182.9	<55.1	55.1～63.8	63.9～75.0	75.1～79.4	≥79.5
183.0～183.9	<55.6	55.6～64.5	64.6～75.7	75.8～80.4	≥80.5
184.0～184.9	<56.1	56.1～65.3	65.4～76.6	76.7～81.2	≥81.3
185.0～185.9	<56.8	56.8～66.1	66.2～77.5	77.6～82.4	≥82.5
186.0～186.9	<57.3	57.3～66.9	67.0～78.6	78.7～83.3	≥83.4

注：身高低于表中所列出的最低身高段的下限值时，身高每低 1 cm，实测体重需加上 0.5 kg，实测身高需加上 1 cm，再查表确定分值。身高高于表中所列出的最高身高段时，身高每高 1 cm，其实测体重需减去 0.9 kg，实测身高需减去 1 cm，再查表确定分值。

肺活量测试方法为：测得肺活量为 1 850 mm，体重为 37 kg，计算肺活量体重指数为 50（1 850/37 = 50），为及格，得分为 69。

通过对受试者每一项指标进行评价，我们就可以了解该生在体质健康各个方面的具体情况和等级，教师可以根据每个学生的个体差异，对于不够理想的指标，进行有针对性的锻炼，鼓励学生进步与发展，从而不断提高每个学生的体质健康水平。

第二节　体质测试项目操作方法

在实施《国家学生体质健康标准》的过程中，学生也是需要了解与掌握各个项目正确的测试方法和要点，从而能够测试出自己的最佳水平。

一、身高

（一）测试目的

测试学生身高应与体重测试相结合，评定学生的身体匀称度，评价学生生长发育的水平及营养状况。

（二）器材

身高计。

（三）测试方法

受试者赤足，立正姿势站在身高计的底板上（上肢自然下垂，足跟并拢，足尖分开成 60°）。足跟、骶骨部及两肩胛区与立柱相接触，躯干自然挺直，头部正直，耳屏上缘与眼眶下缘呈水平位。

（四）注意事项

测量身高前，学生应避免进行剧烈体育活动和体力劳动。

二、体重

（一）测试目的

测试学生的体重应与身高测试相结合，评定学生的身体匀称度，评价学生生长发育的水平及营养状况。

（二）器材

电子体重计。

（三）测试方法

受试者赤足，以立正姿势站在秤台中央。

(四)注意事项

测量身高前,学生应避免进行剧烈体育活动和体力劳动。

三、肺活量

(一)测试目的

测试学生的肺通气功能。

(二)器材

电子肺活量计。

(三)测试方法

房间通风良好,使用干燥的一次性吹嘴。受试者不必紧张,以中等速度和力度尽全力吹气效果最好。肺活量计主机放置平稳桌面上,按工作键液晶屏显示“0”即表示机器进入工作状态,然后受试者持吹嘴进行测试,吹完第一次会显示成绩,然后又变成“0”,说明可以进行第二次测试,共进行三次测试,三次完成后,会跳出一个最高值,即为学生的测试结果。

学会深吸气(避免耸肩提气,应该像闻花式的慢吸气)。测试时,受试者进行一两次较平日深一些的呼吸动作后,更深地吸一口气,屏住气向吹嘴处慢慢呼出至不能再呼为止,防止此时从吹嘴处吸气,测试中不得中途二次吸气。

(四)注意事项

(1)测试时要根据口型放好吹嘴,以免漏气。

(2)不能堵住测试仪器下面的小口子。

(3)力气小的女生需要以较快的速度完成吹气,不然会因为中途没有力气而导致测试结束。

四、50 米跑

(一)测试目的

测试学生的速度、灵敏素质及神经系统灵活性的发展水平。

(二)场地

50 m 直线塑胶跑道 4 条。

(三)测试方法

受试者 4 人一组,最好是 2 男 2 女。站立起跑,受试者听到“跑”的口令后起跑。发令员的口令为“预备”“跑”。发令员在发出口令同时要摆动发令旗。受试者躯干部到达终点线的垂直面,教师停表。

(四)注意事项

(1)不得超线,不得抢跑。

(2)每人一条跑道,不要跑出范围。

(3)以教师为终点线,要全速跑过教师。

(4)跑完后要往前小跑一段,不能立刻往两边,以免与旁边测试的学生相撞。

五、800 米跑或者是 1 000 米跑

(一)测试目的

测试学生耐力素质的发展水平,特别是心血管呼吸系统的机能及肌肉耐力。

(二)场地器材

400 m 标准塑胶田径场。

(三)测试方法

受试者男女生分开进行测试。站立起跑,受试者听到“跑”的口令后起跑。发令员的口令为“预备”“跑”。发令员在发出口令同时要摆动发令旗。受试者躯干部到达终点线的垂直面,教师停表。

(四)注意事项

(1)不得少跑和漏跑。

(2)身体不好的同学,可以请假,不得勉强进行。

(3)跑到终点要记住教师报的名次,随后去根据名次取得成绩。

(4)跑完后要往前小跑一段,进行积极性的恢复,不得立刻坐到地上,尤其是不能躺到地上,以免血液回流发生休克。

(5)800 米或者是 1000 米跑测试不及格的学生,体质测试成绩最高为 59 分。

六、立定跳远

(一)测试目的

测试学生的下肢爆发力及身体协调能力的发展水平。

(二)场地

在田径场上进行。

(三)测试方法

受试者两脚自然分开站立,站在起跳线后,脚尖不得踩线。两脚原地同时起跳,不得有垫步或连跳动作。每人连跳三次,记录其中最好一次。

(四)注意事项

(1)不得犯规,否则要重新跳。

(2)测试前,要进行适当活动,以免受伤。

七、引体向上

(一)测试目的

测试学生的上肢肌肉力量和耐力的发展水平。

(二)场地器材

高单杠,杠粗以手能握住为准。

(三)测试方法

受试者跳起双手正握单杠,两手与肩宽成直臂悬垂。静止后,两臂同时用力引体(身体不能有附加动作),上拉到下巴超过横杠上缘为完成一次。

(四)注意事项

(1)受试者应双手正握单杠,待身体静止后开始测试,可以在别人帮助下使身体静止。

(2)引体向上时,身体不得做大的摆动。

(3)两次引体向上的间隔时间超过 10 s 终止测试。

(4)如遇到手滑的情况,可用衣服先擦拭下。

(5)测试前要适当活动下肩关节和手腕,以免受伤。

八、坐位体前屈

(一)测试目的

测试学生在的静止状态下的躯干、腰、髋等关节可能达到的活动幅度,主要反映这些部位的关节、韧带和肌肉的伸展性和弹性及学生身体柔韧素质的发展水平。

(二)器材

坐位体前屈测试计。

(三)测试方法

受试者两腿伸直,两脚平蹬测试纵板坐在平地上,两脚分开 10 ~ 15 cm,上体前屈,两臂伸直,用两手中指指尖逐渐向前推动游标,直到不能向前推为止。测试计的脚蹬纵板内沿平面为 0 点,向内为负值,向前为正值。

(四)注意事项

(1)身体前屈时,两臂向前时两腿不能弯曲

(2)受试者应匀速向前伸出手臂,不得突然发力。

(3)测试前一定要进行伸展活动,否则很容易拉伤韧带。

九、仰卧起坐

(一)测试目的

测试学生的腹肌耐力。

(二)场地器材

垫子若干。

(三)测试方法

受试者仰卧于垫子上,两腿稍分开,屈膝呈 90°左右,两手五指交叉贴于脑后。另一同

伴压住其踝关节，以固定下肢。受试者坐起时两肘关节触及或超过双膝为完成一次。仰卧时两肩胛骨必须触及垫子。教师发出“开始”口令时计时，记录一分钟内完成次数。

（四）注意事项

（1）测试时，动作要规范，否则不予计数，尤其是受试者借用肘部撑垫或臀部起落的力量坐起时。

（2）压腿的同学在计数时要大声报数。

第三节　身体素质练习

身体素质，通常指的是人体肌肉活动的基本能力，是人体各器官系统的机能在肌肉工作中的综合反映。身体素质一般包括力量、速度、耐力、灵敏、柔韧等。身体素质经常潜在地表现在人们的生活、学习和劳动中，自然也表现在体育锻炼方面。一个人身体素质的好坏与遗传有关，但与后天的营养和体育锻炼的关系更为密切，通过正确的方法和适当的锻炼，可以从各个方面提高身体素质水平。

一、准备活动

（一）准备活动的目的

准备活动是通过各种练习，提高人体中枢神经系统的兴奋性，使它达到适宜的水平，加强各种器官的活动，克服各种机能活动的惰性，为课上的主要内容做好机能上的准备。良好的准备活动，可以促进有机体新陈代谢的加强，使体温升高，使血液中的氧气向组织细胞释放保证氧气的供应，使各组织器官较快地发展较高的工作效率，适应运动的需要。良好的准备活动可以提高学生学习兴趣、缓解心理压力、活跃课堂气氛，同时可以缩短身体的适应过程，使学生的注意力从其他方面转移到体育活动上来，为完成体育活动做好准备，减少和避免运动伤害事故的发生。

（二）准备活动的作用

在进行体育锻炼前做好充分的准备活动，对于体育者来说是非常重要的。有不少人认为，体育锻炼本身就是身体的运动，做不做准备活动意义不大；还有人觉得，准备活动还是应该做的，但是为什么做，怎么样做却说不清楚。上述认识均导致了对体育锻炼前准备活动的重视不足，往往影响到体育锻炼的效果，甚至引起各种运动损伤。

准备活动的主要作用有哪些呢？归纳起来主要有以下几点。

（1）提高肌肉温度，克服肌组织的黏滞性，防止运动损伤的发生。体育锻炼前进行一定强度的准备活动，可使肌肉的代谢过程加强，肌肉温度升高，这样既可以使肌肉的黏滞性下降（不发僵），还可以增加肌肉、韧带的伸展性和弹性，减少由于肌肉剧烈收缩造成的运动损伤。

（2）提高内脏器官的机能水平，以适应身体运动的需要。内脏器官的机能特点是惰性较大，适当的准备活动可在一定程度上预先提高动员内脏器官的机能，使正式锻炼一开始时内脏器官的机能就达到较高水平,这样还可以减轻开始运动时由于内脏器官的不适应所造成的不舒服感觉。

(3)调节心理状态,提高神经系统兴奋性。体育锻炼前的准备活动可以将锻炼者的心理状态调整到体育锻炼的情景中来,同时接通各运动中枢间的神经联系,使大脑皮层处于最佳的兴奋状态,可达到事半功倍的效果。

(三)体育课准备活动的类别及内容

通常准备活动可分为一般性准备活动和专门性准备活动。

1. 一般性准备活动

主要包括队列及队形练习、徒手体操、走及慢跑、伸展性练习、一般性游戏等。主要目的是通过练习使机体得到一个较全面的一般性准备。

体育中的一般性准备活动有以下几点。

(1)慢跑1~4圈,一圈为400 m。

(2)压腿,包括正压腿、侧压腿。

(3)柔韧性练习。坐在地上,拉伸大腿内侧肌肉——坐姿,双脚在体前伸直并分开,保持背部和膝盖部挺直,从胯部向前屈体,双手从腿内侧去抓住双腿的脚踝,保持这个姿势,感觉大腿内侧被拉紧,放松,然后重复。

拉伸小腿(后部)肌肉,俯身,用双臂和一条腿(伸直,脚尖着地)支撑身体,另一条腿屈于体前放松,身体重心集中于支撑脚的脚尖处,脚跟向后、向下用力,感觉到小腿后部肌肉被拉紧,保持紧张状态,数10,放松,重复3次,然后换另一条腿做3次。

拉伸肩部肌肉,仰卧,抬起一条腿,抓住大腿靠近膝盖一端,用力拉向胸部,保持另一条腿伸直并贴近地面,头部也不能离开地面,保持姿势,数10,重复3次,并换腿。

(4)原地练习,包括手腕、脚踝练习,正弓步压腿,侧弓步压腿,俯身运动,腰部运动,扩胸运动,肩部运动,头部运动,原地高抬腿10 s。

(5)行进间练习,包括踢腿练习,高抬腿练习,小步跑练习,转髋练习,拍脚练习,矮子步走,跨步跳,快跑50 m。

2. 专门性准备活动

在进行运动难度强度较大的练习之前,还应做些专门性的准备活动。主要作用是针对基本部分的内容做好进一步的准备。例如:在短距离跑前做些小步跑、高抬腿跑、后蹬跑等跑的专门性练习。在跳跃项目教学前做一些单足跳,跨步跳及助跑起跳的练习。在球类项目教学前做一些熟悉球性的练习。

二、力量素质练习

力量素质是指人的机体或机体的某一部分肌肉工作(收缩和舒张)时克服内外阻力的能力。外部阻力是指物体的重量、支撑反作用力、摩擦力以及空气或水的阻力等。内部阻力包括肌肉的黏滞力、关节的加固力及各肌肉间的对抗力等。外部阻力往往是发展力量素质的手段,人体在克服这些阻力中提高、发展自身的力量素质。

力量素质是人体进行体育运动的基本素质之一，是获得运动技能和取得优异运动成绩的基础，同时也是其他身体素质发展的重要因素。所以，在教学、自我训练中，应注意科学地、系统地增强上、下肢及躯干肌肉群的力量素质。

（一）静力练习

(1)对抗性静力练习：根据发展某一部位肌肉的需要，确定一定的姿势，身体姿势保持不变，用极限力量对抗固定的物体。

(2)负重静力练习：根据发展某一部位肌肉的需要，确定一定的姿势，身体姿势保持不变，负不同的重量练习。

(3)慢速力量练习：动作速度很慢，不借助反弹和惯性，靠肌肉的紧张收缩完成。效果非常好。

（二）动力练习

(1)绝对力量：一般以最大负重量的85%～100%练习，次数1～3次，组数6～10组。

(2)速度力量：一般以最大负重量的65%～80%练习，次数5～15次，组数4～6组。

(3)耐力力量：一般以最大负重量的40%～60%练习，次数15～30次，组数2～4组。

（三）上肢力量

上肢力量训练主要是为了发展手腕、小臂（前臂）、大臂（上臂）、肩部等部位的肌肉力量，常用的训练方法有以下几种。

1)持哑铃练习

持哑铃练习包括哑铃推举、哑铃体前平举、哑铃前平举、哑铃俯立侧平举、哑铃扩胸、哑铃两臂交换摆动、哑铃侧平举、哑铃前臂屈伸、哑铃体前臂交换推、哑铃臂环绕。

2)徒手练习

徒手练习包括墙手倒立、墙手侧立臂屈伸、俯卧撑、推起击掌、指卧撑、仰卧撑。

3)双人练习

(1)牵拉：两人面对面站立，两腿前后分开，两人的同侧脚相对顶住，同一侧的手互握，两手同时用力牵拉对方，一方的脚离地为失败。

(2)抗阻力臂屈伸：两人面对面站立，两手指交叉互握，做抗阻力的臂屈伸练习20至30次。练习时两人的脚均不得离地。

(3)推小车：练习者直接俯撑，身体挺直，同伴握其双脚跟抬起他的身体，做快速的双手撑地向前爬行练习，也可攀台阶。

4)肋木练习

肋木练习包括握肋木两臂屈伸、侧上举、前倒推起、水平静力支撑。

5)沙袋球和实心球练习

沙袋球和实心球练习包括单手正面推掷球、单(双)手体前上抛球、单手侧向推掷球、双手向后抛球、单手肩上前甩球、双手侧抛球。

6)杠铃练习

杠铃练习包括单手上举、站立推举、提铃上举、斜上推举、颈后推举、直臂上举、前平举、坐推举、卧推举、上提杠铃、转动杠铃杆、俯卧扩胸。

(四)下肢力量

下肢力量训练主要是为了发展髋部(骨盆部)、腿部(大、小腿)及足部(足部辅具)。常用的训练方法有以下几种。

1)徒手练习

徒手练习包括静力半蹲、单腿蹲起、蹲起、单足跳、纵跳、屈体跳、侧向跳、挺身跳、立定三级跳、多级跳、蛙跳、跳起抱膝、跳起转身等。

2)双人练习

双人练习包括驮人跳、小腿力量对抗、拉手单足跳、侧弓步交换跳、挂肘跳、跳人马等。

3)沙袋球、实心球练习

沙袋球、实心球练产包括俯卧双脚夹球后摆起、俯卧双脚夹球腿屈伸、双脚夹球上抛、双脚夹球前抛、双脚夹球后抛、双脚夹球侧抛、双脚夹球向前蹲跳、跳跃沙袋球、实心球。

4)杠铃练习

杠铃练习包括肩负杠铃提踵、肩负杠铃蹲起、肩负杠铃半蹲起、肩负杠铃弓箭步换腿跳、肩负杠铃半蹲跳、肩负杠铃左右侧跨跳、肩负杠铃弓箭步走、肩负杠铃蹬上台阶。

(五)腹、背肌

躯干肌肉群(腹、背肌)力量的一般训练方法和专项训练方法基本相同。常用方法有以下几种。

1)徒手练习

徒手练习包括仰卧起坐、仰卧举腿、仰卧两头起、仰卧蹬伸、俯卧体后屈、仰卧起坐转体、俯卧体后屈转体。

2)肋木练习

肋木练习包括背悬垂直腿上举、背悬垂屈腿上举、背悬垂侧举腿、背悬垂举腿绕环。

3)沙背心、沙护腿练习

沙背心、沙护腿练习包括背屈伸转体、侧屈体、马头仰卧举腿、斜板仰卧起坐、俯卧举腿、仰卧两头起。

其他方法还有静力腹肌和背肌、凳上徒手或负重俯卧体后屈、徒手或负重转体、徒手练习挥臂,结合转体,前屈动作明显等。

(六)注意事项

(1)力量练习前要充分做好准备活动。练习后及时放松肌肉,注意培养肌肉放松能力,提高肌肉的弹性。

(2)力量练习以隔天一次为宜。锻炼过程要在适应原来负荷的基础上,逐渐增加负荷,才能不断发展力量。

(3)完成力量练习要注意呼吸。憋气能增加肌肉用力,但对心血管系统会产生不良影响。只在短时间最大用力时才允许憋气。在完成练习前不应做最大吸气,以中度吸气为宜,用力过程可慢呼吸,以达到憋气的效果。

(4)力量锻炼要先练大肌群,后练小肌群。全身不同部位或不同性质的练习交替进行。

(5)不能急于求成,要长期做一些均衡锻炼,有氧锻炼。锻炼时间长,自会让力量素质直线上升。

(七)力量素质练习的要点

发展水平是影响身体训练水平的关键因素。在实施发展力量素质过程中为达到优化控制,取得事半功倍的效果,必须注意如下几点。

1. 力量素质的发展要全面而有重点

在发展力量素质的过程中,一方面应使四肢、腰、腹、背、臀等部位在大肌肉群和主要肌肉群得到锻炼提高,另一方面也要注意发展那些薄弱的小肌肉群的力量。因为体育运动中的许多动作是很复杂的,需要身体各部位许多大小不同的肌群协同工作才能完成,所以发展不同类型的力量素质也不意味着面面俱到,平均发展,应该在全面发展的基础上又针对项目特点而有所侧重。

2. 练习时要使肌肉充分拉长和收缩,练习后要使肌肉充分放松

每次练习时,应使肌肉先充分伸展拉长,然后再收缩,动作的幅度要大。因为肌纤维被拉长后可以增大收缩的力量,同时又可保持肌肉良好的弹性和收缩速度。力量练习以后,肌肉常会充血,胀得很硬,这时应做一些与力量练习动作相反的拉长动作,或者做一些按摩、抖动,使肌肉充分放松。这样既可迅速消除疲劳,促进恢复,又可防止关节柔韧性因力量训练而下降,同时也有助于保持肌肉良好的弹性和收缩速度。

据肌电研究证明,肌肉越是工作到接近疲劳时其放电量越大。这说明此时肌肉受到了较深的刺激。这种刺激能促使机体发生良好的生理、生化反应,有助于超量恢复而使力量得到增长。所以在进行力量练习时越是最困难的最后一两次动作,越要坚持完成。

3. 进行力量练习时,要全神贯注,念动一致,注意安全

肌肉活动总是在中枢神经系统的调节下进行的,练习时要全神贯注,练习哪里就想到哪里,使意念活动与练习动作紧密配合保持一致。这样有助于肌肉力量得到更好的发展。特别是进行大负荷练习时不能说说笑笑,注意力应高度集中,否则容易受伤。因为笑的时候肌肉最容易放松,而力量练习的负荷又大,不当心就易造成损伤。此外,为了安全,达到期望的效果,还应注意加强自我保护和互相保护。尤其在举或肩负极限重量时,更应该注意加强相互保护。

4. 紧密结合专项特点安排力量训练,注意正确的技术动作规格

不同的专项动作有各自不同的技术结构,要求参加工作的肌肉群力量也不同。如跑要求竭尽全力连续快速蹬地向前推进的力量;投掷要求竭尽全力使运动器械获得最大加速度的爆发力量。因此,力量训练时首先要根据专项技术的动作结构来选择恰当的练习,以发展相关的肌肉群力量,其次要通过肌电研究了解主要肌群用力特点、工作方式、用力方向、关节角度等,来确定力量训练的方法。只有紧密结合专项特点来安排力量训练,才能收到更好的效果。

每一个力量练习动作,都有各自的技术规格要求,练习者只有按照技术规格要求去操

作，才能够真正发展肌肉群的力量。否则，技术动作变了样，参与活动的肌群也就有所改变，就势必影响力量训练的效果。例如，臂弯举的正确动作是身体直立，两臂贴于体侧，只依靠肘关节的充分屈伸来完成，保证屈肘肌群力量得到充分的发展。但是很多练习者做弯举时，为了贪图省力举得重，往往依靠身体的前后摆动来帮助完成动作。这样表面看起来似乎举得还重一些，但实际上发展肱二头肌的效果反而要差一些，因为身体摆动时腰背肌肉、臀部和大腿后面的伸髋肌群也参与了工作。更重要的是掌握正确技术动作，还可以防止伤害事故。比如做深蹲练习，正确的动作要求挺胸直腰，腰背肌收紧以固定脊柱，主要依靠膝关节的屈伸，同时也伴随着髋关节的一定屈伸来完成动作。即使站不起来，腰背肌也要一直保持收紧，等待同伴的保护帮助。这样既安全可靠，又能保证伸膝肌群力量得到很好发展。可是很多练习者往往总是弓腰练习深蹲，尤其是当站不起来时，腰弓得更加厉害，这样就比较容易造成腰部损伤。

5. 进行力量训练时，要掌握正确的呼吸方法

由于憋气有利于固定胸廓，提高腰背肌紧张程度，因此可提高练习时的力量，所以极限用力往往要在憋气的情况下进行。有的学者进行背力测定研究发现，如一人憋气时背力最大为 133 kg；在呼气时为 129 kg；而在吸气时力量最小，为 127 kg。虽然憋气可提高练习时的力量，但用力憋气会引起胸廓内压力的提高，使动脉的血液循环受阻，而导致脑贫血，甚至会产生休克。

为避免产生不良后果，力量练习时必须注意以下几点。

第一，当最大用力的时间很短，但有条件不憋气时就不要憋气。尤其在重复做用力不是很大的练习时，应尽量不憋气。

第二，为避免用憋气来完成练习，对刚开始训练的人，所给予的极限和次极限用力的练习不要太多，并让其学会在练习过程中完成呼吸。

第三，在完成力量练习前不应做最深的吸气，因为力量练习时间短暂，吸的气并不会立即在练习中产生作用，相反，深度吸气增加了胸廓内的压力，此时如再憋气就可能产生不良变化。

第四，用狭窄的声带进行呼气，几乎也可达到与憋气类似同样大的力量指标。因此，做最大用力时可采用慢呼气来协助最大用力练习的完成。

6. 训练中要采用大负荷与循序递增负荷

大负荷是指训练的负荷强度和训练总量，一般要用某人所能承受的最大负荷或接近最大负荷来进行训练。因为采用大负荷能迫使肌肉进行最大收缩，能刺激人体产生一系列的生理适应性变化，从而导致肌肉力量的增加。为了达到大负荷，训练时无疑要保持较大的强度，或者要保持较大的数量（次数和组数）。

在力量训练过程中，当力量增长后，原来的负荷（主要指重量）就逐渐地变为小负荷了，因此为了继续保持大负荷，就必须循序渐进递增负荷。比如训练开始时，某人用 20 kg 做臂弯举，反复举 8 次出现疲劳，而他能用 20 kg 连续举起 12 次时，这时就可以增加负荷至又能举起 8 次的重量，从而使其上升一个新的负荷。这样，就可使有关的肌肉群始终在大负荷状态下工作。进行负重练习是力量训练的一个基本特征和基本要求。

优秀运动员的力量训练是建立在“超负荷训练”的基础上的。所谓“超负荷训练”就是指要求肌肉完成超出平时的负荷。“超负荷训练”通常会引起肌肉成分特别是肌蛋白的分解及超量恢复的产生。在超量恢复的整个过程中,肌肉的成分会重新组合,肌蛋白含量得到提高,从而使肌肉更加粗壮有力。运动员应在训练中应不断有目的、有计划地安排“超负荷训练”以引起超量恢复,达到迅速发展力量素质的目的。

7. 力量素质训练要系统科学安排,不间断

根据“用进废退”的原理,力量素质训练应全年系统安排,不能无故中断。科学研究表明,力量增长得快,停止训练后消退得也快。如果停止了力量训练,已获得的力量将会按增长速度的三分之一消退。通过训练获得的力量,停止训练后虽然会逐渐消退,但一部分力量会保持很久,甚至会永远保持下来。然而,发展力量素质练习不宜在疲劳的状态下进行,这种状态下的练习不是发展力量,而是发展耐力。

力量素质练习应因人、因项、因不同训练周期和训练任务而异,负荷的安排应是周期性、波浪式变化的。力量训练课的次数取决于一系列因素:训练课的主要任务,训练课处于的阶段和周期,各力量素质的发展水平及训练特点,运动员的年龄、性别、健康状况、身体素质能力及训练水平等,其中训练水平是重要的因素之一。实验证明,对刚开始训练的人,每周3次练习要比1~2次练习或5次练习的效果更好。而对训练有素的运动员来讲,训练课的次数则可安排得稍多一些。这是因为刚参加训练的人与训练有素的运动员相比恢复过程不同,适应性变化也不相同。根据优秀运动员的训练经验,每周进行1~2次力量训练,可保持已获得的力量;每周进行4~6次力量训练,力量可获得显著增长。

由于大肌肉群的工作能力恢复相对较慢,通常在考试前7~10天,训练中不宜安排用极限负荷进行较大部位肌肉群的练习。

在每个小周期中,尽量使各种不同性质的力量训练交替进行。在一堂练习中,可先安排发展最大力量、速度力量的练习,最后安排发展力量耐力的练习。

在进行发展力量素质的训练课中应使各肌肉群交替“进行工作”。例如练习开始时,先进行下肢肌肉群的综合练习,之后躯干肌肉群,然后进行上肢和肩带肌肉群的练习。在一次练习上安排发展某些肌肉群练习时,应先促进大量的肌肉群投入工作,然后才可以启动局部肌肉群投入工作。

8. 要偏重摆动的动力性练习

在进行发展力量素质练习时,应偏重于摆动的动力性练习,尤其要注意动作的振幅。这样做可使练习者获得用力感和速度感,增强技术动力力量,培养快速完成动作的能力,同时也改进了关节的灵活性。为了增大动作的振幅,要注意结合肌肉的放松和伸展练习,以使肌肉保持弹性和柔韧性。

三、耐力素质的练习

耐力素质是指人体在长时间工作或运动中克服疲劳的能力,也可以认为是抗疲劳的能力。它是反映人体健康水平或体质强弱的一个重要标志。

耐力素质按运动时的外在表现,可分为速度耐力、力量耐力、静力耐力、一般耐力和专

项耐力等;按照器官的影响可分为呼吸和循环系统耐力、肌肉耐力、全身耐力等;按供能特点可分为主要包括发展有氧耐力和无氧耐力;按工作环境可分为高温工作耐力、低温工作耐力和低压工作耐力等。

(一)基本要素

(1)发展耐力素质要充分考虑年龄、性别及生理特点。男子在17岁之后,女子在16岁以后发展素质耐力较好;运动负荷男子和女子,体质强和体质弱者都要有明显的差别。

(2)发展耐力素质应该在发展有氧耐力的基础上发展无氧耐力。

(3)发展耐力素质要施加适量的运动负荷与间歇。

(4)动作速度为中等对耐力素质的提高最为有效。

(5)要重视耐力锻炼中的呼吸与动作的配合。

(6)耐力锻炼必须持之以恒,要有顽强的意志品质。

(7)耐力锻炼后,应加强营养的补充和疲劳的消除。

(二)生理学基础

1. 发展有氧耐力(最大摄氧量)的生理学基础

有氧耐力是指机体长时间进行有氧供能(靠糖原和脂肪有氧分解供能)的工作能力。这种有氧耐力可以通过人体的最大摄氧量反映出来。

第一,呼吸器官的机能得到良好的改善。

第二,红细胞所含的血红蛋白与氧的结合能力提高,血红蛋白有结合氧、携带氧的能力,可以将结合的氧经循环系统运送到肌肉和其他组织。经常锻炼身体可以增加红细胞的数量,提高血红蛋白结合氧的能力,提高机体有氧耐力的能力。

第三,肌肉中的糖原、脂肪在酶的作用下进行旺盛的有氧代谢,同时必须影响最大吸氧量。

第四,心血管系统的机能是影响最大摄氧量的重要因素。

2. 发展无氧耐力的生理学基础

无氧耐力是指机体在缺氧状态下,长时间对肌肉收缩供能的工作能力。

第一,肌肉内无氧酵解供能能力提高。

第二,机体缓冲乳酸的能力提高。

第三,脑细胞对血液酸碱度变化的耐力提高。

(三)耐力素质练习的一般方法

耐力素质练习的方法较多,而且各种方法都有其各自的特点。总的来说,这些特点基本上又体现在耐力素质练习过程中,在练习强度、持续时间、间歇时间与方式、重复次数等因素的组合与变化上。

12分钟跑是国际上流行的一种运动方式,对于发展有氧耐力,提高心血管功能的效果较好。跑完12分钟,根据自己跑的距离,再查一下评分表,就可以知道自己的有氧代谢能力水平。耐力锻炼可分为有氧耐力和无氧耐力。有氧耐力运动包括长跑、游泳、登山、健美操等;无氧耐力运动包括爆发运动,如短跑、跳高、跳远等。爆发力较差的人应注意缩短运动距离。以长跑为例,可以从每天 500 m 开始,逐渐过渡到 800 m、1 000 m 等。

1.有氧耐力练习

常用的有氧耐力练习有以下几种。

1)1 分钟立卧撑

由直立姿势开始,下蹲两手撑地,伸直腿成俯撑,然后收腿成蹲撑,再还原成直立。每次做 1 分钟,4 ~6 组,间歇 5 分钟,强度为 50% ~55%。要求动作规范,必须站起来才算完成一次练习,也可以穿上沙背心做该练习,或做立卧撑接蹲跳起,则强度稍大,做 30 次为一组,组间歇为 10 分钟。

2)重复爬坡跑

在 15°的坡道或 15° ~20°的山坡上进行上坡跑,重复 5 次或更多,跑距 250 m 或更多,间歇 3 ~5 分钟。强度为 60% ~70%。也可根据训练目的决定强度,可以心率控制运动强度,也可穿沙背心进行。

3)连续半蹲跑

成半蹲姿势(大小腿呈 100°左右),向前跑进 50 ~70 m,重复 5 ~7 次,每组间歇 3 ~5 分钟,强度为 60% ~65%,不规定速度,走回来时尽量放松,在进行下次练习前,可做 15 s 贴墙手倒立。

4)连续跑台阶

在高 20 cm 的楼梯或高 50 cm 的看台上,连续跑 30 ~50 步,如跑 20 cm 高的楼梯,每步跳 2 级。重复 6 次,每次间歇 5 分钟,强度 55% ~65%。要求动作不能间断,但不能规定时间,向下走尽量放松,心率恢复到 100 次/分钟时可开始下一次练习,也可穿沙背心做该练习。

5)沙滩跑

在沙滩上做快慢交替自由跑,每组 500 ~1 000 m,也可穿沙背心跑,速度变化和要求可因人制宜,做 4 ~6 组。组间歇 10 分钟,强度为 50% ~55%。

6)逆风跑或负重耐力跑

遇飓风天气(风力不超过五级)可在场地或公路上做持续长距离逆风跑,也可做 1 000 m 以上的重复跑,重复次数 4 ~6 次,间歇 5 分钟。强度 55% ~60%。可穿沙背心进行负重耐力跑,要求与间歇同。

7)原地间歇高抬腿跑

原地或前支撑做高抬腿跑练习。每组 100 ~150 次,6 ~8 组,每组间歇 2 ~4 分钟,强度为 55% ~60%,要求动作规范,不要求时间,但动作要不间断地完成,也可负重做练习,但每组练习次数及组数可适当减少。

8)原地间歇车轮跑

原地做车轮跑,每组 50 ~70 次,6 ~8 组,组间歇 2 ~4 分钟,强度为 50% ~60%,也可扶墙借助支撑物完成。

9)后蹬跑

后蹬跑每次 100 ~150 m 或负重后蹬跑 60 ~80 m,6 ~8 组,组间歇 3 ~5 分钟,强度为

50% ~60%。

10)连续换腿跳平台

平台高度 30 ~45 cm,单脚放在平台上,另一脚在地上支撑,两脚交替跳上平台各 30 ~50 次,要求两臂协调配合,上体正直,重复 3 ~5 组,组间歇 3 分钟,强度 55% ~65%。

11)长距离多级跳

在跑道上做多级跳,每组跳 80 ~100 m,30 ~40 次,3 ~5 组,组间歇 5 分钟,强度为 60% ~70%,如果规定完成时间,强度会大大提高,注意组间的恢复情况。

12)半蹲连续跳

在草地上做连续向前双脚跳,落地成半蹲(膝关节 90° ~100°),落地后迅速进行第二次。每组 20 ~30 次,(也可 50 ~60 m),重复 3 ~5 组,组间歇 5 分钟,强度为 55% ~60%。

13)连续深蹲跳

原地分腿站立,连续做原地深蹲跳起或在草地上向前深蹲跳,要求落地即起。每组 20 ~30 次或 30 ~40 m,重复 3 ~5 组,组间歇 5 ~7 分钟,强度 55% ~65%。

14)沙地负重走

沙滩上,肩负杠铃杆,或背人做负重走。每组 200 m,5 ~7 组,组间歇 3 分钟,强度为 55% ~60%,注意心率指标保持在 130 ~160 次/分钟。

15)沙地竞走

沙滩或沙地上做竞走,每组 500 ~1 000 m,做 4 ~5 组,组间歇 3 分钟,强度 55% ~60%,要求动作规范,尽可能提高速度。

16)沙地后蹬跑或跨步跳沙滩

在沙地上做后蹬跑或跨步跳,每组后蹬跑 80 ~100 m(跨步跳 50 ~60 m),重复 3 ~5 组,组间歇 5 分钟,强度 55% ~70%。

17)水中高抬腿跑

在 40 ~50 cm 深的浅水池中,做原地高抬腿跑,每组 100 次,4 ~6 组,组间歇 10 分钟,强度为 55% ~60%,也可穿插进行行间高抬腿跑,间歇则稍长些。

18)水中支撑高抬腿

在 40 ~50 cm 深的浅水池中,两手扶池壁前倾支撑做高抬腿练习,每组 50 次,4 ~6组,组间歇 5 分钟,强度为 55% ~65%,也可在水中行进间后蹬跑穿插进行,间歇则应延长到 8 ~10 分钟。

19)负重连续转跳

肩负杠铃杆等轻器械做连续原地轻跳或提踵练习,每组 30 ~50 次,重复 6 ~8 组,组间歇 3 ~5 分钟,强度为 40% ~50%。

20)连续跳推举

原地蹲立,双手握杠铃杆,提铃至胸后,连续做跳推举杠铃杆。每组 20 ~30 次,4 ~6组,间歇 3 分钟,强度为 40% ~60%。

21)连续跳实心球

面对实心球站立,双脚正面跳过球后,迅速背对球跳回。往返连续跳,每组 60 次,4 ~5

组,组间歇3分钟,强度为50%~55%。

22)双摇跳绳

原地做正摇跳绳,跳一次摇两圈绳,连续进行。每组跳30~40次,做4~6组,组间歇5分钟。强度为55%~60%。该练习必须熟练掌握二摇一跳的技巧;心率必须在恢复到120次/分钟以下时,方可进行下一组练习。

23)连续跳深

站在60~80 cm高的台阶或跳箱上双脚向下跳,落地后迅速接着向上跳上30~50 cm高的台阶或跳箱上。连续跳20~30次为一组,3~5组,组间歇5分钟。强度为60%~65%。

24)连续纵跳摸高

在摸高器或篮球架下站立,连续纵跳双手摸高。每组30次,4~6组,组间歇2分钟。强度40%~60%。

25)连续跳起投篮

在篮下持球站立,听口令后跳起投篮,接球后再投。每组20~30次,做4~6组,间歇2分钟。强度为40%~55%。可以规定时间及必须投进篮的次数。

26)连续跳起传接篮板球

在篮下站立,双手持球跳起将球掷向篮板,待球弹回接球后再跳起掷球。连续30次为一组,4~6组,组间歇3分钟。强度为40%~60%。不要求跳起高度,但动作必须连贯、协调不间断。

27)连续反复传接实心球

用实心球做篮球传接球练习。每组50次,3~5组,组间歇5分钟。强度为50%~60%。可选用1~2 kg实心球。

28)连续跳起扣吊球

将10~15个吊球并排悬于空中,每个间隔1 m,高度为练习者跳起能扣球为宜。听口令后连续跳起扣球,每组扣一轮,5~8组,组间歇3分钟。强度为55%~60%。可以规定完成一组的时间。

29)连续跳起网上击掌

排球场上两人隔网相对站立,同时跳起两人在网上双手击掌。每组20~30次,4~5组。组间歇2分钟。可原地或移动中完成。

30)连续跳栏架

纵向排列20个高30~40 cm的栏架。做双脚起跳连续过栏架练习。往返一次为一组,8~10组,间歇3分钟。强度为55%~60%。

31)连续引体向上或屈臂伸

连续在单杠上做引体向上或双杠上做屈臂伸。每组20~30次,4~6组,组间歇5分钟。强度为50%~60%。

32)双杠支撑连续摆动

双杠上直臂支撑,以肩为轴做摆动,每组40次,4~5组,组间歇3分钟。强度为40%~

55%，前后摆两腿要摆出杠面水平，两腿并拢、伸展。

33）双杠支撑前进

双杠上直臂支撑，两臂交替前移，每组往返5次，3~5组，组间歇5分钟。强度为50%~55%。两臂各前移5次才返回。

34）手倒立

独立完成手倒立或对墙做或在帮助下完成。每组倒立静止2~4分钟，3~4组，组间歇5分钟，强度控制在40%~50%。

35）俯卧撑或俯卧撑移动

在垫上连续做俯卧撑30次为一组，4~6组，或成屈臂俯卧撑姿势，用双臂双脚力量左右移动，每组20~30次，4~5组，组间歇4分钟。强度为50%~55%。俯卧撑时身体要保持伸直。移动时始终保持屈臂俯卧撑姿势。

36）仰卧起坐

仰卧两手抱头起坐，连续做50次为一组，重复4~6组，组间歇3分钟。强度40%~50%。起坐时要快，仰卧时要缓和，连续不间断进行。也可在起坐同时两腿屈膝上抬成"元宝"收腹。

37）收腹举腿静力练习

在双杠、吊环或垫上做收腹举腿（直角支撑）动作，每次静止1~2分钟。3~5次，间歇5分钟。强度为40%~50%。静止时躯干与大腿间的夹角不能大于100°，静止时间由30 s开始，逐渐增加。

38）半蹲静力练习

躯干伸直，屈膝约90，成半蹲姿势后静止半分钟至1分钟。4~6次，间歇5分钟。强度为40%~50%。每次练习结束要放松肌肉，做些按摩摆腿或放松跑活动无氧耐力练习。

2. 无氧耐力练习

常用的无氧耐力练习有以下几种。

1）原地间歇高抬腿跑

原地做快速高抬腿练习。如发展非乳酸性无氧耐力，则可做每组5 s、10 s、30 s快速高抬腿练习，做6~8组，间歇2~3分钟。强度为90%~95%。要求越快越好。为发展乳酸性无氧耐力，则可做1分钟练习，或100~150次为一组，6~8组，每组间歇2~4分钟。强度为80%，要求动作规范。也可前支撑做高抬腿跑练习。

2）高抬腿跑转加速跑

行进间高抬腿跑20 m左右转加速跑80 m。重复5~8次，间歇2~4分钟。强度为80%~85%。

3）原地或行进间间歇车轮跑

原地或行进间做车轮跑，每组50~70次，6~8组，组间歇2~4分钟。强度为75%~80%。

4）间歇后蹬跑

行进间做后蹬跑，每组30~40次或60~80 m，重复6~8次，间歇2~3分钟。强度为80%。

5)反复起跑

蹲踞式或站立式起跑30~60 m,每组3~4次,重复3~4组,每次间歇1分钟,组间歇3分钟。

6)反复跑

跑距为60 m、80 m、100 m、120 m、150 m等。重复次数应根据距离的长短及运动员水平而定。一般每组3~5次,重复4~6组,组间歇3~5分钟。强度一般的心率控制,如短于专项的距离,练习时心率应达180次/分钟,间歇恢复至120次/分钟时,就可时进行下次练习。如发展乳酸耐力,距离要长些,强度小些。

7)间歇行进间跑

行进间跑距为30 m、60 m、80 m、100 m等。计时进行。每组2~3次,重复3~4组,每一次间歇2分钟,组间歇3~5分钟,强度为80%~90%。

8)计时跑

可做短于专项距离的重复计时跑或长于专项距离的计时跑。重复次数4~8次(根据距离而定),间歇3~5分钟。强度为70%~90%,根据运动员水平及跑距而定,距离短,强度大些。

9)间歇接力跑

跑道上,四人成两组,相距200 m站立,听口令起跑,每人跑200 m交接棒,每人重复8~10次,要求每棒跑的时间。

10)迎面拉力反复跑

跑道上,两队相距100 m,每队4~5人,迎面接力跑,每人重复5~7次,要求每棒时间,强度为70%~80%。

11)反复加速跑

跑道上加速跑100 m或更长距离。跑完后放松走回再继续跑,反复8~12次。强度为70%~80%。

12)反复超赶跑

在田径场跑道,10人左右成纵队慢跑或中等速度跑,听口令后,排尾加速跑至排头,每人重复循环6~8次,强度为65%~75%。

13)变速跑

变速快跑与慢跑结合进行。快跑段与慢跑段距离,应根据运动员专项而定。

如发展非乳酸性无氧耐力,则常采用50 m快、50 m慢、100 m快、100 m慢或直道快、弯道慢或弯道快、直道慢等。为发展乳酸性无氧耐力,常采用400 m快200 m慢,300 m快200 m慢或600 m快200 m慢等。强度为60%~80%。

14)反复变向跑

在场地上听口令或看信号做向前、后、左右的变向跑。每次进行2分钟,重复35组,组间歇3~5分钟,强度为65%~70%。变向跑的每一段落均为往返跑,即跑出去后,返回起跑位置,每一段落至少50 m。间歇后心率恢复到120次/分钟以下,再继续练习。

15）变速越野跑

在公路、树林、草地、山坡等地进行越野跑，在越野跑中做50～150 m或更长距离的加速跑或快跑段落。加速或快跑的距离为1 000～1 500 m，强度为60%～70%。

16）反复连续跑台阶

在每组高20 cm的楼梯或高50 cm的看台上，连续跑30～40步台阶，每步2级，重复6次，每次间歇5分钟。强度为65%～70%，要求动作不间断，也可定时完成。

17）球场往返跑

篮球场端线站立，听口令起跑至对面端线后再转身跑回。每组往返4～6次，重复4～6组，强度为60%～70%。

18）连续侧滑步跑

跑道上，身体侧对前进方向，做侧向滑步跑100～150 m。重复5～6组，组间歇3～5分钟，强度为60%～70%，每次心率达160次/分钟。

19）综合跑

在跑道上，做向前跑、倒退跑及左右滑步跑，每种方式跑50～100 m，每次跑400 m，重复3～5组，组间歇3～5分钟，强度为60%～70%。

20）法特莱克跑

在场地、田野或公路上，用不同的速度跑3 000～4 000 m，强度为60%～70%，可以采用阶梯式变速方法，如50 m快、100 m慢、100 m快、150 m慢渐加式等等。

21）水中间歇高抬腿

在40～50 cm深的浅水中，做原地高抬腿，每组100次，4～6组，组间歇3分钟。强度为60%～65%。也可与水中行进间高抬腿跑交替进行，行进间练习的间歇为4～5分钟。

22）分段变速游泳

以50 m为一段落进行变速游泳，每组250～300 m，4～5组，间歇10分钟，强度为65%～75%。快速段落要达到本人最快速度的70%以上，放松段落根据水平要求。

23）水中变姿变速游

同上段落，但以各种姿势混合游泳，每组各种姿势各游50 m，3～5组，间歇10分钟。强度同上。

24）水中短距离间歇游

50 m，100 m或更长段落的反复，或不同距离组合的间歇游。做3～4次为一组，3～4组，每次间歇2～3分钟，每组间歇10分钟。强度为60%～70%。

25）水中追逐游

两人相距3～5 m，同时出发，进行追逐游，每次50 m往返，做3～5组，强度为65%～75%。心率达160次/分钟以上。游的姿势两人必须一致。

26）游泳接力

两人或四人50 m往返接力，也可混合姿势游。每人游4次为一组，3～4组，组间歇5～8分钟。强度为60%～70%，也可比赛进行。

27)两人追逐跑

跑道上两人一组相距10～20 m(根据水平不同)。听口令后起跑,后面人追赶前面人,800 m内追上有效,间歇3～5分钟,下次交换位置。重复4～6次,强度为65%～75%。也可以要求在最后100 m内追上方为有效。

28)上下坡变速跑

在7～10,的斜坡跑道上做上坡加速快跑100～200 m,下坡放松慢跑回起点。每组4～6次,3～5组,组间歇10分钟。强度为65%～75%。

29)往返运球跑

在篮球场,由一端线运球至另一端线,然后换手运球跑回,往返6次为一组,做4～6组,组间歇2分钟。强度为60%～75%。

30)往返运球投篮

在篮球场,由一端线运球至另一篮下投篮后,再运球返回投篮。每组往返4次,4～6组,组间歇3分钟,强度为55%～60%。投篮不限方式,要投中返回。

31)运球绕障碍

篮球场上纵向放置5个障碍物,间距2 m,听信号后做快速运球绕过障碍物往返跑,也可以竞赛方式计时。不得触碰障碍物。每组往返3～5次,3～5组,组间歇5分钟。

32)全场跑动传接球

篮球场上两人一组,由一端线开始,至另一端线后再传球跑回。每组往返4次,4～6组,组间歇8～10分钟。强度为60%～70%。组间心率恢复到100次/分钟以下,开始继续练习。

33)跳绳跑

跑道上做两臂正摇跳绳跑,每次跑200 m,5～8次,间歇5分钟。强度60%～70%。要求每次结束时心率达160次/分钟,间歇恢复到120次/分钟以下时开始第二次练习。也可规定速度指标。

34)跳绳接力跑

在跑道上,两组相距100 m,做往返跳绳接力跑。每组往返4次,4～6组组间歇5分钟。强度为60%～65%。应有一定的速度要求。

35)双脚或两脚交替跳藤圈

两手握藤圈,原地双脚连续跳藤圈或双脚交替连续跳。双脚跳每组50～60次,交替跳每组100次,都做4～5组,组间歇3分钟。强度为50%～60%。

36)两人踢传球→绕障碍运球→跑动射门的组合练习

在足球场两人从底线开始向前跑动踢传球,过半场后,两人交叉运球,传接绕障碍(10个实心球,相距2 m),然后跑动射门。往返2次为一组,4～6组。组间歇5分钟。强度为60%～65%。射门时由一人传球,一人射门。未射门的人,取球后两人向反方向再做上述练习。

37)两人跑动传接球→抢断球→连续射门

在足球场,两人跑动传接球,100 m往返3次→两人一组抢断球3分钟→连续射门10

次。2～3组,组间歇3分钟,强度为55%～70%。跑动传球时尽量不丢球,从中圈开始运球跑动射门。

38)连续滑步→侧倒体垫球→滚翻

在排球场,根据教练员的手势及抛球动作做连续滑步移动→侧倒体垫球→接滚翻动作。连续做8～10次为一组,3～4组,组间歇8～10分钟,强度为65%～75%。

39)沙坑纵跳→途中跑→双杠臂屈伸→双杠支撑前进

沙坑中纵跳20次→途中跑50 m→双杠臂屈伸10次→双杠支撑前进,往返3次为一组,3～5组,组间歇5分钟。强度60%～70%。沙坑纵跳为全蹲跳起,途中跑为70%速度,双杠臂屈伸符合标准,支撑前进不能间断或掉下杠来。

40)结合各专项动作循环练习

以各专项的专门练习或辅助练习等组成一套练习,反复循环进行。强度为65%左右。

四、速度素质的练习

(一)速度素质的定义与要点

速度素质是指人体快速运动的能力。神经系统的反应能力、做动作的频率和动作幅度的大小,是影响速度素质发展的主要因素。发展速度素质,对于提高大脑皮层的反应能力和对身体快速指挥和协调能力,使身体更加灵活,做动作更加迅速,具有重要的作用。发展速度素质,一般采用强度大、持续时间短的练习,应在精力充沛、运动欲望强的情况下各种练习交替进行。在疲劳时或只用单一的练习方法,不能收到良好的效果。同时,发展速度素质要与发展力量、速度耐力和柔韧性素质结合起来,注意提高肌肉的放松能力。

1. 反应速度

反应速度指人体对各种信号刺激的快速应答能力,最常见的方法是利用各种声、光等突发信号让练习者快速做出相应的反应动作,以提高其神经系统反射弧的接通机能水平。

2. 动作速度

动作速度指人体快速完成某一动作的快速能力。提高动作速度的锻炼方法有如下几种。

(1)减小练习难度,加助力法。如牵引助力跑步或游泳、顺风跑、下坡跑、顺水游、推掷较轻的器械等。

(2)加大练习难度,发挥后效作用法。如负重跳或推掷超重器械练习后,紧接着做跳跃或推掷标准器械的练习。

(3)时限法。按预定的音响节拍频率完成动作,以改变练习者的动作频率和速度。

3. 位移速度

位移速度是指在做周期性动作中,单位时间内人体快速移动的能力。提高动作速度是提高位移速度的基础,并与四肢肌肉的爆发力密切相关。通常采用下列方法。

(1)快速跑。如短距离用最快速度重复跑、短距离追逐游戏、短距离游泳、速滑等。

(2)加速动作频率的练习,如快频率小步跑、快速摆臂练习等。

(3)发展下肢的爆发力。如负重跳、单脚跳、跨步跳等。

(二)发展速度素质

(1)发展速度素质要考虑年龄特点。我国人速度素质发展最快阶段的年龄,男子在7~14岁,女子在7~12岁,速度素质的成绩达到高峰的年龄男子为19岁,女子为20岁;进入稳定阶段男子在19~30岁,女子在20~25岁。

(2)发展速度素质必须掌握熟练的技术动作。

(3)发展速度素质的同时应发展其他相关素质。

(三)速度素质的具体训练方法

1.不同距离的直线冲跑练习

(1)10米冲刺跑练习。训练迅速加速的能力。

(2)30米加速跑练习。训练起跑后持续加速的能力。

(3)60米途中跑练习。训练将最快速度保持一定距离的能力。

(4)100米冲刺跑练习。训练途中跑获得的速度不仅不能下降,而且还要尽可能地有所加快的能力。

(5)200米、400米中距离跑练习。此项练习是提高速度耐力的有效手段。

2.往返冲跑练习

(1)折返跑练习。采用距离不等,如5 m,8 m,10 m或15 m的距离进行数次来回冲跑练习。练习要求接近终点时,不能降低速度,应保持最快的速度立即转身折返跑。注意为了保持速度不减低,练习时冲跑的距离不宜过长,往返次数也不宜过多。

(2)10米前后冲跑练习。从起点快速跑至终点,再由终点快速后退跑至起点,如此反复练习。

(3)10米左、右两侧并步跑练习。以右脚在前,左脚在后并步跑至终点。又以左脚在前,右脚在后并步跑回起点。练习时可用两种动作姿势,一种是直立姿势跑,另一种是半蹲姿势跑,无论以何种姿势跑均要求以最快速度完成。

3.接力跑练习

(1)接力跑:把选手分成若干组,每组人数相等。听到口令后各组的第一位选手开始向终点冲跑,跑至终点迅速绕过终点标志往回跑。跑回起跑线后迅速拍击下一位同伴,同伴以同样的方式开始冲跑,以此方法持续练习,以先跑完一轮的小组为胜。

(2)把参加训练的学员分成两组,每组6人,在地上画两条平行线,两线之间相距2 m。两组学员间隔一定距离,排成纵队站在起跑线上。听到起跑令后,站在最后的学员拿球以蛇形方式依次绕过队友跑到队前,再立即把球抛给本组的最后一名选手,该选手接到球后再开始第二轮跑,依次进行。以率先完成传球,并在跑的过程中没有触及本组队友的小组为优胜。

4.快速跳绳练习

(1)单足快速变速跳练习:采用1分钟快、1分钟慢的密频小步、高抬腿、前后大小交叉步等专项步法动作,做快速变速跳绳练习。

(2)1 分钟快速双摇跳练习:1 分钟内以最快速度完成双足双摇跳,要求突出的是速度,以次数多者为佳。

五、灵敏素质的练习

(一)灵敏素质的定义与作用

灵敏素质是指人体在各种突然变化的条件下,能够迅速、准确、协调、灵活地完成动作的能力,是人各种运动技能和身体素质在运动中的综合表现。大脑皮层神经活动过程的灵活性及分析综合能力,是灵敏素质的重要生理基础,因此可通过训练改善和提高各感受器官功能,以增强灵敏素质。此外,在体育锻炼的实践中,掌握的运动技能越多就越熟练,大脑皮层中暂时神经联系的接通就越迅速、准确,动作也越灵巧。灵敏素质是运动技能、神经反应和各种素质的综合表现。在对抗性体育活动中(如篮球、足球等),灵敏能力是非常重要的。灵敏是人体各种运动能力在运动过程中的综合体现,良好的灵敏性不但有助于更快、更多、更准确、更协调地掌握技术和练习手段,使已有的身体素质充分、有效地运用到实践中去,而且可以防止伤害事故的发生。灵敏素质分为一般灵敏素质和专项灵敏素质,前者指适应一般活动的灵敏素质,后者指符合专项需求的特殊灵敏素质。

(二)灵敏素质的练习方法

1. 发展灵敏素质的方法

由于灵敏素质是人体综合能力的表现,发展灵敏素质必须从全面发展身体素质的综合能力入手,重点培养掌握动作的能力、反应能力、平衡能力等。主要的练习方法有以下几种。

(1)固定转换体位的练习,如各种穿梭跑、8 字跑和折返跑等,这些练习主要发展人体的基本灵敏能力。

(2)在跑、跳中做迅速改变方向的各种跑、躲闪、突然起动以及各种快速急停和迅速转身等练习。

(3)突然发出各种指令信号,练习者接受信号后,迅速做出应急反应,这种方法主要是提高人体应用灵敏的能力。

(4)器械、体操、武术中的一些复杂动作练习以及速度、动作、力量、高度、方位等经常变化的不对称练习和各种球类活动。

(5)做复杂多变的综合练习。例如,用“之字跑”“躲闪跑”“穿梭跑”和“立卧撑”四项组成的综合性练习。

(6)专门练习,如立卧撑跳转 180°连续进行、上步纵跳、左右弧线助跑、单腿起跳、旋转 360°连续进行等。

(7)变速和变向练习。在跑、跳过程中快速、协调、准确地完成各种动作,如变向、变速、急停、急起、转体等。

(8)其他方式的练习。按各种信号做出应答反应的游戏和各种变向的追逐游戏,专门设计的各种复杂多变的练习,如“躲闪跑”“穿梭跑”等。

2. 注意事项

(1) 灵敏性的全面提高有赖于多建立有严格要求的条件反射。也就是说，学会正确的、随意的动作，越多越好。因此，要重视学习和掌握各种运动技能。

(2) 灵敏素质是由大脑皮层神经活动过程的可塑性和灵活性所决定的，前者表现为对动作的掌握能力，后者表现为对参加运动肌群的控制、指挥能力。灵敏素质与复杂的运动反射速度及准确性密切相关，这要求练习时要有较强烈的欲望，要有明确的目标追求，减少不动脑筋的盲目重复练习。

(3) 发展灵敏素质应在体力较好时进行锻炼，练习负荷强度要大，每次负荷持续时间不宜过长，重复次数也不宜太多，间歇时间要充分，以不产生疲劳为限。

(4) 人在疲劳时灵敏性会变差。因此，不断提高自己的耐力水平，对保持灵敏性有积极的作用。

(5) 灵敏素质是一种综合素质，与力量、速度、协调等素质有密切关系，尤其是反应速度、动作速度、爆发力和协调性等对灵敏素质影响最大。因此，发展灵敏素质应从这些基本因素着手，可结合所锻炼项目的运动特点组合，设计切合自己实际的锻炼内容。

(6) 灵敏素质应从小抓起，少儿阶段是发展灵敏素质的关键时期。同时，在发展灵敏素质时，应加强心理素质培养，避免由于紧张和恐惧心理而导致反应迟钝，动作的协调性下降，影响正常动作的发挥。

六、柔韧素质的练习

(一) 柔韧素质的定义与作用

柔韧素质是指人体关节活动幅度的大小以及跨骨关节的韧带、肌腱、肌肉、皮肤及其他组织的弹性和伸展能力。

柔韧素质包括以下两个方面的含义：①关节活动幅度的大小；②跨骨关节的肌肉、肌腱、韧带等软组织的伸展性。关节的活动幅度主要取决于关节本身的装置结构。跨骨关节的肌肉、肌腱、韧带等软组织的伸展性，则主要通过合理的训练获得。

(1) 关节是指骨关节，它是骨杠杆转动的枢纽，是肢体赖以活动的部位。

因为人体运动是通过关节角度的变化来传力、受力使人体产生复杂多变的运动形式，所以关节是人体固有的解剖结构。虽然骨关节结构具有解剖特点，并有其自然的生理生长规律，但如不经锻炼，其关节活动不会适应体育运动的需要。同样，跨骨关节的肌肉、肌腱、韧带也有其自然生理生长规律，如不经训练也只能维持自然生长情况下的活动能力。因此，只有通过体育锻炼，跨骨关节的肌肉、肌腱、韧带及所跨的关节，在中枢神经支配下共同改变其功能，以适应体育运动所需要的形式、方向、范围和幅度。

(2) 关节幅度是指构成关节的骨骼在其关节结构内，屈、伸、旋内、旋外，旋转的最大可能范围。体育运动中大部分动作需要尽可能地达到其最大范围以利技术的发挥。因此只有通过合理的柔韧训练才能使关节的活动幅度逐渐加大以适应体育运动的需要。

(3) 中枢神经支配下的肌肉，韧带力量的增长必须与所控制的关节活动范围相适应。

不能因肌肉过分增大而影响关节活动幅度，也不能因肌肉、韧带过分伸展而造成关节的松弛无力。可见，体育运动中的柔是指肌肉、韧带拉长的范围，韧是指肌肉韧带发挥的力量，控制关节不受损伤的最大活动幅度，柔和韧的结合便是柔韧，发挥的能力便是柔韧素质。

发展柔韧素质，有利于正确地掌握各项运动技术，在突然用力的情况下，避免损伤肌肉、韧带等软组织。

（二）柔韧素质的种类与要求

对柔韧的训练可分为主动柔韧性练习和被动柔韧性练习两种。

主动柔韧性练习是指练习者依靠相应关节周围肌群的积极工作，完成大幅度动作的能力。主动柔韧性训练培养练习者的柔韧能力，也起到发展力量素质的作用。例如训练正、侧、后踢腿时，要求练习者的腿能踢得高、幅度大、速度快，达到既有柔性又有韧性的效果。反过来力量素质的发展又能促进"主动柔韧性"水平的提高。

被动柔韧性练习是指练习者被动用力（或借助外力）时，关节所能达到的最大活动幅度，如：压腿、扳腿等练习。被动柔韧性练习是发展主动柔韧性的基础。

影响柔韧素质提高的因素有主要有以下几点。

（1）肌肉、韧带组织的弹性不仅取决于性别、年龄，而且取决于中枢神经系统的兴奋度。情绪高涨时，柔韧性会增大。因此，柔韧训练要从少儿抓起，练习时的情绪也不可忽视。

（2）关节的骨结构是柔韧性最不易改变的因素，基本上由遗传决定。如先天骨盆形态扁平，其胯关节开度就好。关节周围组织体积大小对关节活动幅度有限制作用，它受先天和后天训练的影响。如有些肌肉体积增大后，就会影响其周围关节的活动幅度。因此，对练习者来说，控制肌肉体积的增大是极其重要的。

（3）神经系统兴奋与抑制过程转换的灵活性与运动中肌肉的基本张力有关。特别是中枢神经系统调节对于肌肉之间的协调性改善以及肌肉紧张和放松的调节能力的提高是至关重要的。就是我们通常说的要求练习者做动作要放得开，别紧张。研究证明，训练水平高的人，肌肉的随意放松能力很高，这与中枢神经系统支配骨骼肌的神经细胞的抑制深度有关。

（三）柔韧素质练习的方法与要求

柔韧训练的方法与要求主要有以下几点。

1. 主动拉伸练习与被动拉伸练习法必须相互兼顾

主动的动力拉伸练习是依靠自身的力量，将肌肉、肌腱、韧带等软组织拉长，提高其伸展性的方法。如踢腿练习可采用负重和不负重的拉伸练习。

主动拉伸还可采用静力拉伸练习法。在动作最大幅度的情况下，依靠自身肌肉力量保持静止姿势的练习。如在把上做控腿、探海、冲天炮等动作时，要求在规定时间内，保持静止不动姿势是提高肌肉控制能力的有效办法。

2. 被动性拉伸练习法是依靠外力的作用，促使关节灵活性增大的方法

被动的动力拉伸练习是依靠老师或同伴的助力拉长韧带、肌肉的练习。如：依靠同伴

的助力帮助逐渐提高后踢腿或前踢腿的动作幅度。

而被动的静力拉伸练习是由外力来保持固定姿势的练习。如:依靠同伴的力量来保持高举腿的最大幅度。

(四)柔韧素质的练习方法

发展柔韧素质的方法主要是采用加大动作幅度,即拉长肌肉、肌腱、韧带和皮肤的练习。所有的柔韧练习至少连续做5~10次,动作幅度应逐步加大,身体各部位的柔韧性要交替进行,并需持之以恒。当软组织被拉长之后,肌体感到酸、胀、痛时应坚持8~10 s,这样需重复练习8~10次,可以收到良好的效果。在每次锻炼过程中,动力拉长练习一般控制在15~25个之间,每个练习以7~30次之间为宜,注意柔韧练习总的时间不宜过长。

七、跳绳

跳绳是一项在环摆的绳索中做各种跳跃动作的体育运动,同时也是一项老少皆宜的全身性有氧健身运动、极佳的健体运动。它除了拥有运动的一般益处外,更有很多独特的优点。跳绳每半小时消耗热量1674 J,能有效训练个人的反应和耐力,有助保持个人体态健美和协调性,对心肺系统等各种脏器、协调性、姿态、减肥等都有相当大的帮助。

跳绳运动的配备只需一条绳、一身轻便衣服及一双适当的运动鞋;所需的场地也不大,无须租借特别场地,而且参与人数不限,可单独一人或多人进行。跳绳运动能使人心律维持在与慢跑大致相同的水平,不过它却可以避免因跑步而产生的膝、踝关节疼痛的困扰。由此可见,跳绳是一项简单方便,容易参与的运两跳乃至一摇三跳。摇绳的方向可前可后。用长绳可两人同时摇动、集体轮流跳或同时跳。跳跃时还可按不同情况编排各种动作花样,也可用节奏与旋律适宜的歌谣伴唱。除花样跳绳外,也可按一定距离,边摇绳边跑向终点,比赛速度。

跳绳时宜前脚掌着地,不要穿皮鞋及硬底鞋,绳的长短粗细也要合适。跳绳不仅可以促进少年儿童身体正常发展,而且对发展其灵敏、速度、弹跳及耐力等身体素质也有良好作用,所以除为广大青少年所喜爱外,还常用作各专项运动训练的辅助练习。

(一)跳绳的发展

中国已有数千年的历史,唐宋明清都有记载。唐朝称跳绳为"透索"、宋称"跳索"、明称"白索"、清称"绳飞",民国以后才称"跳绳"。

陕西是跳绳的故乡,多次掀起跳绳热。1957年西安高中创编了"跳绳舞";1959年,陕西师大举办了中国第一个"跳绳培训班";1981年4月3日,中国体育报发表了胡安民老师"论跳绳"的部分内容《跳绳的分类和方法》,随之全国各地响应国家体委号召,开展了"三跳"比赛,1992年5月2日,举办了"西安首届跳绳大赛",800多人参赛;1993年5月9日举办了"西安第二届跳绳大赛";40多个代表队参赛,陕西电视台现场免费直播100分钟,开创了电视直播跳绳比赛的先例;1993年12月27日,在西安师范成立了全国第一家"跳绳协会";1995年7月"陕西省跳绳交流团"应邀访问新加坡;1999年8月1日,在西安师范成立了世界上第一所"跳绳艺术学校";1999年9月,陕西花样跳绳队赴京参加新中国成立50周年庆典活动，并荣获第六届全国民运会表演项目技巧类一等奖；2000 年跳绳运动出现在陕西电视台春节文艺晚会上；2001 年 1 月，应邀访问中国香港地区，为“全港跳绳大会”助兴，表演 4 场，受到大家热烈欢迎。2001 年 5 月陕西花样跳绳队赴石家庄市，荣获全国首届亿万妇女健身活动特色项目“优秀表演奖”；2002 年 7 月花样跳绳列入“陕西省第三届民运会”正式比赛项目，结束了跳绳只是民间活动的历史；2003 年 9 月陕西花样跳绳队在宁夏银川市再次荣获第七届全国民运会表演项目技巧类一等奖。共计花样跳绳荣获国家五项大奖，为陕西省政府向国家申请花样跳绳列入全国民运会正式比赛项目创造了条件。

（二）跳绳的作用

经国内外专家研究，跳绳对心脏机能有良好的促进作用，它可以让血液获得更多的氧气，使心血管系统保持强壮和健康。跳绳的减肥作用也是十分显著的，它可以结实全身肌肉，消除臀部和大腿上的多余脂肪，使形体不断健美，并能使动作敏捷、稳定身体的重心。

跳绳还能增进人体器官发育，有益于身心健康，强身健体，开发智力，丰富生活，提高整体素质。跳绳时的全身运动及手握绳对拇指穴位的刺激，会大大增强脑细胞的活力，提高思维和想象力，因此跳绳也是健脑的最佳选择。弹跳能刺激骨骼、肌肉，促进血液循环，此外还能加强淋巴系统的免疫功能，这对缓解便秘十分重要。便秘的人走路时，可以尽量加大腰和胯部的转动，像模特一样走猫步，这能起到对腹腔按摩的作用，能够加强内脏，特别是肠胃的蠕动，促进营养的吸收和废弃物的排出。跳绳还适宜在气温较低的季节作为健身运动，而且对女性尤为适宜。从运动量来说，持续跳绳 10 分钟，与慢跑 30 分钟或跳健身舞 20 分钟相差无几，可谓耗时少、耗能大的有氧运动。

跳绳的场地到处都是，简单易行，是一项适合大众的体育健身运动。中华医学会心血管病分会副主任胡大一教授曾为青少年的健身提供了一道良方，他呼吁在青少年中开展跳绳运动，因为它是对付肥胖、预防血脂异常、高血压最切实可行的方式，也是一个很好的锻炼耐力的有氧代谢运动。

（三）跳绳的技巧

1. 侧身斜跳

这个动作能训练耐久力，增强外展肌和内收肌。两人一前一后站在跳绳的左右两侧，先侧身单脚跃绳向前跳，然后斜身跳回原位。跳跃时应注意用力摆动双臂。跳 1 分钟之后休息 10 秒钟，重复练习 2 次。

简单跳绳法准备动作：双脚并拢，进行弹跳练习 2 ~ 3 分钟（弹跳高度为 3 ~ 5 厘米）。开始跳绳，注意手腕做弧形摆动。初学者先跳 10 至 20 次，休息 1 分钟后，重复跳 10 至 20 次。非初学者可先跳 30 次，休息 1 分钟后，再跳 30 次。

2. 单脚屈膝跳

右腿屈膝，向前抬起。踮起脚尖，单脚跳 10 至 15 次，换左腿重复上述动作。休息 30 秒钟，每侧各做 2 轮。

3. 分腿合腿跳

先做跳绳准备运动，然后跳绳，跳跃时双脚叉开，着地时双脚并拢，重复动作 15 次。

先做跳绳准备运动，然后双臂交叉跳绳。当绳子在空中时，交叉双臂，当跳过交叉的绳子之后，双臂反向恢复原状。

4. 双人跳绳

(1)采取并排站立的姿势。每人用外侧的一只手握住绳柄。先开始练习简易跳绳法，两人同时用双脚跳绳，然后练习同时用单脚跳绳。

(2)采取一前一后的站立姿势。身高者站在后面，并挥动跳绳

5. 绕旋跳

两人跳绳练习：一人叉开两腿蹲下，甩动绳子使跳绳在地上画弧线，另一人则不断地从甩动的绳子上跳过去。速度由慢逐渐加快，1 分钟后两人交替。

6. 侧脚跳

先从简易跳绳法开始，然后用双手手腕挥动跳绳，右脚跳绳，不着地的左脚则斜向一侧，跳 15 次。换另一只脚跳 15 次。非初学者可练习快速跳绳，即绳子从脚下滑过时连跳 2 次。练习时，应注意脚不要抬得过高、过慢，否则容易被绳子绊住。

(四)跳绳对女生的作用

跳绳是一项耗时少、耗能大的运动，有测试显示，跳 5 分钟，每分钟跳 140 次的运动效果就相当于慢跑半小时。只要能保证每分钟 120 ~ 140 次的速度，一个小时就可燃烧掉 2 500 ~ 4 200 卡的热量。加上跳绳花样繁多，随时可做，一学就会，因此一直是流行的健身方法和减肥方式。

鉴于跳绳对女性的独特保健作用，法国健身专家莫克专门为女性健身者设计了一种“跳绳渐进计划”。初学时，仅在原地跳 1 分钟，3 天后即可连续跳 3 分钟，3 个月后可连续跳上 10 分钟，半年后每天可实行“系列跳”如每次连跳 3 分钟，共 5 次，直到一次连续跳上半小时。一次跳半小时，就相当于慢跑 90 分钟的运动量，已是标准的有氧健身运动。

跳绳减肥的要领：每日跳 5 分钟为一节，每天可跳 5 到 6 节，每周跳 6 天，待适应后可逐步加量。长期坚持，一定可以有效地减轻体重。

跳跃的速度：慢速为平均每分钟跳 60 ~ 70 次；较快速为平均每分钟跳 140 ~ 160 次。

(五)跳绳的注意事项

1. 选择适当的场地装备

灰尘多或有沙砾的场地及凹凸不平的水泥地应避免，最好选择铺木板的室内体育馆或具弹性的 PU 场地、软硬适中的草坪、木质地板和泥土地的场地以免损伤关节，引起脑部震荡。绳子软硬、粗细适中。初学者通常宜用硬绳，熟练后可改为软绳。

2. 穿着适当的服装

跳绳时，最好穿运动服或轻便服装，这样活动起来会使你感到轻松舒适，也比较安全。

3. 充分做好准备活动

跳绳之前最好活动一下全身，尤其是相关的部位，如肩膀、手臂、手腕、脚踝，避免扭伤、挫伤。开始跳绳后，速度由慢到快、循序渐进。

4. 正确的跳绳方法

(1)跳绳方法是用前脚掌起跳和落地，切记不可用全脚或脚跟落地，以免脑部受到震

动，当跃起在空中时，不要极度弯曲身体，而成为自然弯曲的姿势。跳时，呼吸要自然有节奏。

起跳和落地是前脚掌的"任务"，因为脚后跟着地，时间长了会产生很多隐患——大脑、脚踝和脊柱都有可能受到不同程度的损伤。同时，膝盖应微微弯曲，缓和膝盖、脚踝与地面接触时的冲撞。

（2）握绳的方法两手分别握住绳两端的把手，通常情况下以一脚踩住绳子中间，两臂屈肘将小臂抬平，绳子被拉直即为适合的长度。

（3）摇绳的方法。向前摇时，大臂靠近身体两侧，肘稍外展，上臂近似水平，用手腕发力作外展内旋运动，使两手在体侧做画圆动作，每摇动一次，绳子从地经身后向上向下，回旋一周，绳子转动的速度和手摇绳的速度成正比，摇动越快，则绳子回旋越快。

（4）停绳的方法。向前摇时，一脚伸出，前脚掌离地，脚跟着地使绳停在脚掌下，向后摇时，则一脚后出，脚跟离地，脚掌着地，使绳停在脚底。

（5）体重较重者宜采用双脚同时起落。同时，上跃也不要太高，以免关节因过分负重而受伤。

5. 要循序渐进练习

开始练习跳绳时，动作要慢到快，由易到难。先学单人跳绳的各种动作，然后再学较复杂的多人跳或团体跳绳动作。

6. 活动时间

跳绳的时间，一般不受任何限制，但要避免引起身体不适，饭前和饭后半小时内不要跳绳。学校学生可利用课间操或下课时间或课外活动时间练习。

7. 胖人跳绳不安全

跳绳并不是最好的减肥方法，而是一项简单易行的整体训练。胖人在跳健身操的时候，不会让他们每次跳跃运动超过 8 个八拍（就是 64 下），而一次跳几千次的跳绳，对膝盖损伤太大了。如果脚部、膝盖、腰部受过伤是最不适合这种运动的。相对而言，走路、慢跑和游泳更加安全。

8. 鞋子必须高帮又减震

跳绳的时候，一定要穿能够减震的鞋、能够保护脚踝的鞋。穿拖鞋、穿跳舞鞋都非常危险。因此，跳绳时应穿正规的、有保护脚踝和脚掌功能的运动鞋。

9. 跳绳不会变成大象腿

大腿不会因为跳绳变粗，这个强度还没那么高，跳绳会使腿部肌肉线条流畅。另外，这个活动事实上对减肥的帮助并不大，而是增强心肺功能。

10. 跳完不抻腿，白跳

跳完之后，一定要做拉伸运动。比如伸展小腿：一只脚踩在台阶上，另一只脚的一半搭在台阶上，脚后跟悬空向下用力震颤。两只脚交替做这个动作。这样能够美化腿部线条，还能缓解肌肉疼。

11. 不用担心胸部

跳绳不会导致胸部下垂，只要穿紧身的运动内衣就可以，但是不要穿带有钢圈、垫子的那种内衣。

健康是学习、生活与工作的基础，身体是革命的本钱，健康的体魄是人类最大的财富。而体育锻炼对健康的影响最大，法国思想家有句名言："生命在于运动"。前教育部长周济在"第七届全国大学生运动会"上，对大学生提出"以人为本，健康第一，终身体育"。要求大学生坚定"每天锻炼一小时，健康工作 50 年，幸福生活一辈子"的信念。可见，体育锻炼对健康有着不可忽视的影响。

第七章　定向运动与军事地形学

第一节　定向运动在军事地形学教学中的实际应用

一、定向运动的军事价值

确立定向运动训练的军事价值，提高对开展定向运动军事意义的认识，对于推动部队定向运动训练的普及，调动广大官兵训练的积极性，特别是作为识图用图、武装越野、野战生存等训练课目教学的补充，对提高学员的综合素质和野战条件下的军事技能都有十分重要的意义。

一是提高军人的身体素质。定向运动训练距离一般为 3～15 km，检查点 6～15 个，在快速越野中，既要看图，又要在各检查点上停留打卡，往往是跑一段停一下，接着又加速越野一段，这样使得越野者不可能一口气毫无顾虑地跑完全程。因此，在越野的全程中既要有长距离跑的耐力素质，又要有短距离跑的速度素质，其运动本身实际上是长距离间歇式的越野。有关定向运动实验表明，定向运动属典型的以有氧耐力为主的中等强度的运动，而耐力水平的提高取决于训练的次数、强度、持续时间以及运动的方式。因此，长期的定向运动训练能充分动员人体的呼吸——循环机能，并随着定向技能的提高对有机体产生有益的影响，如识图能力越强，则跑的速度就越快，持续时间也越长，只要长期坚持训练，将对心肺功能产生积极作用，有效地发展有氧和无氧耐力水平，从而提高军人的耐力素质。

二是增强识图用图和分析地形的能力。定向运动要求参赛者必须按照图上的规定，从出发点向目的地行进，每段路程的目标点就是前方的必经点，但各目标点之间的路线可根据实地地形情况分析利弊关系选择出最佳路线。因此，运动中的定位、定向均围绕着地形图和图上标定的方向线进行，越野行动又以准确的定位、定向为前提。同时，为了防止跑错路或迷失方向，越野中必须经常对周围远近方位地貌的起伏状态、结构、形状、居民地、植被、道路、河川、桥梁与前进方向、目标点的关系做出符合客观实际的图上分析以及实地对照，判断出自己所在位置以及周围地形、目标的确切方位，前方地形对运动的影响程度，哪些地形可利用，哪些地形应该放弃，从而选择最佳运动路线。分析判断地形情况不但是越野的前提，而且也是越野成功的关键。通过定向运动训练，受训者能在理论上加深和巩固对地形学知识的理解与消化，为用图谋略奠定良好的理论基础。

在军事地形学课程教学中开展定向运动训练，其目的是实现军事地形学教学和定向运动训练的有机结合，使得学员的军事技能与体能、军事素质与身体素质得到同步发展，避免单一的军事地形学教学与身体素质训练相分离，在激烈的竞赛环境中，能使学员的平时训练更加符合实战要求，扩大了原有意义上军事地形学现地教学的内涵。

一是将传统的定点变为定向运动找点。传统的识、用图教学，是教员带着学员走，教员指明站立点或目标点的位置，学员将点位确定于图上。如果改变这种呆板、枯燥的固定模式，将其变为事先给出几个检查点坐标，让学员单人或编为小组，按照坐标在实地找点的形式，可以增强识、用图训练的趣味性和竞争性，提高训练效果。

二是将按图行进变为随路标线。随着城市化进程的加快，地图的现势性与地形之间的矛盾越来越突出。如高速公路及其他等级公路的出现，原来道路的消失或改道，地图上已经没有显示，使得军事地形学训练场地的有效使用，受到极大影响。为了弥补这种缺陷，定向越野训练，可以有意安排学员在这种路线上，边走边进行地图对照，对照的同时将实地道路标绘在地图的相应位置上，从而加大地图与实地的难度和强度，提高学员分析、判断、解决问题的能力。

三是将熟悉场地变为生疏场地。定向运动训练场地一般选择在远离驻地的生疏、复杂地形区域，检查点设在离明显地形点较远的位置处，或是地形发生一定变化的位置处，相邻的两个检查点之间距离为1 km左右。这样，学员在生疏、复杂地形上对照地图，分析研究地形变化，准确地在实地找到检查点。

四是将室内图上作业变为野外实地训练。定向运动训练过程中，不要单纯让学员找到检查点位置，应该在找点的同时，适当安排查取点的高程，量取相邻两个检查点之间的距离、方位、坡度，判定相邻两个检查点之间的通视情况。这样，不仅加大野外训练的难度和训练量，还能激发学员的兴趣，能够较好地将室内教学到的理论知识和图上基本技能，应用于野外实地作业，促进知识进一步转化为能力。

第二节　军事地形及其对作战行动的影响

军事地形学是从军事需要出发，研究如何识别和利用地形的一门学科，其主要任务一是研究地形特性及其对作战行动的制约与影响规律；二是判断地形利弊并正确地利用地形。

一、地形对军事行动的影响

（一）地形的分类

不同的地貌与地物的错综结合，形成了各种不同类型的地形。依地貌的状态，可分为平原、丘陵、山地和高原；依地物的分布和土壤性质，可分为居民地、水网稻田地、江河与湖泊、山林地、石林地、黄土地形、沙漠与戈壁、草原、沼泽地等；依对军队战斗行动的影响，又可分为开阔地、遮蔽地和断绝地。不同的地形对军事行动有着不同的影响。

（二）地形战术性能

地形战术性能是指地形对组织和进行战斗行动以及在战斗中对武器和技术装备使用的影响。

地形的战术性能是地形对作战行动产生的固有的、客观的影响，它集中地反映在其所提供的条件,对部队的运动、观察、射击、隐蔽、伪装、防护、工事构筑、通信联络和战斗指挥等战斗行动的影响上,并表现出明显的制约性,严重地影响部队的“走、打、吃、住、藏”。研究地形就是通过研究地形的战术性能,分析地形对作战行动的利弊。利用地形包括利用地形提供的客观有利条件和改造地形的不利方面使之成为有利条件。改造地形在现代战争中有着突出的意义。

(三)地形对作战行动的影响

地形是军队行动的客观基础,是战争和军事活动的舞台。军队的活动,都是在一定地形条件下实施的,都要受地形条件的影响和制约。如军队的运动、观察、射击、工事构筑、隐蔽伪装、技术兵器的运用以及后勤保障等都和地形有着密切的关系。早在2 000多年前,我国古代大军事家孙武在《孙子兵法·地形篇》中就写道:“知彼知己,胜乃不殆;知天知地,胜乃可全。”这句话深刻提示了地形对军事行动的重要作用。

战争经验证明,无论进攻或防御,在其他条件都具备的情况下,善于利用地形,可以减少损失,取得战斗的胜利;不善于利用地形,会给战斗增加困难,甚至遭受挫折或失败。所以,古今中外军事家,无不重视了解地形,研究地形对军队战斗行动的影响,趋利避害,使自己立于不败之地。古往今来,有多少聪明的军事家巧借地利,妙施计谋,写下了无数脍炙人口的光辉战例和不朽史章,也不乏因“不知地形而用战者”,留下了众多无法挽回的憾事。三国时期,“马谡拒谏失街亭”,诸葛亮挥泪斩马谡,成了千古名鉴。同时也昭示后人,凡用战,必须知天知地,方可趋地利而避其害,牢牢掌握战场主动权。

以下是几种主要地形的特点及其对作战行动的影响。

1. 平原地形特点及其对作战行动的影响

平原地形是在平原地貌上,相对均衡分布有其他地形要素的一种地形。按地理条件的不同,分为北方平原地形和南方平原地形。

北方平原利于构筑工事,修筑野战机场;南方平原水稻田多,地下水位高,不便于构筑地下工事。平原地形人烟稠密,物产丰富,能为军队宿营、后勤补给提供较好的条件。但对核、化武器袭击的防护作用差,杀伤面积大,但若能巧妙利用土堆、小丘、沟渠和洼地,可起到一定的防护作用。

平原地形的结构表明,城市、交通枢纽为作战目标,交通干线作为战轴线,总之,平原地形利攻不利守,且制夺权和装甲优势显得特别重要。

2. 丘陵地形特点及其对作战行动的影响

丘陵地形是丘陵地貌上,相对均衡分布有其他地形要素的一种地形。按地理条件的不同,分为北方丘陵地形和南方丘陵地形。

1)地形特点

北方丘陵地形,高地相对独立,山顶圆浑,谷宽岭低,坡度较缓,多为黄土质,山谷为耕地或梯田;居民地多依丘傍谷,分布较密;道路依谷分布,交通便利,但高等级公路较少;河流较少,河道弯曲;树木多集中在居民地内外。

南方丘陵地形,山丘顶尖坡陡,山背狭窄,谷地多是稻田;居民地散居山坡山脚;道路多为山村小路，溪流较多；山丘上树木、茶林、竹林生长较密。

丘陵地形在结构上呈现山岭脊线脉络不连贯，居民地坐落于丘谷交错的宽坦谷地，道路依谷构成网状，河流顺谷汇成河系。

2）对作战行动的影响

北方丘陵地形，宽阔的谷地和起伏和缓的山丘，便于部队行动，履带式车辆可越野行驶；丘谷交错的起伏形态，制高点较多，利于观察、射击，便于部署兵力和选择炮兵阵地。地褶有利于对核、化武器袭击的防护，但山谷、凹地易滞留毒剂；工事构筑的难度适中，改造地形的范围和工程量相对较小，便于指挥协同。

南方丘陵地形，机动条件差，特别是越野机动受到较大限制。战斗规模小于北方丘陵地形。

总之，丘陵地形既利于攻，也利于防，战场容量大，适合大兵团作战。

3. 山地地形特点及其对作战行动的影响

山地地形是在山地地貌上相对均衡分布有其他地形要素的一种地形。

1）地形特点

地貌起伏显著，群山交错连绵，山高坡陡谷深，其间形成一些盆地；居民地小而疏，多分布在谷地和山间盆地；道路稀少，尤以铁路、公路最缺乏，且弯曲多，曲率半径小，穿过鞍部时多形成隘口，主要道路为乡村路、小路，多依谷而行；河流湍急，河床狭窄、岸陡，河底多石，雨天易洪水暴涨；树木一般较少。

山地地形按地理位置的不同，其地形特点也有差异。沿海山地，海拔低，气候温和，居民地和道路网较密；高海拔山地，空气稀薄，气候寒冷，多雪山，人烟稀少，交通极为不便；高纬度山地山顶浑圆，坡面较缓，谷宽，河少，低纬度山地，山顶较尖，坡陡谷窄，多溪流。

山地地形在结构上呈现山脉脊线脉络连贯突出，山岭、支脊纵横相连，其间环抱许多盆地，居民地坐落于盆地之中，道路穿谷越岭，以沟谷通道将诸盆地相连。

2）对作战行动的影响

山地地形由于起伏大，地面切割严重，因此部队机动受限，坦克和其他战斗车辆只能沿公路和平坦的谷地行驶；观察、射击受限，死角较多，但易选择制高点、指挥所和观察所；隐蔽伪装条件较好，对核、化武器袭击有较好的防护，反斜面、冲沟、陡崖等均有较好的防护作用，但谷地、凹地易滞留毒剂，狭窄的沟谷通道易因两侧坡壁倒塌而阻塞；便于构筑坚固的坑道工事，但石质山地不宜挖掘；指挥协同困难，不便于变更部署，部队常被分割在不同方向上独立执行作战任务。

山地地形的结构特点，决定了盆地是敌我双方争夺的目标，沟谷通道是作战轴线，能否有效控制通道将是山地作战成败的关键。

从总体上谈，山地易守难攻，在高技术条件下的现代战争中，山地仍是以劣抗优的理想地形。

4. 水网地形特点及其对作战行动的影响

水网地形主要是以平坦地貌和密布的水体构成的一种地形。

1)地形特点

在平坦的地面上,江河、沟渠纵横交错、相互贯通,多数河流可通行船只。河渠宽窄不一,河岸较陡河底多淤泥,一般每平方千米有3~5条河溪;沟渠在10条以上,地面被分割成大小不等的块状状态。湖泊、池塘星罗棋布,有的地区每平方千米多达500多个。耕地多稻田,地下水位较高,故又称此地形为水网稻田地,稻田灌水季节,积水5~10 cm,泥深10~20 cm,田埂高多在30 cm以上。居民地小而密,多为散列式分布,位于河渠、公路两侧,村落四周竹树丛生。较大的城镇常是交通枢纽或水利工程所在地。

道路分布不匀,村与村之间多沿堤埂以小径相连。公路数量不多,多沿江河堤岸修筑,桥梁、涵洞较密,载重量多在10 t左右,水上交通发达。树木不多,但居民地外围、道路两侧及田埂上多长有树木。

水网地形在结构上呈现遍布水体的地面上,江河是地形的骨架,主要道路沿堤岸分布,在江河(或道路)交汇点,形成具有水陆交通枢纽意义的居民地。

2)对作战行动的影响

水网地形极不利于行动。稻田灌水季节积水泥泞,坦克在稻田中运动下陷可达20~40 cm,履带容易打滑,易使发动机负荷过重而损坏机件,机动速度一般不超过6~10 kg/小时。轮式车辆不能越野机动。人员徒步运动下陷可达15~30 cm。因此,只能沿少有的公路行动,且难于选择迂回路线。非灌水季节,坦克越野机动情况较好,但仍受江河、池塘阻碍,且敌方也可能制造水障。但水上运输便利。

观察、射击与季节有关,冬春季节较好,夏秋季节受农作物影响较大。由于高地较少,选择制高点、指挥所和观察所较难。炮兵不易选择发射阵地,只能选在居民地、密集型树或河堤之后。直瞄火器超越射击困难。

隐蔽条件较差。由于水体分布广泛和地下水位高,工事构筑困难,渗水太快,即使使用爆破法,一般8小时后即开始渗水,故多采用堆积式、半堆积式构建方法,或采用预制工事构件。

防护性能与平原地形相近,但放射性沾染波及范围小,辐射热大部分被水吸收,化学毒剂易被水解,洗、消方便。

广阔的水面利于使用无线电通信,但指挥协同困难,不易调整部署,适于使用直升机部队、气垫船和水陆两用坦克参加战斗。

水网地形的结构特点表明,江河(或道路)交汇处的城镇、交通枢纽是作战目标,公路、铁路或地势较高的伸展方向为作战轴线。

5. 山林地形特点及其对作战行动的影响

树木聚生的山地叫山林地。

1)山林地的特点

山林地的特点与山地基本相似,只是地形更隐蔽,人烟更稀少,交通更不便。南方的热带山林地,山高坡陡,谷深岭窄,林密草深,荆棘丛生,藤萝交织,河溪纵横,路窄多弯,多雨多雾多毒虫;北方山林地,山岭较平坦、浑圆。土壤层较厚,地形割裂程度较小,气候寒冷,冬季较长,积雪较厚。

2)山林地对战斗行动的影响

山林地对军队的机动、观察、射击、通信联络、物资补给造成困难,且易迷失方向,大兵团尤其是重装备部队行军、作战困难。但便于隐蔽伪装;便于迂回包围,穿插分割;便于控制要点,据险扼守;便于构筑工事,设置障碍,制作简易工程保障器材;便于采集野生食物,短期克服困难。对核武器有一定的防护作用,但易滞留毒剂和放射性物质,森林容易引发火灾。

6. 居民地地形特点及其对作战行动的影响

人们按照生产和生活需要而形成的集聚定居的地区叫居民地。根据性质和人口多少分为城市、集镇、村庄等。

1)居民地的特点

大的城市居民地常是某一地区的政治、经济和文化中心,又多是交通枢纽,一般依山、临河或濒海、濒湖而筑,人口众多,房屋密集,建筑物高大而坚固,还有地下建筑和防空工事设施,街道排列整齐,纵横交叉,交通方便,有机场、港口、铁路、公路等运输设施。中小城市通常都有公路或铁路相通。

集镇是一种较大的居民地,房屋较多,其建筑形式比较简单。山地的集镇,街道比较曲折,房屋布置分散;平原上的集镇,一般靠近道路或江河两侧,街道比较平直,房屋密集,交通发达,一般都有公路、大车路、乡村路或水路相通。

村庄是较小的居民地。北方村庄多平房、院墙,部分有土围、寨墙,建筑材料多为土坯、砖石,房顶覆盖较厚,比较坚固;南方部分村庄有楼房,其建筑材料,在沿海地区多为砖石、水泥,在山区多为砖木、泥瓦。

2)居民地对战斗行动的影响

居民地对战斗行动的影响程度,取决于它的大小、所在位置、建筑物状况和附近地形条件等。

大的居民地通常是攻、防要点,也是敌方的航空兵、炮兵使用导弹和核武器、化学武器袭击的目标。居民地便于构成坚固的防御阵地,利于近战、夜战和小分队战斗活动;利用城市电信设备可组织部队通信联络,便于军队宿营和后勤补给,但观察、指挥和协同不便,战斗队形易被分割,城市附近的高地,隘路、交通枢纽、桥梁、渡口和机场、火车站、发电厂、水源以及重要的工业区等,常成为攻、防双方争夺的地方。

居民地对核武器的防护能力,主要取决于建筑物的坚固程度和有无地下建筑等,通常居民地能缩小杀伤范围,但易造成间接杀伤和火灾,庭院和街巷则易滞留毒剂和沾染放射性物质。

7. 岛屿和海岸地形特点及其对作战行动的影响

岛屿是散列于海洋、江河、湖泊中的陆地,面积大的叫岛、小的叫屿。海水面与陆地接触的濒海地带,叫海岸;海边多年形成的大潮高潮线,称海岸线。

1)岛屿地形的特点和对战斗行动的影响

岛屿的地形特点是四面环水,面积狭小。多数为列岛或群岛,少数为孤岛。一般岛上多山,坡陡,地形复杂;岸线弯曲,岸陡滩狭;道路少,且曲折狭窄;居民少,物产有限,淡水缺乏;多数岛上土壤贫瘠,植被较少,但热带地区的岛上多茂密丛林;岛屿天气复杂多变,夏季台风威胁较大;有些岛屿之间水浅礁多,航道狭窄。岛屿对战斗行动的影响,主要决定于岛屿的位置、形状、大小、岛上地形以及港湾、交通和给水条件等。

一般说来,岛屿易守难攻。由于岛上多山,地形险要,登陆地段少,便于依托有利地形,构筑以坑道为骨干的完整、坚固的防御阵地,凭险固守;但四面环水,军队机动补给受限制,岛与岛之间通信联络不便,协同和指挥困难,易被封锁围困。对进攻一方而言,由于岸滩或陡狭或泥泞,登陆上岸和向纵深发展易受限制;航渡时,战斗队形易遭对方空中和海上的火力袭击;风浪和海潮会影响部队的航渡和增加疲劳。

2)海岸地形的特点和对战斗行动的影响

海岸对战斗行动的影响,主要取决于海岸的性质和曲折程度,港湾的大小与设备、海岸地形、近岸岛及潮汐情况等。

海岸依其性质可分为泥岸、岩岸和沙岸。

(1)泥岸:多与平原连接,如河北、江苏,杭州湾北侧海岸。其特点是:岸滩多淤泥,岸线直,岸坡缓,涨落潮界距离远,不便军队登陆;由于泥泞下陷,技术兵器不便于发挥作用,构筑工事亦较困难,有海堤时可作依托;但内陆地形平坦开阔,除水稻田地外,一般适于诸兵种合成军队登陆后发动进攻。

(2)岩岸:多为山地延伸入海,如浙江、福建、广东等地海岸。其特点是:岸高且陡,岸线曲折,土质坚硬,近岸多岛屿、礁石,滨海地形起伏小,港湾多。这种海岸的登陆地段小,不便于展开与靠岸,技术兵器使用受限制,向纵深发展困难,但便于依托要点组成纵深梯次防御,便于对原子武器袭击的防护。

(3)沙岸:多由丘陵地延伸入海,如辽宁、山东海岸。其特点是:岸线较曲折,港湾较多,岸坡短平,地形隐蔽。这种海岸便于登陆的地段较多,舰船易于靠岸,技术兵器使用受限制小,便于向纵深发展,对防御则便于控制要点和隐蔽机动兵力、兵器。

港湾是舰船抛锚、停靠和装卸物资之处,是海军作战之依托,敌我双方争夺的主要目标。海岸突出部、沿岸高地和近岸岛屿是防御的重点。

8. 沙漠

比较广阔的沙砾地叫沙漠。根据土质又区分为沙漠和戈壁(即砾漠)。在我国的内蒙古、新疆、宁夏地区就分布着大面积的沙漠。

1)沙漠地形的特点

地面比较平坦开阔、视界广阔、道路稀少,水源缺乏,草木罕见,人们形容是“天上没飞鸟,地上不长草”,方位物极少,很容易迷失方向。

2)沙漠地对战斗行动的影响

地区多流沙,地面松软,车辆通行困难,人马容易疲劳,构筑工事容易倒塌;戈壁地区则多砾石,地面平坦、坚硬,便于坦克装甲等车辆越野行动。人烟稀少,农产品缺乏,军队宿营和就地补给困难较多。沙漠对核武器袭击的防护能力较小,由于地面反射辐射热的作用较强,所以危害程度也较大。施放毒剂和放射性物质比其他地形要广得多。由于缺水,对消除沾染和卫生处理也较困难。

9. 草原

生长着繁茂草类和一些灌木的广大平坦地区叫草原。如我国的呼伦贝尔、锡林郭勒、准噶尔盆地都有广阔的草原。

1)草原的地形特点

草原的地面平坦开阔,略有起伏。

2)草原地对战斗行动的影响

视界和射界比较开阔,利于坦克运动,便于部队行动。但荒草和灌木较高而密集的地域,观察会受到一定的影响。高大的树木和方位物少,因而判定立位物和指示目标困难;草原居民地稀少,水源不足,农产品缺少,部队宿营和就地补给困难较多。草原对原子袭击的保护能力较小,光辐射容易引起火灾,冲击波和放射性物质比其他地形散布较广。

附　　录

附录 1　浙江农林大学定向运动队纳新

定向运动是一种崭新的户外活动，它因能很好锻炼个人的独立思考、快速判断能力，提高心理承受和自我调节能力，增加自信心而被大学生们迅速接受和喜爱。目前，定向运动在全国已经普遍开展了，浙江省更是大力推广，该项目已被列入浙江省大运会和全国大学生运动会，每年还各有一次浙江省和全国学生定向锦标赛。浙江农林大学定向运动队的整体实力在浙江省高校中位于前列，同时也参加了近 25 个浙江省比赛和全国比赛，均获得了优异的比赛成绩。

为了备战每年的浙江省学生定向比赛和全国学生定向锦标赛以及 2015 年 5 月的浙江省大学生运动会（四年一次），校定向运动队准备在 2014 级新生中招纳 6 名队员（3 男 3 女），希望对定向感兴趣的同学能踊跃报名。

报名条件：

（1）体形端正，体质良好，体重偏轻，无色盲病，

（2）擅长长跑，男生 1 000 米成绩在 3 分 25 秒以内，女生 800 米成绩在 3 分 20 秒以内；

（3）吃苦性强，服从性好；

（4）思维敏捷，反应灵敏；

（5）有定向经验者优先。

可享受优惠政策：

（1）领取一定的训练补助；

（2）获得一定竞技学分的加分；

（3）主力队员的学期成绩每门功课 ×1.1（及格的功课）或 ×1.2（不及格的功课），最高至 85 分；

（4）参加比赛后，获得前八名的成绩将予以奖金奖励和学分奖励。

定向运动教练组

附录2　高等学校体育工作基本标准

为落实立德树人根本任务，加强高等学校体育工作，切实提高高校学生体质健康水平，促进学生全面发展，根据国家有关规定，制定本标准。本标准适用于普通本科学校和高等职业学校的体育工作。

一、体育工作规划与发展

(1)全面贯彻党的教育方针，服务立德树人根本任务，将学校体育纳入学校全面实施素质教育的各项工作，认真执行国家教育发展规划、规章制度及各项要求。创新人才培养模式，使学生掌握科学锻炼的基础知识、基本技能和有效方法，学会至少两项终身受益的体育锻炼项目，养成良好锻炼习惯。挖掘学校体育在学生道德教育、智力发展、身心健康、审美素养和健康生活方式形成中的多元育人功能，有计划、有制度、有保障地促进学校体育与德育、智育、美育有机融合，提高学生综合素质。

(2)统筹规划学校体育发展，把增强学生体质和促进学生健康作为学校教育的基本目标之一和重要工作内容，纳入学校总体发展规划，全面发挥体育在学校人才培养、科学研究、社会服务和文化传承中不可替代的作用。制订阳光体育运动工作方案，明确工作目标、具体任务、保障措施和责任分工，并落实各项工作。

(3)设置体育工作机构，配备专职干部、教师和工作人员，并赋予其统筹开展学校体育工作的各项管理职能。实行学校领导分管负责制(或体育工作委员会制)，每年至少召开一次体育工作专题会议，有针对性地解决实际问题。学校各有关部门积极协同配合，合理分工，明确人员，落实责任。

(4)加强学校体育工作管理，在学校体育改革发展、教育教学、教研科研、竞赛活动、社会服务等各项工作领域制定规范文件、健全管理制度、加强过程监测。建立科学规范的学校体育工作评价机制，并纳入综合办学水平和教育教学质量评价体系。

二、体育课程设置与实施

(1)严格执行《全国普通高等学校体育课程教学指导纲要》，必须为一、二年级本科学生开设不少于144学时(专科生不少于108学时)的体育必修课，每周安排体育课不少于2学时，每学时不少于45分钟。为其他年级学生和研究生开设体育选修课，选修课成绩计入学生学分。每节体育课学生人数原则上不超过30人。

(2)深入推进课程改革，合理安排教学内容，开设不少于15门的体育项目。每节体育课须保证一定的运动强度，其中提高学生心肺功能的锻炼内容不得少于30%；要将反映学生心肺功能的素质锻炼项目作为考试内容，考试分数的权重不得少于30%。

(3)创新教育教学方式，指导学生科学锻炼，增强体育教学的吸引力、特色性和实效性。建立体育教研、科研制度，形成高水平研究团队，多渠道开展以提高学生体质健康、教学质量、课余训练、体育文化水平等为目标的战略性、前瞻性、应用性项目研究，带动学校体育工作整体水平提高。

三、课外体育活动与竞赛

(1)将课外体育活动纳入学校教学计划,健全制度、完善机制、加强保障。面向全体学生设置多样化、可选择、有实效的锻炼项目,组织学生每周至少参加三次课外体育锻炼,切实保证学生每天一小时的体育活动时间。

(2)学校每年组织春、秋季综合性学生运动会(或体育文化节),设置学生喜闻乐见、易于参与的竞技性、健身性和民族性体育项目,参与运动会的学生达到50%以上。经常组织校内体育比赛,支持院系、专业或班级学生开展体育竞赛和交流等活动。

(3)注重培养学生体育特长,有效发挥体育特长生和学生体育骨干的示范作用,组建学生体育运动队,科学开展课余训练,组织学生参加教育和体育部门举办的体育竞赛。

(4)加强校园体育文化建设,促进中华优秀体育文化传承创新。学校成立不少于20个学生体育社团,采取鼓励和支持措施定期开展活动,形成良好的校园体育传统和特色。开展对外体育交流与合作。通过校报、公告栏和校园网等形式,定期通报学生体育活动情况,传播健康理念。

(5)因地制宜开展社会服务。支持体育教师适度参与国内外重大体育比赛的组织、裁判等社会实践工作。鼓励体育教师指导中小学体育教学、训练和参与社区健身辅导等公益活动。支持学校师生为政府及社会举办的体育活动提供服务。

四、学生体质监测与评价

(1)全面实施《国家学生体质健康标准》,建立学生体质健康测试中心,安排专门人员负责,完善工作条件,每年对所有学生进行体质健康测试,测试成绩向学生反馈,并将测试结果经教育部门审核后上报国家学生体质健康标准数据管理系统,形成本校学生体质健康年度报告。及时在校内公布学生体质健康测试总体结果。

(2)建立健全《国家学生体质健康标准》管理制度,学生测试成绩列入学生档案,作为对学生评优、评先的重要依据。毕业时,学生测试成绩达不到50分者按结业处理(因病或残疾学生,凭医院证明向学校提出申请并经审核通过后可准予毕业)。毕业年级学生测试成绩及格率须达95%以上。

(3)将学生体质健康状况作为衡量学校办学水平的重要指标。将体质健康状况、体育课成绩、参与体育活动等情况作为学生综合素质评价的重要内容。

(4)建立学生体质健康状况分析和研判机制,根据学生体质健康状况制定干预措施,视情况采取分类教学、个别辅导等必要措施,指导学生有针对性地进行体育锻炼,切实改进体育工作,提高全体学生体质健康水平。

五、基础能力建设与保障

(1)健全学校体育保障机制,学校体育工作经费纳入学校经费预算,并与学校教育事业经费同步增长。加强学校体育活动的安全教育、伤害预防和风险管理,建立健全校园体育活动意外伤害保险制度,妥善处置伤害事件。

(2)根据体育课教学、课外体育活动、课余训练竞赛和实施《国家学生体质健康标准》等工作需要,合理配备体育教师。体育教师年龄、专业、学历和职称结构合理,健全体育教师职称评定、学术评价、岗位聘任和学习进修等制度。

(3)将体育教学、课外体育活动、课余训练竞赛和实施《国家学生体质健康标准》等工作纳入教师工作量,保证体育教师与其他学科(专业)教师工作量的计算标准一致,实行同工同酬。

(4)体育场馆、设施和器材等符合国家配备、安全和质量标准,完善配备、管理、使用等规章制度,基本满足学生参加体育锻炼的需求。定时维护体育场馆、设施,及时更新、添置易耗、易损体育器材。体育场馆、设施在课余和节假日向学生免费或优惠开放。

附录3　国家学生体质健康标准(2014年修订)

一、说明

(1)《国家学生体质健康标准》(以下简称《标准》)是国家学校教育工作的基础性指导文件和教育质量基本标准,是评价学生综合素质、评估学校工作和衡量各地教育发展的重要依据,是《国家体育锻炼标准》在学校的具体实施,适用于全日制普通小学、初中、普通高中、中等职业学校、普通高等学校的学生。

(2)本标准的修订坚持健康第一,落实《国家中长期教育改革和发展规划纲要(2010—2020年)》、《国务院办公厅转发教育部等部门关于进一步加强学校体育工作若干意见的通知》(国办发〔2012〕53号)和《教育部关于印发〈学生体质健康监测评价办法〉等三个文件的通知》(教体艺〔2014〕3号)有关要求,着重提高《标准》应用的信度、效度和区分度,着重强化其教育激励、反馈调整和引导锻炼的功能,着重提高其教育监测和绩效评价的支撑能力。

(3)本标准从身体形态、身体机能和身体素质等方面综合评定学生的体质健康水平,是促进学生体质健康发展、激励学生积极进行身体锻炼的教育手段,是国家学生发展核心素养体系和学业质量标准的重要组成部分,是学生体质健康的个体评价标准。

(4)本标准将适用对象划分为以下组别:小学、初中、高中按每个年级为一组,其中小学为6组、初中为3组、高中为3组。大学一、二年级为一组,三、四年级为一组。

(5)小学、初中、高中、大学各组别的测试指标均为必测指标。其中,身体形态类中的身高、体重,身体机能类中的肺活量,以及身体素质类中的50米跑、坐位体前屈为各年级学生共性指标。

(6)本标准的学年总分由标准分与附加分之和构成,满分为120分。标准分由各单项指标得分与权重乘积之和组成,满分为100分。附加分根据实测成绩确定,即对成绩超过100分的加分指标进行加分,满分为20分;小学的加分指标为1分钟跳绳,加分幅度为20分;初中、高中和大学的加分指标为男生引体向上和1000米跑,女生1分钟仰卧起坐和800米跑,各指标加分幅度均为10分。

(7)根据学生学年总分评定等级:90.0分及以上为优秀,80.0~89.9分为良好,60.0~79.9分为及格,59.9分及以下为不及格。

(8)每个学生每学年评定一次,记入“〈国家学生体质健康标准〉登记卡”。特殊学制的学校,在填写登记卡时可以按规定和需求相应地增减栏目。学生毕业时的成绩和等级,按毕业当年学年总分的50%与其他学年总分平均得分的50%之和进行评定。

(9)学生测试成绩评定达到良好及以上者,方可参加评优与评奖;成绩达到优秀者,方可获体育奖学分。测试成绩评定不及格者,在本学年度准予补测一次,补测仍不及格,则学年成绩评定为不及格。普通高中、中等职业学校和普通高等学校学生毕业时,《标准》测试的成绩达不到50分者按结业或肄业处理。

(10)学生因病或残疾可向学校提交暂缓或免予执行《标准》的申请,经医疗单位证明,体育教学部门核准,可暂缓或免予执行《标准》,并填写“免予执行〈国家学生体质健康标准〉申请表”,存入学生档案。确实丧失运动能力、被免予执行《标准》的残疾学生,仍可参加评优与评奖,毕业时《标准》成绩需注明免测。

(11)各学校每学年开展覆盖本校各年级学生的《标准》测试工作,《标准》测试数据经当地教育行政部门按要求审核后,通过“中国学生体质健康网”上传至“国家学生体质健康标准数据管理系统”。测试和数据上传时间由教育行政部门确定。

(12)本标准由教育部负责解释。

二、单项指标与权重

单项指标与权重见表 C-1。

表 C-1 单项指标与权重

测试对象	单项指标	权重/%
初中、高中、大学各年级	50 米跑	20
	坐位体前屈	10
	立定跳远	10
	引体向上(男)/1 分钟仰卧起坐(女)	10
	1 000 米跑(男)/800 米跑(女)	20

注:体重指数(BMI)=体重(kg)/身高^2(m^2)

三、评分表

(一)单项指标评分表

各单项指标评分见表 C-2 至 C-5。

表 C-2 男生体重指数(BMI)单项评分表 kg/m^2

等级	单项得分	高一	高二	高三	大学
正常	100	16.5~23.2	16.8~23.7	17.3~23.8	17.9~23.9
低体重	80	≤16.4	≤16.7	≤17.2	≤17.8
超重		23.3~26.3	23.8~26.5	23.9~27.3	24.0~27.9
肥胖	60	≥26.4	≥26.6	≥27.4	≥28.0

表 C-3 女生体重指数(BMI)单项评分表 kg/m^2

等级	单项得分	高一	高二	高三	大学
正常	100	16.5~22.7	16.9~23.2	17.1~23.3	17.2~23.9
低体重	80	≤16.4	≤16.8	≤17.0	≤17.1
超重		22.8~25.2	23.3~25.4	23.4~25.7	24.0~27.9
肥胖	60	≥25.3	≥25.5	≥25.8	≥28.0

表 C-4　男生各单项评分表

		50 米跑		坐位体前屈		立定跳远		引体向上		耐力		肺活量	
等级	单项得分	大一大二	大三大四	大一大二	大三大四	大一大二	大三大四	大一大二	大三大四	大一大二	大三大四	大一大二	大三大四
优秀	100	6.7	6.6	24.9	25.1	273	275	19	20	3′17″	3′15″	5 040	5 140
	95	6.8	6.7	23.1	23.3	268	270	18	19	3′22″	3′20″	4 920	5 020
	90	6.9	6.8	21.3	21.5	263	265	17	18	3′27″	3′25″	4 800	4 900
良好	85	7.0	6.9	19.5	19.9	256	258	16	17	3′34″	3′32″	4 550	4 650
	80	7.1	7.0	17.7	18.2	248	250	15	16	3′42″	3′40″	4 300	4 400
及格	78	7.3	7.2	16.3	16.8	244	246			3′47″	3′45″	4 180	4 280
	76	7.5	7.4	14.9	15.4	240	242	14	15	3′52″	3′50″	4 060	4 160
	74	7.7	7.6	13.5	14.0	236	238			3′57″	3′55″	3 940	4 040
	72	7.9	7.8	12.1	12.6	232	234	13	14	4′02″	4′00″	3 820	3 920
	70	8.1	8.0	10.7	11.2	228	230			4′07″	4′05″	3 700	3 800
	68	8.3	8.2	9.3	9.8	224	226	12	13	4′12″	4′10″	3 580	3 680
	66	8.5	8.4	7.9	8.4	220	222			4′17″	4′15″	3 460	3 560
	64	8.7	8.6	6.5	7.0	216	218	11	12	4′22″	4′20″	3 340	3 440
	62	8.9	8.8	5.1	5.6	212	214			4′27″	4′25″	3 220	3 320
	60	9.1	9.0	3.7	4.2	208	210	10	11	4′32″	4′30″	3 100	3 200
不及格	50	9.3	9.2	2.7	3.2	203	205	9	10	4′52″	4′50″	2 940	3 030
	40	9.5	9.4	1.7	2.2	198	200	8	9	5′12″	5′10″	2 780	2 860
	30	9.7	9.6	0.7	1.2	193	195	7	8	5′32″	5′30″	2 620	2 690
	20	9.9	9.8	−0.3	0.2	188	190	6	7	5′52″	5′50″	2 460	2 520
	10	10.1	10.0	−1.3	−0.8	183	185	5	6	6′12″	6′10″	2 300	2 350

表 C-5　女生各单项评分表

		50 米跑		坐位体前屈		立定跳远		引体向上		耐力		肺活量	
等级	单项得分	大一大二	大三大四	大一大二	大三大四	大一大二	大三大四	大一大二	大三大四	大一大二	大三大四	大一大二	大三大四
优秀	100	7.5	7.4	25.8	26.3	207	208	56	57	3′18″	3′16″	3 400	3 450
	95	7.6	7.5	24.0	24.4	201	202	54	55	3′24″	3′22″	3 350	3 400
	90	7.7	7.6	22.2	22.4	195	196	52	53	3′30″	3′28″	3 300	3 350
良好	85	8.0	7.9	20.6	21.0	188	189	49	50	3′37″	3′35″	3 150	3 200
	80	8.3	8.2	19.0	19.5	181	182	46	47	3′44″	3′42″	3 000	3 050

续表

等级	单项得分	50米跑		坐位体前屈		立定跳远		引体向上		耐力		肺活量	
		大一大二	大三大四	大一大二	大三大四	大一大二	大三大四	大一大二	大三大四	大一大二	大三大四	大一大二	大三大四
及格	78	8.5	8.4	17.7	18.2	178	179	44	45	3′49″	3′47″	2 900	2 950
	76	8.7	8.6	16.4	16.9	175	176	42	43	3′54″	3′52″	2 800	2 850
	74	8.9	8.8	15.1	15.6	172	173	40	41	3′59″	3′57″	2 700	2 750
	72	9.1	9.0	13.8	14.3	169	170	38	39	4′04″	4′02″	2 600	2 650
	70	9.3	9.2	12.5	13.0	166	167	36	37	4′09″	4′07″	2 500	2 550
	68	9.5	9.4	11.2	11.7	163	164	34	35	4′14″	4′12″	2 400	2 450
	66	9.7	9.6	9.9	10.4	160	161	32	33	4′19″	4′17″	2 300	2 350
	64	9.9	9.8	8.6	9.1	157	158	30	31	4′24″	4′22″	2 200	2 250
	62	10.1	10.0	7.3	7.8	154	155	28	29	4′29″	4′27″	2 100	2 150
	60	10.3	10.2	6.0	6.5	151	152	26	27	4′34″	4′32″	2 000	2 050
不及格	50	10.5	10.4	5.2	5.7	146	147	24	25	4′44″	4′42″	1 960	2 010
	40	10.7	10.6	4.4	4.9	141	142	22	23	4′54″	4′52″	1 920	1 970
	30	10.9	10.8	3.6	4.1	136	137	20	21	5′04″	5′02″	1 880	1 930
	20	11.1	11.0	2.8	3.3	131	132	18	19	5′14″	5′12″	1 840	1 890
	10	11.3	11.2	2.0	2.5	126	127	16	17	5′24″	5′22″	1 800	1 850

(二)加分指标评分表

加分指标评分见表 C-6 至表 C-9。

表 C-6 男生引体向上评分表 次

加分/分	初一	初二	初三	高一	高二	高三	大一大二	大三大四
10	10	10	10	10	10	10	10	10
9	9	9	9	9	9	9	9	9
8	8	8	8	8	8	8	8	8
7	7	7	7	7	7	7	7	7
6	6	6	6	6	6	6	6	6
5	5	5	5	5	5	5	5	5
4	4	4	4	4	4	4	4	4
3	3	3	3	3	3	3	3	3
2	2	2	2	2	2	2	2	2
1	1	1	1	1	1	1	1	1

表 C-7　女生一分钟仰卧起坐评分表

次

加分/分	初一	初二	初三	高一	高二	高三	大一大二	大三大四
10	13	13	13	13	13	13	13	13
9	12	12	12	12	12	12	12	12
8	11	11	11	11	11	11	11	11
7	10	10	10	10	10	10	10	10
6	9	9	9	9	9	9	9	9
5	8	8	8	8	8	8	8	8
4	7	7	7	7	7	7	7	7
3	6	6	6	6	6	6	6	6
2	4	4	4	4	4	4	4	4
1	2	2	2	2	2	2	2	2

表 C-8　男生 1 000 m 跑评分表

分·秒

加分/分	初一	初二	初三	高一	高二	高三	大一大二	大三大四
10	-35″	-35″	-35″	-35″	-35″	-35″	-35″	-35″
9	-32″	-32″	-32″	-32″	-32″	-32″	-32″	-32″
8	-29″	-29″	-29″	-29″	-29″	-29″	-29″	-29″
7	-26″	-26″	-26″	-26″	-26″	-26″	-26″	-26″
6	-23″	-23″	-23″	-23″	-23″	-23″	-23″	-23″
5	-20″	-20″	-20″	-20″	-20″	-20″	-20″	-20″
4	-16″	-16″	-16″	-16″	-16″	-16″	-16″	-16″
3	-12″	-12″	-12″	-12″	-12″	-12″	-12″	-12″
2	-8″	-8″	-8″	-8″	-8″	-8″	-8″	-8″
1	-4″	-4″	-4″	-4″	-4″	-4″	-4″	-4″

表 C-9　女生 800 m 跑评分表

分·秒

加分/分	初一	初二	初三	高一	高二	高三	大一大二	大三大四
10	-50″	-50″	-50″	-50″	-50″	-50″	-50″	-50″
9	-45″	-45″	-45″	-45″	-45″	-45″	-45″	-45″
8	-40″	-40″	-40″	-40″	-40″	-40″	-40″	-40″
7	-35″	-35″	-35″	-35″	-35″	-35″	-35″	-35″
6	-30″	-30″	-30″	-30″	-30″	-30″	-30″	-30″
5	-25″	-25″	-25″	-25″	-25″	-25″	-25″	-25″
4	-20″	-20″	-20″	-20″	-20″	-20″	-20″	-20″
3	-15″	-15″	-15″	-15″	-15″	-15″	-15″	-15″
2	-10″	-10″	-10″	-10″	-10″	-10″	-10″	-10″
1	-5″	-5″	-5″	-5″	-5″	-5″	-5″	-5″

注：1 000 米跑、800 米跑均为低优指标，学生成绩低于单项评分 100 分后，以减少的秒数所对应的分数进行加分。

附录 4　检查点说明表实地对照表

表 D-1 为检查点说明表实地对照表。

表 D-1　检查点说明表实地对照表

地图	地形	检查点说明	解释
			台地
			台地， 西部
			山凸
			山凸，上部
			山凸
			谷地
		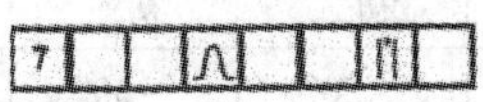	谷地， 上部
			浅的谷地
			东面的 谷地
	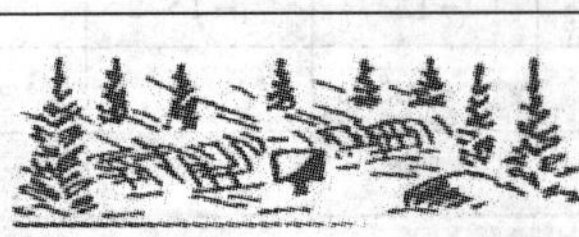		陡坡的 脚下

续表

地图	地形	检查点说明	解释
			采石场，5 m×5 m
			采石场，东边缘
			采石场，西部
			土垣的东末端
			冲沟的下部
			小干沟的东北末端
			小山包
			小山包的东北部
	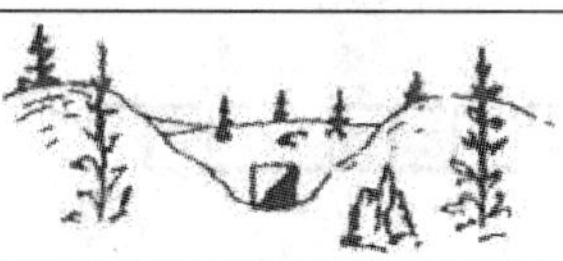		两个小山包之间
			小山包与土墩之间
			土墩，1.0 m
			1.0 m的土墩的东脚下

续表

地图	地形	检查点说明	解释
			鞍部
			洼地
			洼地的东部
			中间洼地的东边缘
		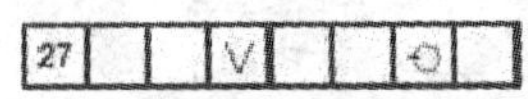	坑的西边缘
			白蚁堆
			陡崖
			陡崖的北脚下
			上面的陡崖
			陡崖的顶部
			两个陡崖之间
			石柱的南脚下

续表

地图	地形	检查点说明	解释
			山洞
			石块的西侧
			东南方向的石块东侧
			高为1.0 m与1.5 m的两上石块之间
			斜坡上的石块的西侧
			石块地的东南边缘
			石垒的南侧
			砾石地的北边缘
			石坪
			石坪西部
			峡路
	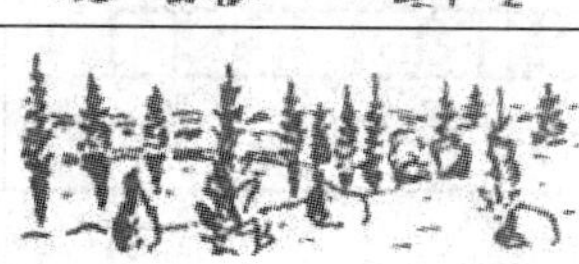		湖泊的东角

续表

地图	地形	检查点说明	解释
	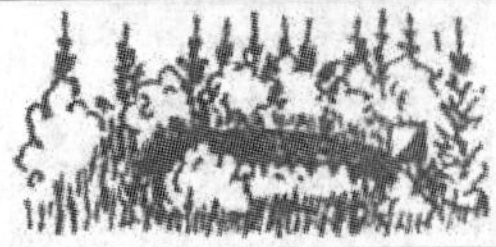		池塘的东边缘
			水坑的东边缘
			河流的拐弯
	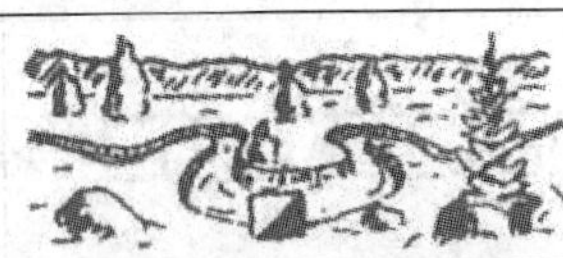		河流南面的拐弯
			河流的交汇处
			水渠的东北端
	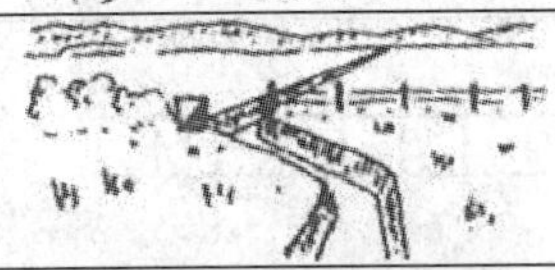		水渠的拐弯
			水渠北面的拐弯
			水渠的交汇处
			水渠的交叉
			小泽沼的东南端

续表

地图	地形	检查点说明	解释
			沼泽的西北部
			沼泽的南角
			沼泽的东边缘
			沼泽地，面积 8 m×8 m
			两个沼泽地之间
			硬地的西北角
			井的东侧
			泉的西边缘
			蓄水池的东侧
	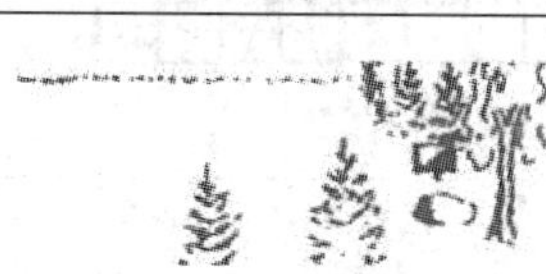	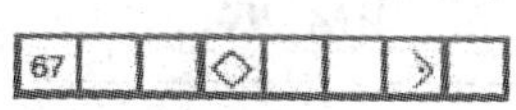	开阔地的东拐角内

续表

地图	地形	检查点说明	解释
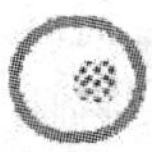			沙漠化的开阔地的西边缘
			半开阔地的东边缘
			树林南角
			林中空地
			灌木丛的东侧
			线状灌木丛的东拐角外
			植被分界线的东拐有外
			矮树丛的西角
			阔叶的突出树
			树根的东侧

续表

地图	地形	检查点说明	解释
			大路的东南端
			大路的交会处
			大路与小路的交叉
	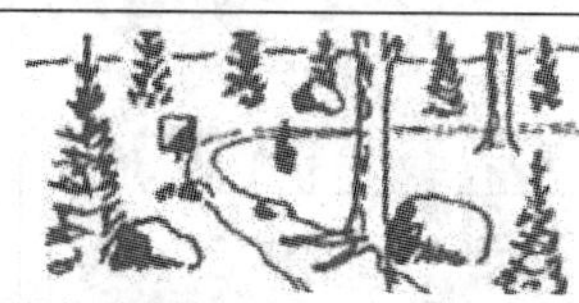		小路的拐弯
			东面的小路拐弯
			小路的交会
			小路的交叉
		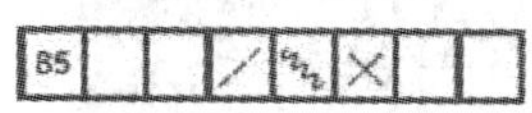	小路与河流的交叉
			小路与水渠的交叉
	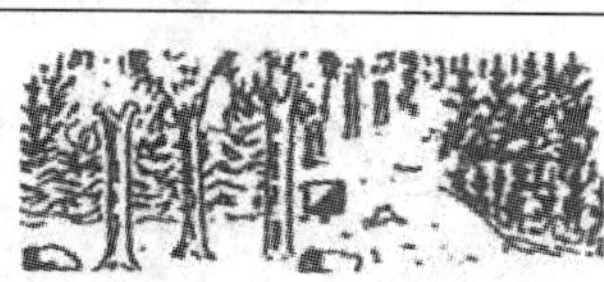	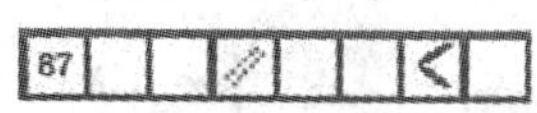	林道的拐弯

续表

地图	地形	检查点说明	解释
			桥的北端
			电线塔
			隧道的西南端
	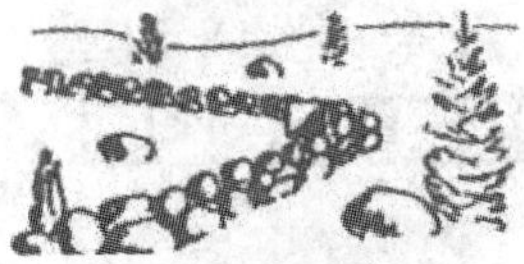		墙的东拐角内
			倒塌的墙的西端
			河流与墙的交叉
	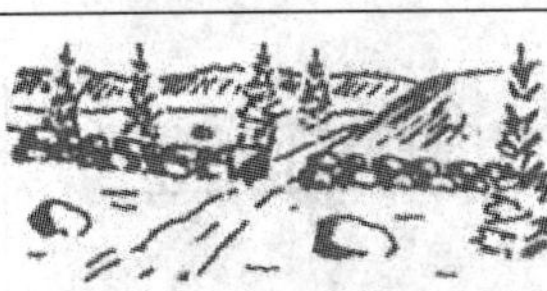	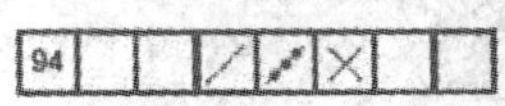	小路与墙的交叉
			围栏的南拐角外
		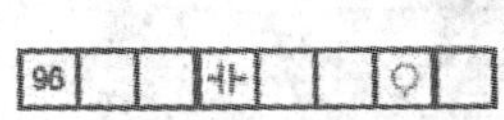	出入口的南侧
			建筑物的东侧

续表

地图	地形	检查点说明	解释
			废墟的西侧
	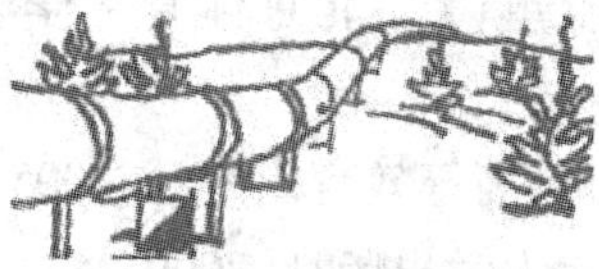		管道的下面
			塔的南侧
		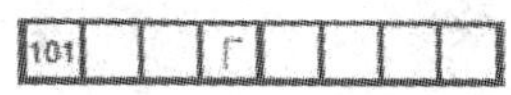	狩猎台
		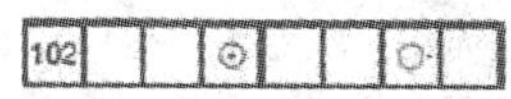	界碑的东侧
			食槽的西侧
			炭灰堆
			雕塑
			走廊西南端
			楼梯的脚下

参考文献

[1] 唐健.论大学生素质教育与高校体育课程改革[J].北京体育大学学报,2002(1):105-107.

[2] 王翔,彭光辉,张新安,等.定向运动[M].北京:高等教育出版社,2005.

[3] 何晓知.定向运动教学与训练[M].长沙:湖南大学出版社,2009.

[4] GORAN ANDERSSON.定向运动:教师版[M].北京:军事谊文出版社,2002.

[5] 陈蕴霞,答英娟,王芒.校园定向与野外拓展教程[M].上海:同济大学出版社,2012.

[6] 刘擎,韩宏义.野外生活生存[M].北京:高等教育出版社,2004.